19세기 동아시아의 패러다임 변환과

한반도

국립중앙도서관 출판시도서목록(CIP)

19세기 동아시아의 패러다임 변환과 한반도
/ 강상규 지음. -- 서울 : 논형, 2008
p. ; cm. -- (논형학술총서 ; 40)
색인수록
ISBN 978-89-90618-70-2 94150 : \16000
ISBN 978-89-90618-29-0 (세트)
349.11-KDC4
327.519-DDC21 CIP2008000685

19세기 동아시아의 패러다임 변환과 한반도

강상규 지음

논형

19세기 동아시아의 패러다임 변환과
한반도

지은이 강상규

초판1쇄인쇄 2008년 2월 10일
초판1쇄발행 2008년 2월 20일

펴낸곳 논형
펴낸이 소재두
편 집 최주연, 김현경
표 지 홍원태

등록번호 제2003-000019호
등록일자 2003년 3월 5일
주 소 서울시 관악구 봉천2동 7-78 한립토이프라자 5층
전 화 02-887-3561
팩 스 02-887-6690

ISBN 978-89-90618-70-2 94150
값 16,000원

상생의 패러다임을 만들어 갈 21세기의 젊은 벗들에게

서문

서재의 한 쪽 구석 어항 속에 가재가 살고 있다. 가재는 지금 막 자신의 껍질을 벗으려 하고 있다. 천천히 그러면서도 주변의 적을 의식이라도 한 듯 아주 조심스럽고 신중하게 이제까지 자신의 몸을 보호해주던 단단한 보호막을 벗어버리려 안간힘을 쓰고 있는 것이다. 그런데 이 일이 의외로 쉽지 않은가 보다. 그도 그럴 것이 자신의 큰 집게발과 몸통을 그 단단한 껍질 작은 마디마디 사이로 빼낸다는 것이 어찌 쉬운 일일 수 있겠는가. 더욱이 가재가 탈피(脫皮)를 하는 동안 주변 물고기의 공격이라도 받게 되면 그야말로 속수무책이다.

그런데 이처럼 위험한 과정임에도 불구하고 가재는 왜 탈피를 하는 것인가. 탈피를 하지 않으면 안 되는 것인가? 문제는 가재의 몸이 단단한 껍질 속에서 성장한 것에 있다. 이제껏 나를 보호해주던 껍질이 어느 순간부터 내 몸에 너무 작다고 느끼게 되는 순간에 이르게 되는 것이다. 그래서 가재에게 탈피는 운명이다. 가재의 성장이 멈추지 않는 한 가재는 여러 차례 탈피를 해야 하는 것이다.

이쯤에서 상상력이 풍부한 사람이라면 다시 의문을 갖게 될 것이다. 어떻게 작고 단단한 껍질 속에서 더욱 크고 단단해진 가재가 나올 수 있는가? 그렇지 않다면 막 탈피를 마친 가재에게는 혹시 껍질이 없다가 다시 생기는 것인가? 그렇지는 않다. 어렵사리 막 탈피를 마친 가재의 몸에는 분명히 새로운 보호막이 씌워져 있다. 그러면 도대체 어떻게 된 일인가?

해답은 새로운 껍질이 기존의 단단하던 보호막과는 다르다는 데 있다. 새 껍질은 아주 연하고 말랑말랑하다. 그것은 유연하고 신축적이기 때문에 기왕의 강하고 단단한 껍질 속에서 속살에 밀착된 형태로 준비될 수 있었던 것이다. 탈피를 마친 가재의 새 껍질은 영양분을 공급받으면서 다시 단단해져 간다. 새로운 가재로 탄생하는 것이다.

이제는 책의 서문에서 돌연 가재의 탈피 이야기를 꺼낸 것에 대한 부차적인 설명을 해야 할 것 같다. 가재의 몸이 내용이라면 가재의 껍질은 형식이다. 내용과 형식이 서로 잘 조화가 되는 상황에서는 물론 아무런 문제가 될 것이 없다. 그런데 문제는 몸이 가만히 있지 않고 커져 가는 데 있다. 그러나 기존의 껍질은 이미 너무나 견고한 것이어서 달라진 몸, 곧 새로운 내용을 담아내는 데 한계가 있다. 변하는 것과 변하지 않는 것 사이에 긴장과 갈등이 발생하게 되는 것이다. 이처럼 몸이 커져감에 따라 내용과 형식 '간'에 불일치가 발생하게 되고 그 모순이 심화되면, 달라진 내용을 담아낼 수 있는 새로운 형식, 곧 새로운 패러다임이 필요해지는 것이다. 이것이 바로 변환(transformation)이다.

가재를 비롯한 갑각류에게 탈피가 숙명이듯, 인간의 삶이나 역사에서 크고 작은 변환의 상황은 불가피하게 찾아온다. 하지만 변환의 상황은 내부의 변화로부터만 비롯되는 것은 아니다. 변환의 동인이 외부로부터

오는 경우도 존재한다. 가재의 몸과 껍질의 상호보완적이면서도 모순적이고, 역동적이면서도 중층적인 관계는 이 책이 다루고자 하는 패러다임의 변환, 나아가 살아 숨 쉬는 한반도의 역사를 이해하는 데 유용하다.

우리는 흔히 현재의 정치적 상황이 역사적으로 대단히 특수한 것이라는 생각을 하게 된다. 하지만 우리의 역사적 경험에는 현재의 상황을 다양하게 반추해 볼 수 있는 수많은 위기상황이 존재하고 있었으며 아울러 위기를 극복하려는 치열한 고민과 모색의 장면 또한 존재했다. 그것은 이 땅에서 살았던 우리의 경험이라는 점에서 외국의 사례들이 보여주는 것과는 또 다른 의미에서 우리에게 '지혜'의 원천이 될 수 있다.

그러나 우리의 역사적 경험들에 대한 피상적인 검토와 다소 성급한 결론, 그리고 도식화된 무거운 교훈을 끌어내는 방식으로는 지난날의 모색과 고민들은 좀처럼 우리에게 다가와 생기 있게 말을 건네려 하지 않는다. 역사적 사건 및 사료에 대한 해석이 열려있어야 하는 이유가 여기에 있다. 그러려면 우선 딱딱한 박제가 되기 십상인 과거의 단편적이고 파편화된 편린들을 가능한 한 '지식'의 박물관에서 끌어내지 않으면 안 된다. 그럼으로써 각각의 시대를 호흡하며 살았던 인물들의 꿈과 비전, 희망과 격정, 성취, 그리고 위기와 좌절, 절망의 현장을 만지고 음미하며 대화하려는 진지한 소통의 자세가 필요하다. 그러기 위해서는 우선 옛사람들의 옷을 입고 과거로의 시간여행, 과거로의 추체험을 하려는 마음가짐이 필요하며 나아가서는 과거의 상황이 현재 혹은 미래에 던지는 함의를 여러모로 반추해 볼 필요가 있는 것이다.

19세기 한반도는 거대한 변환의 와중에 놓여 있었다. 그것은 외부로부터의 새로운 패러다임이 기왕의 고유한 패러다임을 밀어내는 과정이었으며, 기존의 문명 표준이 새로운 문명 표준에 의해 전복되는 과정이기도 했다. 즉 상이한 패러다임의 만남과 충돌 속에서 빚어지는 고민과 혼돈, 모색과 좌절이 뒤섞인 그야말로 '위기의 시대'였던 것이다.

한-중-일 동아시아 삼국은 이 과정에서 이른바 '예의 관념'에 근거한 중화질서로부터 '부국강병'과 '국가평등관념'에 입각한 근대국제질서로 동아시아 세계를 구성하는 패러다임의 변동을 겪어야 했다. 이것은 동아시아 국가 간 관계의 패러다임이 중화질서하의 '조공 책봉관계'에서 근대국제질서의 수평적이고 독립적이며 그런 만큼 '무정부적인 관계'로 변환하는 것을 의미했다. 무정부적 속성을 지닌 새로운 '무대' 환경에서는 덕치(德治)나 예치(禮治), 왕도정치(王道政治), 사대자소(事大字小)와 같은 기존의 '연기'와는 다른 부국과 강병, 균세(均勢=세력균형)와 자강(自强)의 능력이 보다 중시되었고 이에 적응하지 못한 '배우'들은 무대 밖으로 밀려났다.

동아시아 삼국 어느 나라에서도 이처럼 기존 질서의 전복이라고 부를 만한 거대한 변화가 쉽사리 이루어질 리가 없었다. '문명사적 전환기'라고 부를 만한 당시의 시대적 변화를 애초에 제대로 파악하거나 예측하기도 어려웠을 뿐만 아니라, 현실정치에서 새로운 비전을 만들어내면서 국내외의 다중적인 압력과 심리적, 혹은 정치적 저항을 극복한다는 것은 더욱 난해한 작업이 아닐 수 없었기 때문이다. 19세기 우리는 거대한 문명사적 변환의 격랑을 지혜롭게 넘지 못했다. 우리는 연기력 부족으로 19세기 변화된 새로운 무대에서 퇴출당하였고 다른 배우들의 연기를 멀리서 그저 바라보고 있어야만 했다.

여기서 필자는 다시 문제의 원점으로 돌아가지 않으면 안 된다는 생각을 하게 되었다. 도대체 19세기 동아시아라는 시공간 위에서 구체적으로 어떠한 일들이 있었던 것일까. 그리고 그러한 변환의 과정에 유연하면서도 적극적인 자세로 대응하지 못했던 한반도의 '안과 밖'의 정치적, 사상적 배경은 어떤 것이었을까. 당시 국내의 주요한 정치행위자 간의 정치적 역학관계는 어떻게 유동하고 있었으며 그들의 정치적 인식이나 태도는 어떤 것이었을까. 이 과정에서 어떠한 방식의 연속과 단절이 이루어졌으며, 그것은 현재 내가 사는 세계와 어떻게 연결되어 이어지고 있는 것일까. 이 책은 이러한 문제의식에 대한 필자 나름대로의 아직 끝나지 않은 탐색의 중간 보고서이며, 『19세기 동아시아의 패러다임 변환과 제국 일본』(논형, 2007)의 문제의식의 연장선상에 있다.

이 책의 Ⅰ장에서는 19세기 동아시아에서 나타난 거대한 변환의 내용과 그로인해 한반도에서 나타난 사상적 혼돈을 공시적 관점과 통시적 측면에서 고찰한다. 19세기의 전체적인 시대적 변화상이라는 큰 그림을 그리는데 도움이 될 수 있을 것이다. Ⅱ장에서는 개혁가이자 쇄국론으로 유명한 흥선대원군의 천주교 탄압 곧 병인박해를 현실정치의 구체적 맥락 위에서 새롭게 검토한다. 역사적인 변환의 시대상황에서 책임 있는 자리에 있는 정치가의 정치적 판단 하나 하나가 얼마나 중요한 것인지를 성찰하는 계기가 될 수 있었으면 하는 바람이다.

Ⅲ장에서는 19세기 조선 왕실에 대한 기존의 맹목적인 세력 다툼의 이미지에서 벗어나, 흔히 역사적인 라이벌로 묘사되는 흥선대원군과 명성왕후의 정치적 긴장관계가 형성되는 구체적인 요인이 무엇인지를 구

조와 과정이라는 측면에서 다루었다. 두 인물의 정치적 위상의 특수성과 아울러 국왕과의 관계가 어떤 것이었는지, 종래에 단순히 민씨세력이라고 일컬어지던 정치세력의 실체는 무엇이었는지를 새롭게 조명함으로써 이 시기의 정치적 역학관계의 큰 흐름을 음미할 수 있었으면 좋겠다.

Ⅳ장에서는 아직까지도 사실상 베일에 가려져있는 인물인 국왕 고종이 성장하는 과정에서 어떠한 정치의식과 대외인식을 갖게 되는지를 고찰하였다. 고종이 19세기 동아시아의 패러다임 변환의 상황을 접하게 되는 경위, 그리고 현실정치의 제약 속에서 고민하고 모색하는 정치적 과정을 검토함으로써 암군(暗君)이자 망국의 군주로서 기억되는 고종의 감춰져있던 현실정치가로서의 면모를 조명해 보려고 했다.

Ⅴ장에서는 19세기 상이한 패러다임 간의 만남이라는 거대한 변환의 상황에서 일본이 유구왕국을 병합하는 것을 계기로 '조선문제'가 동아시아의 핵심적인 이슈로 부상하게 되는 국제정치의 권력정치적 과정을 고찰한다. 한반도가 구미열강, 중국, 일본의 삼중적 압박에 직면하게 되는 과정을 다룸으로써 국제정치적으로 민감할 수밖에 없는 한반도의 지정학적 위상에 대한 역사적인 통찰력을 갖게 되기를 고대한다.

이 책이 나오기까지 많은 분들의 학은을 입었다. 특히 김용구 선생님, 하영선 선생님을 비롯한 서울대학교 외교학과의 고마운 은사님들, 국사학과의 이태진 선생님, 한영우 선생님, 교육학과의 김기석 선생님, 사회학과의 정근식 선생님, 국민대학교의 김영작 선생님, 상명대학교의 주진오 선생님, 도쿄대학의 사카이 데쓰야(酒井哲哉) 선생님, 구로즈미 마코토(黒住真) 선생님, 기미야 다다시(木宮正史) 선생님, 그리고 한국정치사상사 분야를 힘겹게 개척하고 계신 김석근 박사님, 김영수 박사님께 머리 숙여 감사와 존경의 인사를 드린다. 그리고 아내 한수영은 나의 변함없는 지적 동반자이자 오늘도 내가 살아가는 힘이 되어준다. 논형의 소재두 사장님과 편집진의 세심한 배려에도 깊은 감사의 말을 전하고 싶다.

2008년 봄을 기다리며

강상규

차례

III. 명성왕후와 흥선대원군: 왕실내 정치적 긴장관계의 구조와 과정

IV. 고종의 대내외 정세인식과 대한제국 외교의 배경

V. 일본의 유구병합과 '조선문제'의 부상

* 본서에 수록된 내용은 기존에 학술지에 발표한 글을 수정 보완한 것이다.
원 논문의 출처는 다음과 같다.

1장 「19세기 동아시아의 패러다임 변환과 한반도: '예의'와 '부강'의 상극적 긴장」, 한국사회사학회, 『사회와 역사』 71집(2006. 9.)

2장 「대원군의 천주교 탄압에 대한 정치학적 고찰: 전환기 한반도의 리더십 분석」, 한국학중앙연구원, 『정신문화연구』 30권 1호(2007. 3.)

3장 「명성왕후와 대원군의 정치적 관계 연구: 왕실 내 정치적 긴장관계의 구조와 과정」, 한국정치학회, 『한국정치학회보』 40집 2호(2006년 여름)

4장 「고종의 대내외 정세인식과 대한제국 외교의 배경」, 한국 동양정치사상사학회, 『동양정치사상사』 4권 2호(2005. 9.)

5장 「일본의 유구병합과 동아시아 질서의 변동: 한반도와의 정치적 관계를 중심으로」, 역사문화학회, 『지방사와 지방문화』 10권 1호(2007. 5.)

1. 19세기 동아시아국가'간' 관계의 패러다임 변환과 한반도

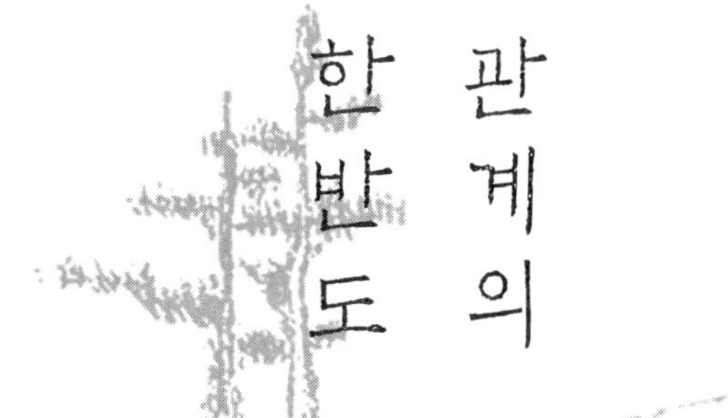

1. 한반도의 지정학적 위상과 전환기의 역사적 경험

한반도는 독특한 지정학적 위치로 인해 전환기적 상황마다 국제정치적으로 대단히 민감한 의미를 부여받고는 했다. 19세기에 기록된 다음의 두 문건은 국제정치의 장(場)에서 한반도의 지정학적 위상이 얼마나 민감하게 받아들여졌는가를 명확하게 보여주는 실례다.

> (가) 본인은 조선을 식민지로 하거나 아니면 단순히 (프랑스) 황제의 보호령으로 함으로써 조선이 (프랑스에) 어떠한 이익을 제공할 수 있는지에 관해서 길게 설명하지 않겠습니다. 이 나라(=조선)에 군대를 주둔시킨다는 것이 장차 중국과 일본에서 발생할 분쟁에 있어서 얼마나 유용할지는 지도를 한 번 보시는 것으로 충분할 것입니다.[1)]

1) Correspondance politique. Chine. no.41. 1865~1866, folio. 296; Kim, Yongkoo, *The Five Year's Crisis, 1866~1871: Korea in the Maelstrom of Western Imperialism*(Seoul: Circle, 2001), p.31에서 재인용.

(나) 조선이라는 땅은 실로 아시아의 요충을 차지하고 있어 형세가 반드시 다투게 마련이며, 조선이 위태로우면 중국과 일본의 형세도 날로 위급해질 것이다. 따라서 러시아가 강토를 공략하려 할진데, 반드시 조선으로부터 시작할 것이다.[2)]

첫 번째 글은 조선에서 프랑스 선교사의 처형(병인박해, 1866) 소식을 전해들은 북경주재 프랑스 공사 벨로네(Claude M. Henri de Bellone, 伯洛內, ?~1881)가 본국의 외무장관에게 보낸 보고서의 내용이며, 두 번째 글은 일본 주재 중국 참찬관 황준헌(1842~1905)이 제2차 수신사 김홍집(1842~1896)에게 써서 건네준『조선책략』의 서두에 등장하는 내용이다. 동아시아에서 한반도의 지정학적 위상을 극명하게 드러내주는 사례라고 할 수 있을 것이다.

실제로 우리의 역사적인 경험을 이해하기 위해 한반도가 속해 있던 국제정치지형의 변동기를 잠시 거슬러 올라갈 볼 필요가 있다. 20세기 '냉전'이 시작되면서 한반도에서는 한국전쟁이 발발했고, 19세기 '서세동점'이 진행되는 상황에서는 일본에서 정한론(征韓論), 청에서 조선 속국화 시도가 진행되어, 이것은 결국 청일전쟁과 러일전쟁으로 비화되었다. 좀 더 거슬러 가보면, 17세기 중화문명의 패권이 한족(漢族)에서 만주족으로 교체되던 '명청교체기'의 와중에서 두 차례의 호란(정묘호란, 병자호란)이 발발했고, 16세기 말 일본의 전국시대(戰國時代)가 정리되어 가던 격변기 속에서 조선은 두 차례의 왜란(임진왜란, 정유재란)을 치러야 했다. 조선왕조 이전의 경우에도 이런 상황은 대체로 마찬가지였다.

2) 황준헌, 조일문 역주,『조선책략(朝鮮策略)』(건국대학교 출판부, 1977), p.10.

그런데 이러한 긴밀한 상관관계에 주목하지 않고 한반도가 단지 '많은 외침을 겪어왔다'는 식으로 막연하고 평면적으로 기술하는 것은 문제가 있다. 거대한 전환기마다 거의 예외 없이 한반도에서 반복되어 나타난 국제정치적 사건들의 현재적 함의가 구체적이고 연속적 맥락에서 논의되지 않은 채, 우연적 혹은 일회적인 '과거완료형'의 사건으로 이해될 위험이 있기 때문이다.

그러므로 21세기 현재 한반도가 직면하고 있는 거대한 변화의 징후를 직시하고 이에 대해 적절한 대응을 모색하기에 앞서, 19세기 전환기의 우리의 경험을 성찰해보는 작업은 매우 중요한 의의를 갖는다. 19세기에 동아시아 국가 '간' 관계에서는 어떠한 패러다임의 전환이 있었을까?[3] 그 변환 과정에 본격적이고 적극적인 자세로 대응하지 못했던 우리(조선)의 '안과 밖'의 정치적, 사상적 배경은 무엇이었을까? 이 글에서는 이러한 포괄적인 질문에서부터 시작하여, 19세기 한반도의 지식인과 위정자들이 당대의 거대한 변화의 징후를 어떻게 수용하고 해석하였으며, 20세기로 접어들면서 유럽 국제사회의 문명 표준(standard of civilization)이 어떻게 우리의 문명 표준으로 전면적으로 수용되었는지를 고찰하고자 한다.

3) 여기에서 '국제'라는 용어를 사용하지 않고 국가 '간'이라는 표현을 쓴 데는 이유가 있다. 전통적으로 한자문명권에서는 '국제'라는 단어가 존재하지 않았다. '국제'라는 용어가 한자문명권에 처음 사용되기 시작한 것은 일본에서 1873년 'international law'라는 단어를 '국제법'으로 번역하는 과정에서였다. 즉 '국제'라는 용어는 근대국제질서라는 구미의 새로운 패러다임과 만나면서 새롭게 등장한 번역어로서, 그 자체가 근대국가 '간'의 독립적이고 상호병렬적인 성격을 내포하고 있다고 말할 수 있다. 따라서 여기에서는 전통적인 의미의 국가 '간' 관계가 동요, 변용되면서 근대 '국제' 관계로 편입되는 과정을 다룬다는 점에서 이를 의식적으로 구별하여 사용할 것이다.

2. 중화질서와 국가 '간' 관계의 새로운 패러다임의 도래

1) 동아시아 전통에서의 '국가'와 예의에 근거한 국가 '간' 관계

동아시아 지역을 구성해 온 천하질서(=중국적 세계질서, 중화질서, 화이질서)는 서구의 근대적 국제관계와 대단히 다른 성격을 갖고 있었다. 따라서 국가가 행위주체로서 갖는 의미도, 개인이 국가를 바라보는 시각도 근대국제질서의 그것과는 차이가 있을 수밖에 없었다.[4)]

이를테면 유교적 사유체계에서 '국가'란 개인의 정체성을 형성하는 절대적 의미를 가지기 어렵다. 즉 국가중심적 사유체계란 배태되기 어려웠다. 왜냐하면 『대학』의 「팔조목」, 즉 '격물치지 성의정심 수신제가 치국평천하(格物 - 致知 - 誠意 - 正心 - 修身 - 齊家 - 治國 - 平天下)'가 상징하는 바와 같이, 유교는 기본적으로 개인과 다양한 공동체 간의 상호 간 균형적이고 순환적인 조화를 강조하여, 극단적인 개인주의나, 가족주의, 국가주의, 세계주의가 용납되기 어려운 사유체계를 보여주고 있기 때문이다.[5)]

4) 이에 관해서는 이용희 저, 노재봉 편, 『한국민족주의』(서문당, 1977); 浜下武志, 「日本研究とアジア・アイデンティティ」, 『思想』 830호(1993) 등을 참조.

5) 물론 중국에 국가중심의 사고가 존재하지 않았던 것은 아니다. 실제로 유교적 세계관이 아닌 법가(法家)에서는 국가라는 단위를 중심으로 사유가 전개되고 있었다. 하지만 법가의 부국강병론에서 거론되는 국가가, 이념적으로 절대적 배타성을 가진 근대국가와는 달리, 천자가 다스리는 천하의 하위개념이자 전국시대 제후의 통치영역으로서의 국(國)이었음은 주목할 필요가 있을 것이다. 전국시대에 유교는 물정에 어둡고 유치한 수준의 논의이자 비현실적이라는 평가를 받으며 일반적으로 제후들에게 받아들여지지 않고 있었다. 그런데 법가를 수용한 진(秦)이 천하를 통일한 후 진시황 일대를 넘기지 못하고 무너진 후, 한대(漢代)에 접어

유교는 기본적으로 현세 중시적이며, 인간이 만들어가는 현실세계의 여러 관계와 그 관계 속에서의 인간에 관심의 초점을 맞춘다. 따라서 유교는 안으로 자기완성을 지향하는 수기지학(修己之學)이면서, 밖으로는 타인과의 관계에서 질서를 도모하려는 치인지학(治人之學)으로서의 성격을 갖게 되며, 수기(修己)와 치인(治人) 양자 간의 조화로운 통일 곧 '정치의 윤리적 승화'를 현실세계에 구현하는 것은 유교적 사유체계의 근본적인 문제의식을 이루게 된다.[6]

이러한 인식론적 지반에 근거하는 '천하질서'란 기본적으로 개인 간의 관계를 규율하는 예에 기반한 위계적 원리를, 천하를 구성하는 복합적 행위주체 간의 관계로까지 확대하여 적용한 일종의 '이념적으로 상상되어진 하나의 세계'라고 할 수 있다.[7] 이러한 이념체계로서의 중화주의는

들어 유교가 점차 정통사상으로서 자리잡아 가게 된다. 竹内照夫, 『四書五經入門: 中國思想の形成と展開』(東京: 平凡社, 1965) 第8章; 戸川芳郎, 溝口雄三, 蜂屋邦夫, 『儒教史: 世界宗教史叢書 10』(東京: 山川出版社, 1987) 第1章 등을 참조.

6) 이러한 유교적 사유체계에 의하면, 모든 학문은 궁극적으로 수기=윤리학과 치인=정치학적 문맥으로 귀결되는 경향을 보이게 된다. 다만 수기와 치인의 어디에 상대적인 비중을 두며, 양자 간의 텐션을 어떻게 통일적으로 조화시키려 하는가를 둘러싼 견해는 구체적인 역사적 상황과 사상가들의 개인적 문제의식의 차이에 따라 다양한 입장 차이를 드러내게 되는데, 유교적인 사유체계 내부의 다양성은 기본적으로 여기에서 파생되어 나온다고 할 수 있을 것이다. 예컨대 이상적인 통치를 둘러싼 공자(B.C.552~479)와 맹자(B.C.370~305), 순자(B.C.330~236), 한비자(B.C.280~233)의 견해 차이는 이러한 상징적인 예라고 할 수 있을 것이다.

7) 김용구 교수는 예(禮)에 관해 다음과 같이 설명하고 있다. "예는 사람이 반드시 지켜야 할 행동규범이라는 좁은 의미에서 시작하여 귀천이나 상하의 구별, 나라의 법제, 나라 사이의 관계, 모든 사물의 통일된 법칙 등을 지칭하는 매우 넓은 의미를 함축하는

춘추전국시대 성립된 이래 각 지역의 국가들에 의해 편의적으로 활용되기도 했으나,[8] 보다 구체적으로는 오랜 이민족의 지배를 탈피하고 한족에 의해 명이 성립된(1368) 이후 더욱 체계적으로 확립되어 가는 양상을 보이게 되며, 막강한 중국의 정치적 문화적 권위와 군사력에 의해 보호되고 유지 · 지속되어 나가게 된다.[9]

개념이다. 다시 말하자면 개인, 가(家), 제후 간의 관계, 주실(周室)과 제후 간의 관계를 규율하는 광범위한 규범이었다. 서양의 용어를 빌려 표현한다면 자연법*jus naturale*에 해당된다. 예에 해당되는 여러 형식, 절차, 규범 등이 이미 선진시대(先秦時代)에 형성되었다. 그리고 예의 법제(法制)들은 명-청시대의 여러 회전(會典)들에 자세히 규정되어 있다. 이렇게 볼 때 '예'는 나라 간의 규범을 지칭하는 서양의 공법보다는 광범위한 개념이지만 국제정치학의 입장에서 보면 서로 대칭되는 용어로 사용할 수 있다". 김용구, 『세계관 충돌과 한말 외교사, 1866~1882』(문학과 지성사, 2001) pp.66-67.

8) 이에 관해서는, Fairbank, J.K.(ed.), *The Chinese World Order: The Traditional China's Foreign Relations*(Harvard Univ. Press, 1968); 小倉芳彦, 『中國古代政治思想硏究』(青木書店, 1970); 김한규, 『고대중국적 세계질서연구』(일조각, 1982); 이성규, 「중화사상과 민족주의」, 『철학』 37집(1992); 酒寄雅志, 「華夷思想の諸相」, 『自意識と相互理解＝アジアのなかの日本史 V』(東京: 東京大學, 1993); 김한규, 「7~8세기 동아시아 세계질서의 구조적 특성과 그 운영체제의 기능」, 『진단학보』 88호(진단학회, 1999); 민두기, 「동아시아의 실체와 그 전망: 역사적 접근」, 『시간과의 경쟁』(연세대학 출판부, 2001) 등을 참고할 수 있다.

9) 중국적인 세계질서관이 뚜렷한 형태로 대외적으로 선전되고 체계화된 것은 명의 성립 이후라고 해야 할 것이다. 명에 이르러서는 조공국과 조공 횟수, 조공 절차 및 규정 등이 확립되어 이것이 『대명회전(大明會典)』이라 부르는 『명회전(明會典)』에 의하여 법제화된다(1502년). 명대에 확립된 조공질서는 청에 이르러서 다섯 차례에 걸친 『대청회전(大淸會典)』의 중수(重修), 즉 『강희회전(康熙會典)』(1690년), 『옹정회전(雍正會典)』(1732년),

명나라의 태조인 주원장(재위기간 1368~1398)이 즉위원년에 고려, 일본, 유구, 안남 등에 사신을 파견하여 전달한 조서(詔書)에는 중국 측의 중화주의적 인식이 다음과 같이 반영되어 나타나고 있다.

> 옛날, 황제가 천하를 다스렸을 때에는 태양이나 달빛이 비추는 곳은 모두, 멀고 가까움에 관계없이, 한결같은 어진 마음으로 바라보았다. 그 결과 중국이 안정되고, 사이(四夷=東夷, 西戎, 南蠻, 北狄) 역시 얻는 바가 있었다.10)

여기서도 알 수 있는 바와 같이, 삼대(三代) 이후 줄곧 문명과 문화의 중심인 천자의 나라로부터 덕과 예가 주변으로 퍼져나가는 것은 마치 태양의 은혜가 사방으로 확산되어 가는 것처럼 자연스러운 것이라고 간주되고 있는데, 이른바 '사대자소(事大字小, 큰 것을 섬기고 작은 것을 품어준다)'로 요약되는 천하의 중심과 주변과의 예에 입각한 소통이 강조될 수 있었던 근거는 이러한 의식과 맞물려 있었다.

다음에 소개하는 맹자의 논의와 그에 대한 주자(朱子, 1130~1200)의 주석은 '사대자소'의 이념적인 의미를 상징적으로 전해준다.

『건륭회전(乾隆會典)』(1764년), 『가경회전(嘉慶會典)』(1818년), 『광서회전(光緖會典)』(1899년)을 거치면서 더욱 자세히 완비되었다. 이에 관해서는 김용구, 『세계관 충돌의 국제정치학: 동양 예와 서양 공법』(나남, 1997)에서 상세하게 논의된 바 있다.

10) 『明太祖實錄』 卷37; 浜下武志, 「東アジア史に見る華夷秩序」, 『國際交流』 62號(東京: 國際交流基金, 1993) p.30에서 재인용. 이러한 중화주의적 레토릭은 이후 거의 그대로 정형화되어 사용되었던 것으로 보인다. 예컨대 1450년 명의 사신이 조선에 가지고 온 칙서는 다음과 같이 시작된다. "짐(朕)이 삼가 천명을 공손히 받아 중화와 이적의 군주가 되어, 멀고 가까움에 관계없이 한결같은 어진 마음으로 바라보았다(朕祇膺天命君主華夷一視同仁靡間遐邇)". 『文宗實錄』 즉위년 8월 3일(甲戌條).

(가) 제선왕(齊宣王)이 묻기를, 이웃나라와 사귐에 도가 있습니까? 맹자가 대답하길, 있습니다. [……] 대국으로서 소국을 섬기는 것은 하늘의 뜻을 즐기는 것(樂天者)이고, 소국으로서 대국을 섬기는 것은 하늘의 뜻을 두려워하는 것(畏天者)이니, 천리(天理)를 즐거워하는 사람은 온 천하를 보전하고, 천리를 두려워하는 사람은 그 나라를 보전합니다.[11]

(나) 하늘(天)은 이치(理)이니, 대국이 소국을 어여삐 여기고 소국이 대국을 섬기는 것은 모두 당연한 이치라 할 것이다. 자연스럽게 이치에 맞는지라 낙천(樂天)이라 말하고, 감히 이치를 어기지 못하는지라 외천(畏天)이라 말한 것이다. 널리 포함하고 두루 덮어주어 두루 하지 않음이 없는 것은 천하의 기상을 보전하는 것이요, 예절을 따르고 법도를 삼가하여 감히 방종하고 안일하지 못함은 일국의 규모를 보전하는 것이라.[12]

따라서 천하질서에서 국가라고 하는 것은 현실적으로는 주요한 행위자(actor)로서 용인되면서도 '이념적'으로는 근대국제질서의 행위주체인 주권국가(sovereign state)처럼 강고한 배타적 실재(exclusive entity)로서 인식될 수 없었다. 이것은 조선의 경우에도 그대로 적용되는 것으로 조선은 기본적으로 중국에 대해 전통적인 '이념'과 '예의'에 근거해서 상호관계를 맺으려는 입장을 견지하게 된다.

11) 齊宣王問曰, "交鄰國有道乎?" 孟子對曰, "有. 惟仁者爲能以大事小, 是故湯事葛, 文王事昆夷. 惟智者爲能以小事大, 故大王事獯鬻, 句踐事吳. 以大事小者, 樂天者也, 以小事大者, 畏天者也. 樂天者保天下, 畏天者保其國". 『孟子』 梁惠王(下).

12) "天者 理而已矣 大之字小 小之事大 皆理之當然也. 自然合理 故曰樂天 不敢違理 故 曰畏天. 包含偏覆 無不周偏 保天下之氣象也. 制節謹度 不敢縱逸 保一國之規模也". 朱子, 『四書集註』.

2) 중화질서의 문화주의적 성향

중화질서의 이념은 현실정치 공간에서 군사적 기반에 의해 지탱될 수 있었던 것임에도 불구하고 기본적으로는 문화주의적 성격이 강한 것이었다. 거기에는 예치(禮治)나 덕치(德治)라고 불리는 보편적인 통치이념이 추구되고 있었고, 이러한 통치이념에 기초한 천하관념이 중화 이외 세계의 이질적 요소를 포섭하고 있었다.

중화질서가 위계적 질서로 구성되어 있어 거기에 상응하는 위계제도가 엄격히 갖추어져 있었음은 늘 지적되어 온 바와 같지만, 천하질서 공간의 다이너미즘을 이해하기 위해 간과되어서는 안 될 사실은 적어도 '이념 공간' 내에서는 화(華=文明)가 결코 독점될 수 없다는 점일 것이다. 왜냐하면 화이질서의 이념 공간 내에서는 화(華)를 화(華)되게 하는 것이란 덕치(德治)와 예치(禮治)를 현실 정치세계에서 구현하는 능력이라고 믿어졌기 때문이다. 즉 정치를 윤리적 차원으로까지 승화시키는 능력 여부가 행위주체의 문명의 상태를 판가름하는 기준이 된다는 믿음이 공유되고 있었던 것이다. 그것은 화(華)에 대한 접근 가능성이 각각의 행위주체에게 맡겨져 있다는 것을 의미하며, 화(華)가 공유될 수 있는 것임을 시사하는 것이기도 했다. 청의 옹정제(雍正帝, 재위 1722~1736)의 명령에 의해 편찬된『대의각미록』에는 이러한 내용이 다음과 같이 명료하게 표현되고 있다.

> '이적'과 '중국'을 나누는 기준은, 보편적인 윤리를 아는가 그렇지 않은가의 여부에 있다. 공자가『춘추(春秋)』에서 화이(華夷)의 구분을 강조한 것은, 예의(禮義)의 있고 없음을 준별하려는 것이었지, 땅의 위치를 구별하려는 것이 아니었다.[13]

13) 淸雍正帝撰,『大義覺迷錄』, 近代中國史料叢刊 第36輯(文

바로 이처럼 화이질서의 이념 안에는 “화(華)라고 하는 것이 국가의 대소(大小)나 강약(强弱)에 의해 결정되는 것이 아니며, 모두에게 공유되어야 할 이념”이라고 인식될 소지가 열려 있었던 것이다.[14)]

이러한 이념 체계는 마치 유교적 사유체계가 개인에게 교화(敎化) 혹은 덕화(德化)의 가능성을 열어놓은 것과 기본적으로 동일한 논리적 구조라고 할 수 있으며, 이러한 이념적 개방성이야말로 중화질서의 생명력이 지속될 수 있는 근원이 될 수 있었다. 따라서 적어도 ‘이념상’으로 화이질서 내부에는 많은 ‘화(華)’가 병존할 수 있었고, 어떠한 국가도 스스로를 ‘중화(中華)’라고 자부할 수 있는 가능성이 열려 있었다. 그리고 이러한 자부심이 중화세계를 지탱하는 위계제도와 격식을 존중하는 한, 중국으로서도 현실적으로 크게 문제시 하지 않았다. 물론 그런 만큼 중화질서 내부에는 주변부의 인식과 현실 간에 불가피하게 괴리가 발생할 소지가 항시적으로 존재하고 있었고, 그러한 긴장적 요소가 실제로 여러 차례에 걸쳐 물리적인 충돌로 표출되기도 하였지만 장기적으로는 예적(禮的)인 질서이념하에 끊임없이 해소될 수 있었던 것이다.[15)]

海出版社)에 수록, 岸本美緖, 「東アジア・東南アジア傳統社會の形成」, 『岩波世界歷史13: 東アジア・東南アジア傳統社會の形成』(東京: 岩波書店, 1998) pp.48-49에서 재인용.

14) 浜下武志, 「東アジア史に見る華夷秩序」, 『國際交流』 62號(東京: 國際交流基金, 1993) p.31.

15) 이러한 사실들을 고려해볼 때 조선 이데올로그들의 ‘의식’ 속에서 중화질서에 사대라는 형태로 참여한다고 하는 문제는, 중국 중심의 강력한 위계적 세계질서 안에 편입됨으로써 대외적인 안보와 대내적인 안정을 구가한다는 현실정치적 의미를 지닐 뿐만 아니라, 스스로가 중화질서를 문명의 기준으로 삼아 보편적인 문명국가, 문화국가를 실현하려는 정치적 의지의 표현이자 ‘예(禮)

흔히 천하질서와 근대적 국제질서는 '위계적'인 질서공간과 '수평적'인 질서공간이라고 대비되어 표현된다. 그러나 사실 이러한 표현은, 동일한 권력적 차원에서 '차별' 공간과 '평등' 공간이라는 식으로 평면적으로 비교되기 쉽다는 점에서 주의할 필요가 있다. 왜냐하면 두 개의 질서가 근거하는 우주관이나 가치체계가 다르기 때문에 이러한 전체적 맥락을 무시한 채 비교해서 논의하게 되면, 오히려 당시 상황에 대한 정치(精緻)한 논의가 어려워지기 때문이다. 예의에 기반한 위계적 질서공간이든, 민주나 국가 평등 관념에 기반한 수평적 질서공간이든 공히 권력적 측면이 내재되어 있었다. 두 개의 질서공간 모두 지식과 권력이 긴밀히 결합되어 있어, 상대적인 차이는 있겠지만 권력 장치의 폭력성이 잘 드러나 보이지 않는다는 공통성을 갖고 있다고 해야 할 것이다.

3) 서세동점과 동아시아 국가 '간' 관계의 새로운 패러다임의 출현

19세기 천하질서는 근대국제질서라는 상이한 대외질서 관념과 마주하게 된다. 흔히 서세동점(西勢東漸)으로 집약되는 거대한 전환(great transformation)의 과정은 그동안 오래도록 지속되어오던 천하질서가 동아시아 지역에서 현실적으로 붕괴되고, 서구의 근대국제질서로 재편되어가는 과정이었다. 한-중-일 동아시아 삼국은 이 과정에서 이른바 '예

에 입각한 질서공간'의 운행(運行)에 능동적으로 동참한다는 이념적 의미를 동시에 지니고 있었다. 이른바 '소중화주의'라고 일컬어지는, 중화질서의 문화적 중심을 지향하는 조선 측의 인식이나 태도가 조선왕조 내내 다소 뉘앙스의 차이는 있지만 줄곧 지속될 수 있었던 것은 이러한 화이질서의 문화주의적 성격 때문에 가능한 것이었다. 이에 관해서는 강상규, 「조선왕권의 공간과 유교적 정치지형의 탄생」, 『애산학보』 29(애산학회, 2003) 참고.

의 관념'에 기반한 천하질서로부터 '국가평등관념'에 근거한 근대 '국제' 질서로 동아시아 세계를 구성하는 패러다임의 변동(paradigm shift)을 겪어야 했다.

이것은 동아시아 국가 '간' 관계의 패러다임 변동이 천하질서하의 '조공 책봉 관계'에서 근대국제질서의 수평적이고 독립적이며 그런 만큼 '무정부적인 관계'로 변환하는 것을 의미했고, 이러한 국가 '간' 관계의 새로운 패러다임으로 번역되어 등장한 것이 바로 만국공법이었다.[16] 주지하는 것처럼, 19세기 동서문명이 대면하는 현장은 물리적 폭력과 갈등을 수반하고 있었고 그 어지러운 현장의 한복판에는 서양국가와의 '조약' 체결이라는 문제가 어김없이 얽혀 있었다. 만국공법은 이처럼 서구와의 대규모 물리적 충돌과 그에 따른 불평등 조약의 체결이라는 새로운 위기 상황의 접점에 놓여 있었다.

주지하는 바와 같이, 대외적인 '독립(Independence)'을 가장 중요한 특징의 하나로 간주하는 근대적 의미의 '주권(sovereignty, *Souveränität,*

16) '만국공법'이란 미국의 국제법학자 헨리 휘튼(Henry Wheaton, 1785~1848)의 국제법 서적(The Elements of International Law)이 마틴(William Alexander Parsons Martin, 丁韙良, 1827~1916)에 의해 한역(漢譯)되어 『만국공법』이라는 제목으로 출간(1864년)되는 과정에서 처음 등장한 번역어다. 이후 동아시아 지역에서 반세기 남짓 생명력을 유지하고 사용되었던 용어다. 반면 만국공법 대신 '국제법'이라는 용어를 가장 먼저 사용한 것은 1873년 일본의 미즈쿠리 린쇼(箕作麟祥, 1846~1897)였는데, 管見에 의하면, 이때 '국제'라는 용어가 처음 사용된 것으로 보인다. 이후 국제법이라는 용어는 1881년 도쿄대학에서 국제법학과를 설치한 후 서서히 정착되는 과정을 밟아가게 된다. 강상규, 『19세기 동아시아의 패러다임 변환과 제국 일본』(논형, 2007) pp.94-95.

Soverainetê)'이라는 개념은 유럽이라는 기독교 문명권에서 중세질서가 해체되는 과정에서 생겨나기 시작한 독특한 국가 '간' 관계를 배경으로 17세기를 전후해서 비로소 등장한 개념이다. 그런데 한자문명권에서 오늘날 사용하는 의미의 '주권'이라는 신생어는 휘튼의 『만국공법』을 통해 최초로 사용되기 시작한다. 이 점은 『만국공법』, 곧 국제법 서적이 근대적인 서구 국제질서의 행위주체인 주권국가의 권리와 규범 등을 다루는 책이라는 사실을 상기해 보면 쉽게 이해될 수 있을 것이다.17) 이처럼 만국공법은 주권국가(sovereign state)라는 '새로운 국가형식'과 함께 조약체제(treaty system)라는 '새로운 국가 간의 교제 및 교섭방식' 등을 다루고 있다는 점에서 동아시아에 대두하게 될 새로운 문명의 문법을 표상하는 것이기도 했다.

개화기 일본에서 최고의 베스트셀러가 후쿠자와 유키치(福澤諭吉,

17) 휘튼의 원저와 마틴의 『만국공법』을 대조해보면, Sovereignty라는 용어가 『만국공법』에서 주권(主權), 자치자주지권(自治自主之權), 자주지권(自主之權), 관할지권(管轄之權), 국권(國權) 등 문맥에 따라 다양하게 한역되었다는 것을 알 수 있다. 이러한 사실은 Sovereignty라는 개념이 '주권'이라는 용어로 확고하게 정착되어 사용되기 전에는 동아시아 문명권에서 다양한 용어로 불렸음을 시사해준다. 공법질서하에서의 국가의 권리는 '주권'이라는 생소한 용어보다 당대 독자들에게 훨씬 익숙한 '자치자주지권' 혹은 '자주지권'이라는 용어를 통해 이해되었던 것으로 보인다. 유명한 조일수호조규의 제1조에서 '조선은 자주국이며 일본과 평등한 권리를 보유한다(朝鮮國自主之邦保有與日本國平等之權)'고 되어 있었음을 상기해 볼 필요가 있다. 실제 이 시기에 사용되었던 용어로 자주지권, 자치지권 등의 용어는 많이 눈에 띄지만 조선 측 자료에서 주권이라는 용어가 등장하기 시작한 것은, 管見에 의하면 「한성순보」(1883년 10월~1884년 10월(?)까지 발행), 「한성주보」(1886년1월~1888년 7월까지 발행) 정도고, 본격적으로 사용되는 것은 박영효의 '내정개혁을 위한 건백서'(1888년), 유길준의 『서유견문』(1895)에서 정도다.

1834~1901)의 『서양사정』과 함께 휘튼의 『만국공법』이었던 것도, 정관응(1842~1922)이 국가경영에 관한 양무 지침서로 『이언(易言)』(1880-36편본, 1882-20편본)을 쓰면서 제1편을 「공법을 논함(論公法)」으로 구성한 것도, 그리고 조선의 승려 이동인이 김옥균, 박영효의 후원과 일본 동본원사(東本願寺) 부산별원의 협력을 받아 일본으로 밀입국한 이유가 다름 아닌 만국공법을 배우기 위해서였던 것도 모두 이러한 국가 '간' 관계의 패러다임의 변환을 이해하려는 치열한 노력의 일환이었다.[18]

3. 예의지방(禮義之邦)과 부강국가(富强國家)의 아득한 심상(心象)거리

1) 에피소드: 조선 수신사의 눈에 비친 일본 '부국강병'의 현장

1876년 조일수호조규를 체결한 후, 일본과의 우의를 다진다는 명분 하에, 메이지유신을 전후로 변화한 일본을 처음으로 직접 견문하고 돌아온 수신사 김기수(1832~1894)는 국왕에게 보고서를 올린다. 다음은 그 중 일부다.

> 곳곳마다 화륜선, 화륜차를 만들고 또 사람을 시켜 먼 곳에서 상업을 경영케 하였으니 요는 온 힘을 다해 재화를 모으기 위함입니다. 군신상하가 부지런히 이로움을 취하고 부국강병을 급선무로 삼고 있었으니(以富國強兵爲急

18) 이에 관해서는 丸山眞男 · 加藤周一, 『翻譯と日本の近代』(東京: 岩波書店, 1998) p.119; 鄭觀應, 『易言』 第1篇, 「論公法」; 조동걸, 「奧村의 朝鮮國布教日誌」, 『한국학논총』 7 (국민대학교, 1985) p.270; 萩原延壽, 『遠い崖: アーネスト・サトウ日記抄, 14卷＝離日』(東京: 岩波書店, 2001) pp.82-83 참조.

先務), [……] 지금은 경전문자(經典文字)는 무용지물로서 서고에 넣어두고 다만 공리(功利)의 서(書)만을 매일 부지런히 읽기 때문에 그중에서 유식한 사람들은 또한 매우 개탄하는 이들도 있었습니다. 저들 기술의 기교는 눈으로 보아도 능히 다 볼 수 없으며 입으로 전하려 해도 자세히 알기 어렵습니다. [……] 곳곳마다 정조국(精造局)을 설치하고 사람마다 이기술(利器術)을 익히고 있으니 아무리 헤아려 봐도 실상 그 방법을 다 알 수는 없었습니다. 한 나라의 도회지가 한 둘이 아니었는데, [……] 이를 여러 차례 본 중국인들도 또한 말하기를 '중국보다도 더욱 크고 풍부하다'고 하였습니다. [……] 평소에 양성한 군대는 에도성(江戶城) 안에 봉급을 주어 양성한 사람만 7, 8만 명이나 되었고 그 밖에 육군성, 해군성에서도 날마다 군사를 뽑기를 쉬지 않았는데, 모두 기계에 정통하고 군율에 숙련되어 있었습니다. [……] 배 위에서도 대포를 사용하고 차에서도 또한 대포를 사용하는데 대포를 사용하는 방법 또한 전적으로 기계를 사용하여 조금도 틀리지 않았습니다. 이러한 강병(强兵)과 이기(利器)를 갖추고도 오히려 부지런히 일하여 쉴 틈이 없었습니다. [……] 교묘하지 않은 기술이 없고 정교하지 않은 기예가 없어 [……] 외견상으로는 이보다 더 부강할 수 없으나, 곰곰이 그 기세를 생각해보면 (부국강병책에 입각한 일본의 방책이—필자) 장구한 계책이라고는 할 수 없습니다.[19)]

당시의 긴박한 시대 상황과 아울러 대외정세에 깊은 관심을 기울이고 있던 국왕 고종(재위 1864~1907)과 박규수(1807~1876)의 수신사에 대한 각별한 기대 등을 고려해 볼 때,[20)] 막중한 임무를 부여받은 김기수의

19) 김기수, 『일동기유』 권4, 『수신사기록』(국사편찬위원회, 1971) pp.107-110; 『동문휘고』 4, pp.4178-4179.

20) 수신사 김기수를 일본에 보내면서 고종이나 박규수가 보인 관심과 기대는 각별한 것이었다. 고종은 "처음으로 가는 길인만큼 모든 일을 반드시 잘 처리해야 하며 그곳 사정에 대해서 자세히 정탐해 가지고 오는 것이 좋겠다, 보고할 일에 관해서는 하나하나 빠짐없이 기록해 가지고 오라"고 간곡히 당부하고 있으며,

보고 내용은 의외로 구체적이거나 적극적이지 못하다. 하지만 19세기의 시점에서 수신사 김기수의 보고서는 기존의 중국이라는 필터를 통해서 걸러진 일본에 대한 보고와는 달리 직접 일본을 견문한 기록이라는 점에서 중요한 의미를 가지는 것이었다. 더욱이 21세기의 시점에서 보면, 위의 보고서는 메이지 일본의 발전상을 바라보는 조선 지식인의 눈, 즉 19세기 조선 유자(儒者)들의 일반적인 가치와 정서를 가감 없이 읽어낼 수 있다는 점에서 흥미롭다. 수신사의 눈에 비친 일본은 불철주야 부국강병에 주력하는 모습이었으며, 이미 그 수준은 중국을 넘어설 정도로 경이로운 경지에 오른 것처럼 보였다. 하지만 김기수는 한편으로는 그토록 감탄하면서도 경서를 외면한 채 실용서적만을 탐독하고 부국강병에 매달리는 일본이 미래의 장구한 대책을 마련할 수 있을까에 대해서는 강한 회의감을 피력하고 있다. 김기수는 왜 일본의 부국강병 전략이 조선이 지향해야 할 모델이 될 수 없다고 생각했던 것일까?

2) 조선 지식인들의 문화적 자부심과 '부국강병'에 대한 인식

『경국대전』 완성(1485년) 등을 통해 '신유학(Neo-Confucianism)'에 기반한 정치적 제도적 기틀이 대체로 마련되자, 조선의 유자들은 점차 '유교질서의 사회적 정착과 일상적 실천'을 구현하는 데 매진하기 시작한다. 그리고 성리학의 사회적 내면화가 진행되어가는 가운데, '중화질서의 문화적 중심을 지향'하는 조선의 이른바 '소중화(小中華)' 의식이 성리

박규수는 김기수에게 별도로 서한을 보내, "내 나이와 지위가 헛되이 이에 이르러 이번 사행(使行)을 나의 벗에게 마침내 양보하게 된 것이 한스럽다"고 하면서 독려했다. 이에 관해서는 『고종실록』 13년 4월 4일; 김기수, 앞의 책, 권1, 「差遣二則」 p.2 참조.

학적 소양을 몸에 갖춘 사람들의 일상 속에 파고 들어가게 된다. 조선 유자들의 자존의식을 반영하는 '소중화'의 레토릭이 어떻게 구성되어 있었는지, 중종 때 편찬되어 아이들의 한문학습의 기본적인 텍스트로 가장 널리 사용되었던 『동몽선습(童蒙先習)』을 통해 살펴보자.[21]

> 동방(東方)에 [……] 나라 사람들이 임금을 세웠는데, 요(堯)임금과 병립하여 국호를 조선이라 하였으니, 이가 곧 단군이다. 주(周)의 무왕(武王)이 기자(箕子)를 조선에 봉하여 백성들에게 예의를 가르쳐서 팔조(八條)의 교법을 세웠으니 어질고 현명한 교화(敎化)가 있게 되었도다. [……] 아! 우리나라가 비록 바다 모퉁이에 치우쳐 땅은 좁고 작으나, 예악 법도와 의관문물은 실로 중화의 제도를 준수하여 인륜이 위에서 밝고 교화가 아래에서 행하여 풍속의 아름다움이 중화와 같으니, 중국인이 이를 가리켜 '소중화'라 칭한다. 이것이 어찌 기자가 남긴 교화의 덕이 아니겠느냐! 아, 너희 아이들은 마땅히 이를 보고 떨쳐 일어나야 할 것이라. (『동몽선습』, 「사부(史部)」)

위의 내용을 분석해보면, 단군조선에 대한 기억은 기본적으로 중화 문명과의 '비교' 위에서 자신의 뿌리에 대한 역사적 시원을 찾으려는 노력으로 여겨진다. 반면 기자조선에 대한 서술은 한반도 '문명'의 기원을 당대에 '문명 표준(standard of civilization)'이라고 간주하던 중화 문명 질서와의 '관계' 속에서 탐구하려는 의식의 소산이라고 할 수 있다. 왜냐하면 단군조선이 천신(天神)인 환인(桓因)의 후손으로서 중국의 성왕(聖

21) 『동몽선습』은 조선 중종 때 박세무(1487~1554)가 아동들에게 기본적인 유교적 윤리와 역사를 가르치기 위한 목적으로 저술한 작은 분량의 책이다. 『동몽선습』은 이후 한글본으로 간행되기도 하였으며, 21대 영조는 여기에 직접 서문을 써서 발간하기도 하였다. 『영조실록』 18년 6월 28일(乙卯條).

王) 요(堯)와 동일한 시기에 개국한 이래 3천 7백여 년의 '한반도 역사의 유구함'을 상징하고 있다면, 기자조선은 중국의 가장 문명화된 이상국가로 간주되는 주(周)나라 무왕대(武王代)의 문화를 자기화시켜 계승 전파한 '한반도 문명화의 역사'를 상징한다는 의미로 해석되기 때문이다.[22]

따라서 자국의 역사에 관한 이와 같은 압축적인 서술이 당대의 가장 기초적인 어린이용 텍스트에 수록되어 있었다는 사실은, 한편으로는 단군조선과 기자조선을 통해 '한반도의 유구한 역사'와 '한반도 문명화의 역사'를 각각 강조하고, 다른 한편으로는 예의와 풍속이 지극히 아름다운 경지에 이른 문명국가로서의 포부를 펼쳐보려 했던 태도가 조선에 널리 정착되어 확산되고 있음을 보여준다고 할 수 있을 것이다.

조광조(1482~1519)의 다음 발언은 성리학이 내면화되고 문화적 자부심이 고양되어가는 상황에서 조선의 유자들이 '부국강병'에 대해 어떻게 인식하고 있었는지를 명료하게 전해준다.

> 왕안석 같은 이는 학술이 정밀치 못하여 제왕의 대도를 알지 못하고 도리어 부국강병의 패술(覇術)을 본받고자 하였으니, 학자가 단순히 부국강병으로 계책을 삼는다면 이를 어찌 유자라 할 수 있겠습니까?[23]

즉 '정치의 윤리적 승화'를 꿈꾸며 강렬한 문화적 자존의식을 견지하던 조선 유자들의 시각에서 볼 때, 부국강병이란 기본적으로 예치와 덕치에 의한 왕도정치에 대비되는 패도정치에 가까운 개념으로서 난세(亂世)의

22) 강상규, 「조선왕권의 공간과 유교적 정치지형의 탄생」, 『애산학보』 29(애산학회, 2003).

23) 『중종실록』 13년 4월 28일(丁酉條).

국면에 부상하게 되는 가능한, 지양해야만 할 가치이자 태도였던 것이다.

조선 후기, 조선이 중화문명의 유일한 정통임을 상징하는 만동묘(萬東廟)에 새겨진 글귀가 '비례부동'(非禮不動, 예가 아니면 움직이지 않는다, 곧 예에 부합하지 않으면 행동으로 옮기지 않는다)이었던 것이나,[24] 홍선대원군이 프랑스 함대와의 전투(병인양요, 1866)를 앞두고 의정부에 보낸 서한을 통해 최후까지 요행을 바라거나 타협하려고 하지 말고 서양 오랑캐에 맞서 일치단결된 모습으로 결사항전할 것을 촉구하면서, '저들이 조선에 와서 이곳에 예의가 있다는 것을 알게 될 것이고, 모든 이들의 마음이 하나로 뭉쳐 있음을 믿게 될 것(到此之地, 所知者禮義也, 所恃者衆心成城也)'[25]이라고 독려한 것도 우연이 아니라 모두 이러한 사정에서 기인한 것이었다.

다음에 소개하는 내용은 미국 함대와의 전투(신미양요, 1871)가 끝난 후 국왕 고종과 우의정 홍순목(1816~1884)의 대화 중의 일부다.

> 고종: 서양 오랑캐들이 우리의 영역을 침범한 것은 매우 통분할 노릇이다. [……] 이 오랑캐들이 화친하려고 하는 것이 무엇 때문인지는 알 수 없으나 수천 년 동안 '예의의 나라(禮義之邦)'로 이름난 우리가 어찌 금수의 무리와 더불어 화친할 수 있겠는가. 설사 몇 해 동안을 버티더라도 끝까

24) 만동묘는 왜란 때 조선을 도운 명의 황제 신종(神宗)과 마지막 황제인 의종(毅宗)을 조선이 제사지낼 수 있도록 해야 한다는 송시열(1607~1689)의 유지를 받들어 그의 제자인 권상하(1641~1721)가 1703년에 충청도 화양리에 세운 사당이다. 여기에는 '비례부동(非禮不動)'이라는 명의 마지막 황제 의종의 어필이 보관되어 있다. '만동(萬東)'이라는 용어는 선조(宣祖)의 어필인 '萬折必東(물이 만 구비를 꺾어 흘러 결국에는 동해로 들어간다)'에서 취한 것으로서, 조선 후기의 문화적 자존의식을 상징한다.

25) 『고종실록』 3년 9월 11일(丁卯條).

지 거절하고 말 것이니, 만일 화친하자고 말하는 자가 있으면 나라를 팔았다는 법조문을 적용하여 처단할 것이다.

홍순목: 우리나라가 '예의의 나라'라는 데 대해서는 온 세상이 다 알고 있는 바입니다. 지금 일종의 불순한 기운이 온 세상에 해독을 끼치고 있으나 오직 우리나라만이 유독 순결성을 보존하는 것은 바로 예의를 지켜왔기 때문입니다. 병인년(=1866) 이후로부터 서양놈들을 배척한 것은 세상에 자랑할 만한 일입니다. 지금 오랑캐들이 이처럼 침범하고 있지만 화친에 대해서는 절대로 논의할 수 없습니다. 만약 억지로 그들의 요구를 들어준다면 나라가 어찌 하루인들 나라 구실을 하며 사람이 어찌 하루인들 사람 구실을 하겠습니까.[26]

위의 대화에서 알 수 있는 바와 같이, 이 무렵 고종을 비롯한 동시대를 살았던 조선의 유자들은 서양세계를 자기들이 수호해 나가야 할 '문명'세계에 대한 역상(inverse image) 곧 '야만' 혹은 '금수'의 세계라고 바라보고 있었다.[27] 이러한 이해방식은 화이관념에 입각한 것으로서 병인양요(1866)를 비롯하여, 오페르트 도굴사건(1868), 신미양요(1871) 등 서양과의 폭력적이고 적대적인 만남과 충돌 과정 속에서 확산된 것이었다.[28]

26) 『고종실록』 8년 4월 25일(甲中條), "敎曰, 洋夷之侵犯我境, 極爲痛惋矣. [……] 此夷之所欲和者, 未知何事. 而以若數千年禮義之邦, 豈可與犬羊相和乎? 雖幾年相持, 必痛絶乃已. 若有以和字爲言者, 當施賣國之律矣. 淳穆曰, "我東之爲禮義之邦, 天下之所共知. 而見今一種陰邪之氣, 流毒四方, 惟此靑邱一片獨保乾淨者, 寔以禮義相守. 故自丙寅以後, 攘斥洋醜, 又可以有辭於天下. 今雖此夷, 若是侵犯, 和之一字, 斷非可論. 苟或强許其所欲, 國何以一日爲國, 人何以一日爲人乎?"

27) 전통적인 화이관념에 입각한 고종의 대외인식은 이후 중요한 정보들을 구체적으로 접해가는 과정을 통해 빠르게 변화해 나간다. 청년기 고종의 대외인식의 전환에 관해서는 본서의 3장과 4장을 참고할 것.

서양의 '야만성'을 확인할수록 '예의지방(禮義之邦)으로서 조선'이라는 자기에 대한 확고한 믿음은 오히려 강고해졌다. '예가 아니면 움직이지 않는다(非禮不動)'는 의식을 가지고 거기에서 스스로의 정체성과 가치를 확인하는 '예의의 나라(禮義之邦)'에게 하필 부국강병을 급선무로 삼게 하는 것(以富國强兵爲急先務)은 문명의 세계를 걸어 나와 금수의 세계로 들어가는 행위에 다름 아니었고, 그런 만큼 어떤 중대한 '계기'없이는 도저히 건널 엄두가 나지 않는 깊고 어두운 혼돈의 강이었다. 적어도 이러한 인식론적 상황에 있어서, 현실의 실재하는 서양세계는 중요하지 않았다. 상상 속의 서양인들은 문명국가가 견지하지 않으면 안 될 윤리적 가치를 알지 못하며 그것을 폭력적으로 해체시키는 '야만'의 표상이었던 것이다.

4. 패러다임의 충돌과 문명 표준의 역전

28) 오페르트 도굴사건이란 1868년 4월 18일, 독일인 오페르트(Ernst Jacob Oppert, 吳拜, 1832~1903)가 대원군의 선친인 남연군(1788~1836)의 묘를 도굴하려다 발각되자 도주한 사건이다. 이 사건은 서양 오랑캐의 야만성을 여지없이 확인시켜 주었다. 오페르트 도굴사건의 충격을 일찍이 그리피스(William Elliot Griffis, 1843~1928)는 다음과 같이 묘사하였다. "이번 사건으로 인해 조선인들은 무덤이 파헤쳐지지나 않을까 하는 두려움에 싸이게 된 것이 분명하다. 외국인들이 입국하는 주된 목적은 시체를 파헤치고 인간의 가장 성스러운 본능을 훼손하는 것이라는 의혹이 엄연한 사실로 입증되었음을 그들은 목격한 것이다. 의심할 나위도 없이 서양인들은 야만족이며, 그들의 대부분은 도둑이라고 조선 사람들은 확신하게 되었다. 1871년 미국의 선박이 나타났을 때 그들은 그와 같은 눈길로 함대와 성조기를 바라보고 있었다".
Griffis, W.E., *Corea: The Hermit Nation*(London: Alles, 1882), 신복룡 역, 『은둔의 나라, 한국』(평민사, 1985) pp.511-512.

1) 동아시아 국가 '간' 관계의 패러다임 변환의 징후들

일본의 메이지 정부는 1871년 후반 구미지역에 이와쿠라 도모미(岩倉具視, 1825~1883)를 특명전권대사로 한 구미사절단을 파견한다.[29] 국제정세와 각국의 사정을 조사하던 사절단의 수뇌부는 자국과의 공통된 사정 등으로 인해 서구제국 중에서 특히 프러시아의 정치체제에 주목하게 된다. 더욱이 프러시아의 재상 비스마르크(Otto von Bismarck, 1815~1898)나 몰트케 장군(Helmuth Moltke, 1800~1891)으로부터 듣게 된 정치외교의 철학은 수뇌부에게 매우 중요한 의미를 지니는 것이었다.

> (가) 오늘날 세계 각국은 모두 친목과 예의로써 서로 사귄다고 하지만, 이는 완전히 표면상의 명분이며, 은밀한 곳에서는 강약(强弱)이 서로 업신여기고, 대소(大小)가 서로 경시하는 실정이다. [……] 소위 (만국)공법이라는 것이 열국의 권리를 보전하는 법이라지만, 대국이 이익을 다투는 데 있어 이미 이로움이 있으면 (만국)공법을 붙들어 움직이지 못하게 하고, 만일 불리할 경우에는 군대의 위협으로 이를 뒤집는다. 애초에 상수(常數)란 없는 것이다.[30]
>
> (나) 법률, 정의, 자유의 이치는 국내를 보호할 수는 있지만, 경외(境外)를

29) 이와쿠라 사절단의 목적은 크게 조약개정교섭, 서구의 제도 및 문물의 시찰 두 가지로 요약할 수 있을 것이다. 그러나 최초로 방문한 미국에서 조약개정교섭이 현실적으로 불가능하다는 것을 깨닫고, 구미제국의 시찰에 전념하게 된다. 사절단에는 이와쿠라 도모미를 비롯하여, 오쿠보 도시미치(大久保利通, 1830~1878), 기도 다카요시(木戸孝允, 1833~1877), 이토 히로부미(伊藤博文, 1841~1909) 등 메이지의 거물들이 대거 참여하고 있었다.
이와쿠라 사절단에 대해서는 田中彰, 『「脫亞」の明治維新: 岩倉具視を追う旅から』(NHKブックス, 1984)을 참고할 것.

30) 久米邦武 編, 『特命全權大使 米歐回覽實記』 3권(岩波書店, 1992) p.329.

보호하는 것은 병력이 아니면 불가하다. 만국공법이란 단지 국력의 강약에 관련될 뿐으로, 국외중립해서 공법만을 의지하는 것은 소국이 하는 바이고, 대국에 이르러서는 국력으로써 그 권리를 충족시켜야 한다.[31]

조약 개정 교섭에 실패한 사절단 일행은 제국주의 전야의 유럽의 국제정치를 견문하고 서양문명의 양면성에 대한 확고한 인식을 갖게 된다. 이들의 눈에 비친 근대 서구의 국제질서란 요컨대 '열국평등(列國平等)'보다는 오히려 '약육강식(弱肉强食)' '만국대치(萬國對峙)'의 상황에 가까운 것이었으며, 이는 일본 무사사회의 전통적 관념인 '실력상응원리'에 따라 해석, 수용되어졌다.[32] 이와쿠라 사절단은 만국공법이 약소국에게는 어떠한 역할도 할 수 없으며, 국가의 자주적 권리를 잃지 않으려면 애국심을 고양시키고 국력을 진흥시켜 실력으로서 국권을 보전하지 않으면 안 된다는 인식과, '소국이라는 관념에서 대국지향으로' 근대일본의 지향할 방향을 바꾸어 설정하도록 하는 데 중요한 역할을 하게 되었다. 이러한 과정 등을 겪으면서 일본의 위정자들은 일본이 만국공법으로 상징되는 새로운 국제질서 '밖'에 놓여있는 나라가 아니라 명실 공히 새로운 국제질서의 행위주체가 되는 것을 확고한 국가목표로 인식하게 된다.

반면 중국은 서구 국제사회의 문명 표준을 적극적으로 수용하기 어려운 근본적인 한계를 안고 있었다. 이를테면 대내적인 최고성과 배타적인 독립성을 기본특징으로 하는 주권이라는 개념을 청(淸)이 천하질서내의 예외적인 일부로서 그저 포용하는 형태로서가 아니라 있는 그대로

31) 久米邦武 編, 같은 책, p.340.

32) 坂本多加雄, 「萬國公法と文明世界」, 『日本は自らの來歷を語りうるか』(筑摩書房, 1994).

수용한다는 것은 정치적 관점에서 보면 기왕의 중화질서의 '해체'를 의미하는 사태에 다름 아니라는 데에 중국의 근본적인 딜레마가 놓여 있었다.

게다가 만국공법으로 표상되는 서구의 문명 표준을 전면적으로 수용한다는 것은 '화이관념'에 입각해 보면, 중국인들은 지금까지 중화문명권에서 문명 표준을 제공하던 입장에서 유럽 기독교 문명에 의해 스스로를 재편해야만 하는 입장으로 전락하는 것을 말하며, 중화문명권의 문명 표준이 역전됨을 의미하는 것이었다. 이민족들에 의해 수차례 정복당하는 와중에서도 수천 년 간 문명의 중심을 견지하던 '중'국인(中國人)들로서 이러한 사태는 유례를 찾아볼 수 없는 '역사적 단절'이자 스스로의 아이덴티티의 근간을 흔들어 놓는 상황이 아닐 수 없었다. 따라서 청 스스로가 세계의 중심이라는 의식을 버리고 만국(萬國) 중의 일국(一國)이라는 인식의 전환을 갖기 전에는, 청이 『만국공법』으로 대변되는 근대국제질서에 적극적으로 동참하기는 어려웠고, 결국 청의 만국공법 활용이란 어떤 식으로든 '현상유지책'의 차원에서 이루어질 수밖에 없는 상황에 놓여 있었던 것이다.[33]

메이지 정부는 조선과의 강화조약 체결을 얼마 앞두고 청과의 사전 조정을 위하여 급히 모리 아리노리(森有禮, 1847~1889)를 주청공사로 임명한다. 다음의 내용은 모리와 이홍장(李鴻章, 1823~1901)의 회담기록 중의 일부다. 여기에는 패러다임의 전환기에 자국의 이해관계에 따라 만국공법을 편의적으로 해석하고 활용하는 중·일 양국의 입장이 잘 나타

33) 중국과 일본의 만국공법 수용 과정에서 나타나는 특징과 그 경위에 관해서는, 강상규, 『19세기 동아시아의 패러다임 변환과 제국 일본』(논형, 2007)에서 다루었다.

날 뿐만 아니라, 향후 동아시아 국가 '간' 관계가 심상치 않은 갈등과 대결 국면으로 치달을 가능성이 잠복하고 있음이 극명하게 드러난다.

이홍장: 우리 동방의 여러 나라들 중, 청이 가장 크고 일본이 그 다음이지만 그 외의 소국들도 한결같이 마음을 합쳐 나간다면 국면을 만회하여 서양에 대항하는 것이 가능할 것이오.

모리 아리노리: 저의 생각으로는, 수호조약 등은 아무런 도움도 되지 않을 것입니다.

이홍장: 양국 간의 우호와 평화(和好)는 조약에 의존하는 것인데, 어떻게 그것들을 믿지 못한다고 말할 수 있습니까?

모리 아리노리: 통상과 같은 분야는 조약에 비추어서 행해진다고도 할 수 있겠습니다만, 국가의 대사에 관한 일은 다만 누가 얼마나 힘이 강한가에 의해 결정된다고 해야 할 것입니다. 따라서 반드시 조약 등에 의거할 필요는 없을 것입니다.

이홍장: 그것은 잘못된 말씀이오. 무력에 의지하여 조약을 위반하는 것은 만국공법도 이를 용납하지 않을 것이오.

모리 아리노리: 만국공법 또한 무용한 것입니다.

이홍장: 약조를 어기고, 만국공법을 저버리는 일은 세계 각국이 용납하지 않을 것입니다. (포도주를 가리키며) 화친은 하나의 시대정신이며, 조약은 사람의 마음을 구속하여 그것을 지탱하게 하는 것입니다. 인간의 마음은 이 포도주와 같을 것입니다. 그리고 이 술잔은 그것들을 제한된 범위 내에 담아둡니다.

모리 아리노리: 이러한 화친의 정신은 여러 가지 틈새와 구석으로 들어왔다가 쏟아져 나가버립니다. 하나의 술잔이 어떻게 그것을 막을 수 있겠습니까?[34]

34) 이에 관해서는 王芸生·波多野乾一 著, 長野勳 口譯, 『日支外交六十年史』 1卷(東京: 建設社, 1933) pp.138-139; Tsiang, T.F.,

회담이 끝나고 얼마 후 이홍장은 조선 고위관리 이유원(1814~1891)에게 여러 차례 서한을 보내, 조선의 배외정책이 일본 및 서양열강과의 대립을 격화시킬 수 있음을 경고하고 조선이 새롭게 대외관계를 정립해 나갈 것을 권고하게 된다.[35] 그중에서도 일본의 유구병합(1879년 4월) 직후 이홍장이 보내 온 서신은 동아시아 질서가 급격하게 변용되고 있다는 것과 아울러 조선이 취해야 할 방책을 제시하고 있다. 그것은 요컨대 '조선이 오늘과 같은 역사상 초유의 위기상황에서 살아남으려면 부국강병을 추구할 필요가 있다. 하지만 문화를 숭상하는 대신 재력이 부족한 조선으로서는 우선 황급히 구미제국과의 조약을 맺어 만국공법과 외세를 활용해야만 한다. 그런 다음 통상도 하고 군사력도 정비해 가면서 일본이나 러시아의 위협으로부터 안전을 도모해야 한다'는 내용을 담고 있었다.

1880년 2차 수신사로 김홍집(1842~1896)이 일본을 방문했을 때, 황준헌이 작성해서 건네준 『조선책략』 역시 이홍장의 서한과 구체적인 내용에 있어서는 다소 차이가 있지만 기본적인 문제의식과 해법은 동일

"Sino-Japanese Diplomatic Relations 1870~1894", *The Chinese Social & Political Science Review*, Vol.XVII(1933, April) p.59; 芝原拓自, 「對外觀とナショナリズム」, 『對外觀: 日本近代思想大系』(東京: 岩波書店, 1988) p.476 등을 참조.

35) 두 사람의 서신교환은 조일 간의 수호조규에 관한 협상이 한창 진행되는 과정에서 시작되어 1881년 2월까지 17회에 걸쳐 이루어졌다. 사실상 조선 정부와 청의 실력자 이홍장이, 이처럼 사적인 서신교환이라는 비공식적인 형식과 루트를 통해 조선의 대외정책에 관해 의견을 교환한 것은, 기존의 조청관계에 있어서 조선의 내외정에 간섭하지 않았던 관례 때문이었다.
두 사람의 서신교환에 관해서는 原田環, 「朝·中 '兩截體制' 成立前史: 李裕元と李鴻章の書簡を通して」(1981), 『朝鮮の開國と近代化』(廣島: 溪水社, 1997) 참조.

한 맥락에 서있는 것이었다. 주지하는 것처럼, 이 책 역시 대단히 논쟁적인 내용을 담고 있었는데, 그 요지는 대체로 다음과 같은 것이었다. "세계의 형세는 과거 전국시대(戰國時代)의 군웅할거의 상황으로도 견줄 수 없을 만큼 불안하다. 그런데 이러한 상황에서 동양에 가장 직접적인 위협이 되고 있는 것은 다름 아닌, 조선도 근래에 영토를 마주하게 된 러시아의 남진이라는 사태다. 게다가 조선이 지정학적으로 전략적 요충지여서 '조선을 소유하면 아시아의 전형세가 자기 손아귀에 들어가기' 때문에 조선은 열강들의 관심의 초점이 되지 않을 수 없다. 따라서 조선으로서는 마땅히 시세에 따라 친(親) 중국, 결(結) 일본, 연(聯) 미국이라는 기본 전략하에 자강(自强)의 방도를 찾아야 한다"는 것이었다.

중국의 이러한 권고들은 중화질서의 중심에 있던 중국이 '예의'에 입각한 처방이 아닌 '만국공법'과 '부강'에 기초한 해법을 조선에 제안한 것이라는 점에서 기존의 중화질서 패러다임이 근간에서부터 동요되고 있음을 역설적으로 드러내준다고 할 것이다. 그리고 조선이야말로 동아시아 국가 '간' 패러다임 변환의 바로미터가 될 것임을 암시해 주는 것이기도 했다.

2) 예의와 부강 패러다임의 충돌

패러다임 변환에 적응하려는 노력들이 '밖'에서 한창 진행 중에 있을 때, 조선 정계 '안'에서도 '부강'에 대한 기존의 비판일변도의 부정적 태도와는 다른 시각들이 등장하기 시작한다. 1881년 일본시찰단(이른바 신사유람단)에 참여했던 인물들의 귀국 보고시 대화 내용은 이런 변화된 분위기를 실감나게 들려준다.

(가) 고종: 우리나라와 수호관계를 맺은 뒤 대개 일본의 겉모습과 속마음이

과연 어떤 것 같던가?

조준영(1833~1886, 문부성 시찰책임자): 신(臣)들을 대하는 예절은 매우 융숭하고 간곡했지만 저희들을 대하는 것만으로 어찌 그 나라의 속마음을 알 수 있겠습니까? 대체로 요사이 각국은 오직 강약(强弱)으로만 서로 겨눌 뿐 인의(仁義)로서 문제를 보지 않습니다. 설령 선의의 마음이 있다 하더라도 약함을 보면 도리어 나쁜 뜻을 품으며, 비록 악의를 품었다고 하더라도 강함을 보면 반드시 수호하려 합니다. 현재의 상황에서는 우선 자수자강(自修自强)에 힘써야 할 것입니다.[36]

(나) 고종: 일본의 세력이 어떠하던가?

박정양(1841~1904, 내무성 시찰책임자): 일본의 외형을 보면 대단히 부강한 것처럼 보입니다. 땅이 넓지 않은 것도 아니며 군대가 강하지 않은 것도 아니고 건물과 기계도 화려합니다. 그러나 그 속을 자세히 살피면 실은 그렇지 않은 바가 있습니다. 일단 서양과 통교한 후로는 단지 교묘한 것을 따를 줄만 알아서 [……] 오로지 서양의 제도를 좇으려다 보니 위로는 정법(政法)과 풍속으로부터 아래로는 의복과 음식에 이르기까지 이제 변하지 않은 것이 없었습니다.

고종: 저들이 타국의 법이 좋아져서 다분 절충하지 않았기 때문에 의복까지도 그런 식으로 되었을 것이다. 이것은 저들이 잃은 바일 것이다.[37]

(다) 고종: 일본의 제도가 장대하고 정치가 부강하다고 하는데 살펴보니 실제로 그렇던가.

홍영식(1855~1884, 육군성 시찰책임자): 일본의 제도가 비록 장대하오나 모두 모이고 쌓여서 이루어진 것입니다. 재력에 있어서는 여러 가지 사업을

36) 『승정원일기』 고종 18년 8월 30일조; 「東萊暗行御史入侍時筵說」, 『박정양전집』 4권(아세아문화사, 1984) pp.330-331.

37) 『승정원일기』 고종 18년 8월 30일조; 「東萊暗行御史入侍時筵說」, 『박정양전집』 4권(아세아문화사, 1984) p.332.

추진하는 것이 매우 많으므로 항상 부족함을 근심합니다. 그 군정(軍政)은 강하다고 하지 않을 수 없습니다. 그러나 이는 모두 밤낮을 가리지 않고 부지런히 마음과 힘을 하나로 모아 이룩한 것입니다. 일본의 노력과 현재 이룩한 것을 참고로 삼으면 (우리도) 반드시 어려운 일은 아닙니다.[38)]

(라) 고종: 오로지 '부강'을 도모하려는 모습이 전국(戰國)시대와 동일하다고 할 만 하던가.

어윤중(1848~1896, 대장성 시찰책임자): 진실로 그러하옵니다. 춘추전국은 바로 소전국(小戰國)이며 오늘날은 바로 대전국(大戰國)이라고 할 만 해서 모든 나라가 오직 지식과 힘으로 경쟁할 뿐입니다. [……] 현재 형세를 돌아보건대 부강하지 않으면 국가를 지키지 못하므로 모두가 한 뜻으로 바로 이 한 가지 일에 매달려야할 것입니다.[39)]

각각의 귀국 보고 내용을 살펴보면, 일본시찰단에 참여한 인물들이 일본에 대해 갖는 견해에는 미묘한 차이가 있었음에도 불구하고, '세계의 대세가 분명히 힘에 의한 경쟁의 국면으로 변화하고 있으므로 일본 등의 경험을 타산지석으로 삼아 조선도 자수자강(自修自强)과 부강(富强)을 추구하는데 매진하지 않으면 안 된다'는 점에 관해서는 거의 일치된 모습을 보여주고 있음을 알 수 있다.

1882년 8월 고종이 내린 교서는 이처럼 세계의 달라진 변화상에 주목하고 달라진 무대에 새롭게 적응하겠다는 조선 정부의 국정운영의 청사진을 명확하게 밝히고 있다는 점에서 주목할 만하다. 그 내용은 다음과

38) 『승정원일기』 고종 18년 9월 1일조.

39) 『승정원일기』 고종 18년 12월 14일조; 어윤중, 『종정연표』 2권, p.122.

같이 요약해 볼 수 있을 것이다.

"(가) 조선은 외국과 교섭을 하지 않아 해외 사정에 어두운데, 작금의 세계의 대세는 춘추열국 시대를 방불케 하는 만국병립(萬國竝立)의 시대로서, 일본은 물론 중국까지도 만국공법 질서에 따라 평등한 입장에서 조약을 맺고 있다. (나) 이번에 조선이 영국, 미국, 독일 등과 평등의 원리하에 조약을 맺은 것은 이러한 대세에 따른 것으로 걱정할 문제가 아니다. (다) 그런데 이를 반대하는 세력들은 오로지 척화론(斥和論)으로 일관함으로써 조선이 고립무원의 지경에 빠지고 있는 현실을 외면하고 있다. (라) 또한 서양과 공법에 입각해 조약을 맺는 것과 사교(邪敎, 여기서는 천주교)의 확산은 별개의 문제로서 조선이 이룩한 문명의 성취는 앞으로도 지켜갈 예정이다. (마) 사교(邪敎)는 배척하되 서양의 발달된 기(器)는 이용후생(利用厚生)의 차원에서 받아들여야 하며, 그렇지 않고 서양의 기(器)까지 배척하게 되면 외국에 비해 현저하게 약한 조선이 살아남을 방법이 없다. (바) 얼마 전의 양이사건(攘夷事件, 壬午軍亂)으로 인해 나라는 위기에 노출되고, 막대한 배상금을 지불하게 되는 등 우리만 더욱 어려운 형국에 놓이게 되었음을 직시해야 한다. (사) 최근 맺은 외국과의 조약은 세계의 대세에 동참하는 것이니 외국인에게 친절할 것이며, 만일 외국 측이 문제를 일으키면 조약에 근거하여 내가 문제를 풀어갈 것이다. (아) 이제 외국과 선린관계에 들어감으로 전국의 모든 척화비를 없애니, 이러한 의도를 깊이 헤아리고 협력해 달라"는 것이었다.[40)]

40) 고종실록에 수록된 원문은 다음과 같이 되어있다(가나다 구분은 필자).

이것은 만국병립의 상황이 바로 세계적 대세이며, 종래의 배외정책이

고종실록에 수록된 원문은 다음과 같이 되어있다. "敎曰, (가) 惟我東方, 僻在海隅, 未曾與外國交涉, 故見聞不廣, 謹約自守, 垂五百年, 挽近以來, 宇內大勢, 迥異前古, 歐米諸國, 如英·如法·如美·如俄, 創其精利之器, 極其富强之業, 舟車遍于地毬, 條約聯于萬國, 以兵力相衡, 以公法相持, 有似乎春秋列國之世, 故以中華之獨尊天下, 而猶然平等立約, 以日本之嚴於斥洋, 而終亦交好通商, 是豈無自而然哉, 誠以勢不得已也, (나) 肆我國, 亦於丙子之春, 重講日本之好, 許開三處之港, 今又與美·英·德諸國, 新定和約, 事係創有, 無怪乎爾士民之疑且謗也, 然交際之禮, 均係平等, 則揆以義理, 無所礙也, 留駐之意, 本在護商, 則參以事勢, 亦無虞也, (다) 交鄰有道, 揭在經典, 而迂滯之儒, 徒見宋朝和議之誤國, 妄爲援譬, 輒附斥和之論, 何不思, 人以和來, 我以戰待, 則天下其將謂何如國也, 孤立無援, 生衅萬國, 致衆鏃之交集, 自分敗亡, 而不少悔恨, 於義果何據也, (라) 議者, 又以聯好西國, 謂將漸染邪教, 此固爲斯文爲世教深長慮也, 然聯好自聯好, 禁教自禁教, 立約通商, 只據公法而已, 初不許傳教內地, 則爾等素習孔孟之訓, 久沐禮義之俗, 豈或一朝捨正而趨邪乎, 設有愚夫蚩氓, 潛相傳習, 則邦有常憲, 誅殛不赦, 何憂乎崇闢之無其術也, (마) 且見器械製造之稍效西法, 則輒以染邪, 目之, 此又不諒之甚也, 其教則邪, 當如淫聲美色而遠之, 其器則利, 苟可以利用厚生, 則農桑·醫藥·甲兵·舟車之製, 何憚而不爲也, 斥其教而效其器, 固可以竝行不悖也, 況强弱之形, 旣相懸絶, 苟不效彼之器, 何以禦彼之侮, 而防其覬覦乎, 誠能內修政教, 外結鄰好, 守我邦之禮義, 侔各國之富强, 與爾士民, 共享昇平, 則豈不休哉, (바) 乃者習見難化, 民志靡定, 遂有六月之變, 失信鄰國, 貽笑天下, 國勢日以岌嶪, 賠款至於巨萬, 寧不寒心, 日人之入我國, 何曾虐我侮我, 有乖和好, 而特以軍民之妄生疑阻, 積懷忿怒, 有此無故而先犯, 爾等思之, 其失在誰, (사) 今幸辦理粗究, 舊好更申, 而英·美諸國, 又將踵至, 立約通商, 此乃萬國通例, 非創行於我國, 則決非可驚可愕之事, 爾等, 其各帖然無恐, 士勤工課, 民安稼穡, 勿復以曰洋曰倭, 胥動騷訛也, 各港近地, 雖有外國人閒行, 宜各恬視爲常, 無或先犯, 倘如彼有凌虐, 自當按約懲辦, 決不屈我民而護外人也, 嗚呼, 愚而自用, 聖人攸戒, 在下訕上, 王法當誅, 不教而刑, 是爲罔民, 故玆以臚述洞諭, (아) 且旣與西國修好, 則京外所立斥洋碑刻, 時措有異, 故竝行拔去, 爾等士民, 各悉此意事, 令議政府, 揭示行會八道四都".

나 양이적(攘夷的) 관념은 조선을 세계 속에서 고립시켜 위태롭게 할뿐이므로, 조선의 '문명국가로서의 자부심'과 '이용후생의 원칙에 입각한 부강책'을 절충하여 개혁해 나가겠으며, 또한 '국가평등' 관념에 입각한 새로운 만국공법적 질서에 근거해 조선의 대외관계를 전면적으로 재정립해 나갈 것임을 조선의 국왕이 공개적으로 천명한 것이라고 할 수 있을 것이다.

하지만 이처럼 세계의 변화상에 주목하고 달라진 무대에 새롭게 적응하려는 모습은 국내외의 다양한 비판과 견제에 부딪치게 된다. 그 와중에서 나타난 임오군란(1882년 6월)이 주로 외래와 고유의 제 요소, 새로운 것과 낡은 것을 둘러싼 갈등 속에서 전통주의자들이 주도하여 일으킨 사건이었다고 한다면, 갑신정변(1884년 10월)은 당시 조선의 협소한 정치공간에서 급진적인 방식으로 보다 철저하게 개혁을 추진하고 싶어 하는 진보주의자들이 주도한 사건이었다.

이 두 개의 사건은 동아시아의 패러다임이 전환하는 시점에서 국왕이 주도하던 개화 자강정책의 속도와 변화의 폭을 너무도 과격한 것으로 받아들이는 층과 너무도 온건한 것으로 받아들이는 층이 동시에 존재하고 있었음을 극명하게 보여준다. 객관적인 '속도'와 사람들이 주관적으로 느끼는 '속도감'이 다른 차원의 것임을 고려해 볼 때, 문제는 당시의 개혁속도의 완급(緩急) 여부라기 보다는 오히려 그동안 축적되어 온 조선의 사상적 경직성과 무책임한 정치적 관행, 그리고 그것을 자각적으로 인식하고 대처하지 못한 정치엘리트와 지식인들의 의식과 태도에 있다고 해야 할 것이다.

이 두 개의 사건은 서로 정반대되는 방향을 지향하는 세력들이 주도한 것이었지만, 타협과 조정 능력을 보여주지 못한 채 급격한 방식으로 일어났다는 그 과정상의 특징이나, 동아시아 질서가 변동하면서 '조선문제'가

첨예한 국제정치적 이슈로 부상하던 와중에 발생함으로써 주도세력의 주관적인 의도와는 달리 결과적으로 공히 외세의 간섭을 불러들이고 그 간섭을 질적으로 심화시켜 놓았다는 점에서 유사한 경향을 띠고 있었다.

이러한 사태의 전개 양상은 문명사적 전환기의 조선이 주권국가 간의 근대국제질서라는 새로운 패러다임에 적극적으로 참여할 수 있는 선택의 여지가 급격하게 봉쇄되어가는 사정을 보여준다고 할 수 있다. 이후 갑신정변의 여파로 인한 강렬한 보수회귀의 분위기 속에서 친청(親淸) 세력의 득세와 청의 종주권 획책, 왕권에 대한 견제가 더욱 강화되었고, 이러한 사태의 전개는 주지하는 바와 같이 동학 농민봉기라는 아래로부터의 개혁요구와 외세의 개입에 의한 무자비한 탄압, 그리고 조선을 둘러싼 외세간의 전쟁으로 귀결되어지게 된다.

3) 문명 표준의 역전과 우승열패의 시대인식

서구 근대국제체제의 원리가 적용되는 지리적 공간은 원래 유럽에 국한되어 있었다. 유럽 기독교 문명의 소산으로서 기독교 문명권 내의 국가 '간' 관계를 규율하려는 의도에서 형성되어가던 국제법이 다른 문명권의 국가들과 접촉하는 과정에서 처음에 유럽 문명국만을 국제법의 주체로서 상정하고 있었던 것은 주지하는 것처럼 '유럽문명의 세계지배'라는 역사적 상황에서 빚어진 것이었다. 유럽의 국제법이 비유럽문명권으로 확대되는 과정에서 미합중국의 탄생은 유럽 기독교문명의 계승자로서 특별히 유럽국가의 지리적 확대로 간주되었으며, 형식적으로는 기독교라는 종교적인 요소가 분리되어 나가고 대신에 국제사회(Family of Nations)의 일원—국제법적으로는 국제법적 주체—이 될 수 있는 요건으로서 '문명(Civilization)'이라는 자격요건이 요구되었다.

여기서 이른바 '국제표준' 혹은 '문명국 표준주의'라는 문제가 자연스럽게 대두되는데, 이 과정에서 비서구권 국가들은 서구의 문명기준에서 요구하는 여러 조건을 갖추었다고 판단되기 전에는 국제법의 영역 '밖'에 놓이게 되었고, '문명의 신성한 의무(sacred trust of civilization)'라는 미명하에 서구 문명국가의 '보호' 대상으로 전락하기 십상이었다. 왜냐하면 이질적인 문명이란 하나의 문명기준에 의거해서 보면 대개 '야만'에 다름 아니었기 때문이다. 동아시아 국가들이 구미국가와 맺은 조약이 한결같이 일방적인 불평등조약이었던 것은 기본적으로 이러한 문명적 요소의 미비라는 명분에 의한 것이었다. 이러한 의미에서 기독교 문명국가의 비서구권에 대한 포섭과정은 스스로를 '보편'이자 '문명 표준'으로 인식해가는 과정인 동시에 그것을 비서구권에게 인식시켜가는 과정이기도 했다.[41] 그리고 이것은 중화문명권의 관점에서 보면 '문명 표준'이 완전히 역전되는 것을 의미하는 것이었다.

19세기 후반 동아시아 삼국에 핵심화두로 등장한 '문명개화'와 '자주독립국가'는 이처럼 구미의 근대국제질서와 충돌하는 과정에서 새롭게 부상한 일종의 '시대정신(*zeitgeist*)'이었다. 이러한 시대적 흐름을 일찍

41) 국제법의 이른바 문명적 편견에 대해서는 Schwarzenberger, Georg, "The Standard of Civilization in International Law", *Current Legal Problems*, Vol.8(London: Stevens & Sons Limited, 1955); 筒井若水,「現代國際法における文明の地位」,『國際法外交雜誌』66卷(1967); Gong, Gerrit, W., *The Standard of "Civilization" in International Society*(Oxford: Clarendon Press, 1984); 김용구,『세계관 충돌의 국제정치학: 동양 예와 서양 공법』(나남, 1997); 강상규, 앞의 책 등을 참조.

이 간파한 후쿠자와 유키치는 『문명론의 개략』에서 "문명을 아무리 고차원적인 것으로 발전시킨다하더라도 전국의 국민에게 한 조각의 독립심이 없다면 문명 역시 일본에는 소용이 없으며 그것을 일본의 문명이라고 이름 지을 수 없다"고 설파하게 된다.[42] 그러나 다음에 소개하는 것처럼 후쿠자와의 통찰력은 이후 '부국'과 '강병'으로 지나치게 경도되면서 일본을 침략적인 '제국'으로 질주하게 만든 사상적 기반을 제공하기에 이른다.

> (가) 결국 지금의 금수와 같은 세계에서 최후에 호소해야 할 길은 필사적인 수력(獸力)이 있을 뿐이다. 말하자면, 두 가지 길이 있는데, 죽이는 것과 죽음을 당하는 것이다. 일신처세(一身處世)의 길 역시 이와 같다. 그렇다면 만국교제의 길도 또한 이와 다르지 않다. 화친조약이나 만국공법은 대단히 우아하게 보이지만 그것은 오직 명목상 그런 것이며, 교제의 실제는 권위를 다투고 이익을 탐하는 것에 불과한 것이다. 세계고금(世界古今)의 사실을 보라. 빈약무지(貧弱無智)의 소국이 조약과 만국공법에 잘 의뢰하여 독립의 체면을 다한 사례가 없는 것은 모든 사람이 아는 바이다. 오직 소국뿐 아니라 대국 사이에서도 바로 대립하여 서로가 그 틈을 엿보며 파고 들어갈 틈이 있으면 그것을 간과하는 나라는 없다. 이것을 엿보고 이것을 살피며 아직 발하지 않는 것은 병력강약(兵力强弱)의 한 가지에 달려 있을 뿐이며 그다지 의뢰할 수 있는 방편이 없다. 백 권의 만국공법은 여러 대의 대포만 못한 것이며, 여러 화친조약은 한 상자의 탄약만 못한 것이다. 대포와 탄약은 있을 수 있는 도리를 주장하는 준비가 아니라 없는 도리를 만들어내는 기계다. 각국 교제의 도(道)는 죽느냐 죽이느냐에 있을 뿐이다.[43]

42) 福澤諭吉, 『文明論の概略』(1875)(東京: 岩波文庫, 1995) p.292.

43) 福澤諭吉, 『通俗國權論』(1878), 慶應義塾 編, 『福澤諭吉全集』 4卷, 岩波書店, pp.636-637.

(나) 오늘날 세계에서 만국공법 혹은 국제의 예의라고도 불리는 법례(法禮)는, 오로지 표면을 가꾸는 허례허문에 불과하다. 실제 있는 그대로를 살펴보면, 이른바 약육강식 이것이야말로 국제관계의 진면목이며, 기댈 수 있는 것은 오로지 무력뿐이다.[44)]

동아시아의 패러다임 변환 과정에서 나타난 문명 표준의 역전은, 후쿠자와에게서 나타나는 것처럼, 힘에 대한 숭배와 약육강식, 우승열패적 세계관으로 이어졌으며 자기 전통에 대한 부정과 멸시의 자세로 나타나게 된다. 윤치호(1865~1945)가 미국 유학 시절(1888년 11월~1893년 10월)에 남긴 일기에는 좌절한 조선 지식인의 '철저한 자기부정'과 '힘의 논리에 대한 강한 긍정'이 다음과 같이 짙게 묻어 있다.

(가) 하나의 민족이 스스로 통치할 능력이 없을 때, 독립할 수 있을 때까지 더 개화되고 더 강한 인민에게 통치 받고, 보호받으며 가르침을 받는 것이 더 좋다.[45)]

(나) 나는 조선 독립 문제에 관심이 없습니다. 현재와 같은 정부를 두고는 독립해도 민족에게 아무런 희망을 주지 못할 것입니다. 반대로 애족적이고 인민의 복지에 호의적인 관심을 가진 더 나은 정부를 가지면 다른 나라에 종속되었다 하더라도 실제로는 재앙이 아닙니다.[46)]

(다) 실제로 이 세계를 지배하는 원리는 정의가 아니고 사실상 힘이다. 힘이 정의라는 것이 이 세상의 유일한 신이다.[47)]

44) 福澤諭吉, 「對外の進退」 1897.11.28., 『福澤諭吉全集』 16卷, pp.163-165.

45) 『윤치호일기』 1889년 12월 24일.

46) 『윤치호일기』 1889년 12월 28일.

(라) 인종 전체의 궁극적인 향상이 하나님의 섭리가 지향하는 목표다. 강한 인종이 약한 인종을 자치할 수 있도록 교육하는 가운데 범한 모든 어리석은 행위와 범죄는 인간의 본성을 고려하면 이러한 큰일을 하는데 불가피한 필요악으로 보아야 한다.[48]

(마) 적자생존(適者生存)의 원리는 같은 인종이나 민족의 구성원들 사이에 결코 유효할 수가 없다. 그러나 다른 인종이나 민족 사이에서는 이 원리가 확실히 진리이다. 민족에게 약함보다 더 큰 범죄는 없다. 민족 사이에는 힘이 정의이다.[49]

한국인들이 나라를 잃은 후 근대 민족주의 사학의 선구적 존재인 신채호(1880~1936), 박은식(1859~1925) 등은 유교를 망국(亡國)의 주범으로 지목했다.[50] '예의지방(禮義之邦)'을 지향하던 의식은 '사대주의'로 이해되거나 '노예적 사상'으로 간주되었고, 이른바 '문약(文弱)'은 개혁되어야 할 낡은 전통으로 자리매김 되었다. 힘에 대한 선망과 공포 사이에서 '우승열패의 세계관과 자기 전통에 대한 부정'으로 나아간 윤치호의 슬픈 독백은 '일제강점기'와 '분단시대'를 거치면서 한국인들이 압축적으로 근대를 살아오는 동안 유령처럼 한반도를 배회하게 되었다.

한국인에게 국권의 상실과 식민지의 체험은 거시적인 민족국가의 맥락에서 보면 주체의 상실을 의미하는 것이었다. 따라서 강렬하고 배타

47) 『윤치호일기』 1890년 2월 14일.

48) 『윤치호일기』 1891년 5월 12일.

49) 『윤치호일기』 1891년 11월 27일.

50) 신채호, 「朝鮮歷史上一千年來第一大事件」(1925); 박은식, 『몽배 김태조(夢拜金太祖)』(1911).

적인 저항민족주의를 탄생시키는 분노의 원천이 되었고 후일 한반도의 분단으로 이어지는 국제정치적 기원이 되었다. 식민지 체험은 또한 사회적인 맥락에서 보면 한국인의 공공의식과 공공선의 왜곡을 초래하는 근원이 되었다.[51]

식민지하에서 한국인에게 조선은 불식되어야할 부정적인 대상이었고 일본은 모방하고 지향해야만 할 대상이 되었다. 이러한 상황에서 스스로를 일본에 동일화시키려는 의식적인 노력이 내면화되는 것은 어느 정도 불가피한 현상이 아닐 수 없었다. 개인의 미시사의 영역에서 보면 총력전을 띤 20세기 전쟁 동원의 양태는 전장의 규율이 일상 속으로 침투해 들어오게 함으로써 삶의 공간, 일상의 영역을 전쟁터로 만들어 놓았다. 동일한 문명 내부의 역전 현상으로 말미암아 한국인은 내면에서 제국 일본이라는 타자에게 가위눌림을 당하면서 타자를 두려워하고 미워하면서 한편으로는 타자의 힘을 동경하는 정신적 공황 상태를 맛보게 된다. 이에 따라 우리는 힘에 대한 공포와 선망 속에서 힘을 무한히 긍정하고 자기에 대해 강하게 부정하는 경험을 하게 되었고 이러한 경향은 오늘날까지 온존하는 측면이 있다.

51) 우리가 식민지 경험을 고찰하고 탐구할 필요가 있는 것은 항간에서 논의되는 것처럼 우리의 식민지 경험에서 근대를 발견하고 발굴해내기 위해서가 아닐 것이다. 그것은 오히려 우리가 현재 살아가고 있는 근대, 우리의 신체 속으로 들어와 그 속에서 꿈틀대는 식민지적 일그러짐과 뒤틀림의 기원을 발견하고 이를 성찰하고 건강하게 풀어내기 위한 소통을 위한 노력의 일환으로서다.

5. 과거로의 추체험과 미래의 길 찾기

춘추전국시대 초(楚)나라 사람이 검을 품고 양쯔강을 건너다 그만 강에 검을 빠뜨리고 말았다. 그는 나중에 검을 찾기 위해 검을 빠뜨린 곳을 주머니칼로 표시를 해두었다. 배가 목적지에 도착한 후 그는 표시해둔 곳으로 내려가 검을 찾으려 했지만 검은 눈에 띄지 않았다. 요컨대 강물이 흐른다는 것을 의식하지 못하였던 것이다.[52] 주지하는바와 같이, 각주구검(刻舟求劍)이라는 유명한 고사성어에 얽힌 이야기다. 누구나 들으면 실소를 금하기 어려운 무슨 바보 시리즈처럼 들리지만, 조금 더 곰곰이 생각해보면 우리 주변에서 심심치 않게 접하는 문제의 본질을 꿰뚫는 날카로운 통찰력이 담겨 있다.

각주구검이라는 고사성어는 정치학적 관점에서 보면 패러다임의 변환이 이루어지는 전환기를 이해하는 데 특히 유용하다. 기왕의 패러다임에서 현실적으로 가장 적절하다고 간주되던 방식이 전환기의 상황, 즉 새롭게 부상한 패러다임에서는 이미 전혀 현실적인 해법이 될 수 없음을 시사해주기 때문이다.

하지만 이러한 패러다임의 변환을 감지하는 것은 말처럼 쉬운 것이 아니다. 19세기 전통주의자들이 화이관념의 연장선상에서 눈앞에서 전개되는 대외정세를 양이(洋夷)라는 새로운 위협적 요소의 '양적' 증가라는 일종의 '현상적'인 차원의 변화로만 해석하여, 조선이 속해 있는 동아시아 질서 자체가 근저에서부터 '질적'으로 변화하고 있음을 전혀 예측하지 못하고 구태의연하고 소극적인 대응으로 일관했던 것은 실제로 패러

52) 『呂氏春秋』.

다임의 변환을 예측하는 것이 얼마나 어려운 것인지를 잘 드러내준다.

19세기 전환기의 사례에서 두 번째로 지적해두고 싶은 것은, 설령 패러다임의 변환을 예측한다고 하더라도, 현실정치 공간에서 새로운 비전을 만들어내고 국가의 '안과 밖'으로 광범위한 동의를 끌어낸다는 것은 훨씬 더 난해한 작업임을 절감할 수 있다는 사실이다. 더욱이 19세기에 나타난 이질적인 문명 간의 만남과 문명 표준의 역전이라는 사태는 '문명의 세계가 야만으로 전락하고 금수들의 세계가 문명세계로 둔갑하는' 것이었다는 점에서 '하늘이 무너져 내리고 땅이 뒤집어지는(天崩地壞)' 혼돈의 상황이었다. '살고 싶다. 의롭고 싶다. 그러나 둘 다 가질 수 없다면, 삶을 버리고 의를 택하겠다'(『孟子』)는 신념을 가지고 살아가던 유자들에게 자신의 생존을 위해 '부국강병'으로 매진하라고 하는 것은 '문명세계에서 걸어 나와 금수의 세계로 들어가는 것' 만큼이나 수용하기 어려운 변화였던 것이다.

19세기 동아시아 국가 '간' 관계의 패러다임의 변환이란 동아시아 전통국가들의 '무대'가 예의 관계에 입각한 '천하질서'에서 상위의 질서를 인정하지 않는 주권국가 간의 관계 즉 '근대국제질서'로 변화해갔던 것을 지칭한다. 무정부적 속성을 지닌 새로운 무대 환경에서는 덕치(德治)나 예치(禮治), 왕도정치(王道政治), 사대자소(事大字小)와 같은 기존의 '연기'와는 다른 부국과 강병, 균세(均勢=세력균형)와 자강(自强)의 능력이 보다 중시되었고 이에 적응하지 못한 배우들은 무대 밖으로 밀려났다. 우리는 연기력 부족으로 19세기 변화된 새로운 무대에서 퇴출당하였고 다른 배우들의 연기를 바라보고 있어야만 했다. 지혜로운 자는 실패에서 배운다고 한다. 새롭게 다가오는 전환기, 우리는 19세기 거대한 전환기의 역사적 경험에서 무엇을 배울 것인가.

참고문헌

『고종실록(高宗実録)』

『동몽선습(童蒙先習)』

『맹자(孟子)』

『문종실록(文宗実録)』

『승정원일기(承政院日記)』(高宗朝)

『조선왕조실록(朝鮮王朝実録)』(영조/정조/중종대)

「한성순보(漢城旬報)」

「한성주보(漢城周報)」

김윤식, 『운양집(雲養集)』 5권

박은식, 『몽배 김태조(夢拜金太祖)』(1911), 『박은식전집(朴殷植全集)』 중권(단국대학교 동양학연구소, 1975)에 수록

박정양, 『박정양전집(朴定陽全集)』 4권(아세아문화사, 1984)

신채호, 「朝鮮歴史上一千年来第一大事件」(1925), 『단재신채호전집(丹斎申采浩全集)』 하권(을유문화사, 1972)에 수록

어윤중, 『종정연표(従政年表)』 2권

윤치호, 『윤치호일기(尹致昊日記)』

정관응, 『이언(易言)』

慶応義塾 編, 『후쿠자와유키치전집(福沢諭吉全集)』(東京: 岩波書店)

福沢諭吉, 『문명론의 개략(文明論の概略)』(1875)(東京: 岩波文庫, 1995)

朱子, 『사서집주(四書集註)』

清雍正帝撰, 『대의각미록(大義覚迷録)』, 近代中国史料叢刊 第36輯(文海出版社)

黄遵憲, 趙一文역주, 『조선책략(朝鮮策略)』(1880)(건국대학교 출판부, 1977)

강상규, 『19세기 동아시아의 패러다임 변환과 제국 일본』(논형, 2007)

______, 「朝鮮の儒教的政治地形と文明史的転換期の危機」(도쿄대학교 박사학위논문, 2005)

______, 「조선왕권의 공간과 유교적 정치지형의 탄생」, 『애산학보』 29(애산학회, 2003)

김용구, 『세계관 충돌과 한말 외교사, 1866~1882』(문학과 지성사, 2001)
______, 『세계관 충돌의 국제정치학: 동양 예와 서양 공법』(나남, 1997)
김한규, 「7~8세기 동아시아 세계질서의 구조적 특성과 그 운영체제의 기능」, 『진단학보』 88호(진단학회, 1999)
______, 『고대중국적 세계질서연구』(일조각, 1982)
민두기, 「동아시아의 실체와 그 전망: 역사적 접근」, 『시간과의 경쟁』(연세대학교 출판부, 2001)
이성규, 「중화사상과 민족주의」, 『철학』 37집(1992)
이용희 저, 노재봉 편, 『한국민족주의』(서문당, 1977)
조동걸, 「奧村의 朝鮮国布教日誌」, 『한국학논총』 7(국민대학교, 1985)

浜下武志, 「東アジア史に見る華夷秩序」, 『国際交流』 62号(東京: 国際交流基金, 1993)
______, 「日本研究とアジア・アイデンティティ」, 『思想』 830号(1993)
小蒼芳彦, 『中国古代政治思想研究』(青木書店, 1970)
岸本美緒, 「東アジア・東南アジア伝統社会の形成」, 『岩波世界歴史13: 東アジア・東南アジア伝統社会の形成』(東京: 岩波書店, 1998)
王芸生, 長野勲 外 日訳, 『日支外交六十年史』 1巻(東京: 建設社, 1933)
原田環, 「朝・中'兩截体制' 成立前史: 李裕元と李鴻章の書簡を通して」(1981), 『朝鮮の開国と近代化』(広島: 渓水社, 1997)
田中彰, 『「脱亜」の明治維新: 岩倉具視を追う旅から』(NHKブックス, 1984)
酒寄雅志, 「華夷思想の諸相」, 『自意識と相互理解=アジアのなかの日本史(V)』(東京: 東京大学, 1993)
竹内照夫, 『四書五経入門: 中国思想の形成と展開』(東京: 平凡社, 1965)
芝原拓自, 「対外観とナショナリズム」, 『対外観: 日本近代思想大系』(東京: 岩波書店, 1988)
萩原延寿, 『遠い崖: アーネスト・サトウ日記抄, 14巻=離日』(東京: 岩波書店, 2001)
筒井若水, 「現代国際法における文明の地位」, 『国際法外交雑誌』 66巻(1967)
坂本多加雄, 「万国公法と文明世界」, 『日本は自らの来歴を語りうるか』(筑摩書房, 1994)
戸川芳郎・溝口雄三・蜂屋邦夫, 『儒教史: 世界宗教史叢書10』(東京: 山川出版社, 1987)
丸山真男・加藤周一, 『翻訳と日本の近代』(東京: 岩波書店, 1998)

Fairbank, J.K.(ed.), *The Chinese World Order: The Traditional China's Foreign Relations*(Harvard Univ. Press, 1968)

Gong, Gerrit, W., *The Standard of "Civilization" in International Society*(Oxford: Clarendon Press, 1984)

Griffis, W.E., *Corea: The Hermit Nation*(London: Alles, 1882) 신복룡 역, 『은둔의 나라, 한국』(평민사, 1985)

Hobsbawm, Eric, *Age of Extremes: The Short Twentieth Century 1914~1991*(London: Michael Joseph, 1994)

Kim, Yongkoo, *The Five Year's Crisis, 1866~1871:Korea in the Maelstrom of Western Imperialism*(Seoul: Circle, 2001)

Schwarzenberger, Georg, "The Standard of Civilization in International Law", *Current Legal Problems*, Vol.8(London: Stevens & Sons Limited, 1955)

Tsiang, T.F., "Sino-Japanese Diplomatic Relations 1870~1894", *The Chinese Social & Political Science Review*, Vol.XVII(1933, April)

II. 대원군의 천주교 탄압과 전환기 한반도의 정치적 리더십

1. 대원군은 쇄국주의자인가

> 대저 그 자리도 가히 할 만한 자리였고, 재주 또한 할 만 했고, 시대적 운세 또한 할 만했으나, 꼭 필요한 것이 배움이었다. 고금을 회통하고 중외를 관찰할 만한 학식으로 그 힘센 팔을 걷어 부치고 새로운 조선을 건설하여 문명한 열강과 같이 바다와 육지로 함께 달리며 의젓하였어야 옳았는데, 그의 배움이 없어 내정을 다스리되 사사로운 지혜를 스스로 사용하여 움직임이 많았고 거동이 지나쳤으며 외국에 대하여는 배척을 위주로 하고 폐쇄를 고집하다 스스로 소경을 만들어 화가 나라에 미쳤으니 반도(半島) 중흥의 기운도 마침내 회복되지 못하였다. 애석하도다. 아픈 역사(痛史)가 여기에서 비롯된 것이다.[1]

박은식(1859~1925)이 『한국통사』(1915)의 본문을 시작하면서 대원군(이하응, 1820~1898)의 배외정책에 대해 애석해하는 대목이다. 대원군, 그가 조선정계에 등장한 것은 이른바 '예의 관념'에 기반한 동아시

1) 박은식, 『한국통사』 상(박영사, 1974) pp.58-59. 원문(p.249)을 참조하여 다시 번역함.

아 문명권의 전통적 질서가 동요하면서 바야흐로 동아시아 세계를 구성하는 패러다임이 '국가평등관념'에 근거한 근대국제질서로 변동하는 조짐을 서서히 보이기 시작하고, 조선의 정치적 국면이 심각한 위기의 징후를 드러내던 와중이었다.

이러한 시대상황에서 강력한 카리스마를 지닌 대원군의 일련의 과감한 '개혁' 정책과 철저한 '쇄국' 정책으로 상징되는 선명하게 대비되는 상호모순적인 이미지는 오늘에 이르기까지 끊임없는 논쟁과 포폄의 대상으로 회자되어 왔다.

그 중 흥미로운 사례로서, 일찍이 후쿠자와 유키치(福澤諭吉)는 임오군란(1882년)이후 대원군에 대해 다음과 같이 평가한 바 있다.

> 대원군은 타고난 성품이 흉악하고 사나워서 사람을 해치고도 꺼리는 점이 없었다. 섭정한 지 10여 년 동안에 여러 차례 큰 사옥(邪獄)를 일으켜 조야(朝野)의 사람을 처형한 것이 십만여 명에 이르니, 그의 음험한 성격은 세상 사람들에 널리 알려진 바 있다. 한편 그의 됨됨이를 보면 책을 읽는 것을 즐겨 주공(周公)과 공자(孔子)의 도를 말하면서도 늘 국체(國體)를 주장하였다. 이러한 그의 태도는 우리 일본으로 치면 유학자(儒學者)와 황학자(皇學者)의 정신을 겸비한 사람과 같다고 할 수 있는데, 나라의 완고한 백성들의 마음을 사로잡아 무모하고 과격하며 완고한 무리들이 그를 많이 따랐다. 또 늘 대우를 심히 후하게 하여 그의 문하에 식객이 항시 천여 명을 헤아리며 또 각 지방의 뜻있는 자로서 그의 사람이 된 자도 적지 않았다.[2)]

또한 정교(鄭喬, 1856~1925)는 『대한계년사』를 통해 "대원군은 집

2) 「朝鮮事變續報餘論」(明治 15年 8月 8日), 『福澤諭吉全集』 8卷, pp.265-266.

권 10년 동안 토목공사를 일으키고, 함부로 사람을 죽였으며, 백성을 착취하고 측근 인사를 등용하는 등 정치가 혼란하여 백성들이 원망하였다"고 지적하기도 하였다.[3]

반면 식민지 시기 김동인(金東仁, 1900~1951)은 그의 역사소설 『운현궁의 봄』에서 대원군 이하응을 가리켜 "조선 근대의 괴걸이요, 유사 이래 어떤 제왕이든 감히 잡아 보지 못하였던 '절대적' 권리를 손에 잡고 이 팔도 삼백여 주를 호령하며, 밖으로는 불란서, 미국, 청국들을 내리누르고 안으로는 자기 백성의 복지를 위하여 그의 일생을 바친"[4] 난세의 영웅으로 묘사하면서, 다음과 같이 대원군을 그려냈다.

> 시정(市井)에 영락되어 돌아다니는 몇 해, 이 공자(=貴公子)는 고귀한 사람들이 알지 못하는 서민들의 불평불만이며, 그 성격이며 생활상태며 심리 등을 다 알았다. 그리고 그 원인이며 동기며 경로 등을 다 알고 있었다. 고귀한 집안에서 태어나서 그냥 귀한 공자로서 길러난 사람들은 짐작도 하지 못하는 모든 제도상의 결함이며 제도 운행상의 결함을 다 알고 있었다.[5]

이처럼 대원군은 당시 조선이 처한 국내외적 위기 상황의 중요성, 선례를 찾아보기 힘들만큼 과감한 일련의 개혁과 단호한 쇄국정책의 추진, 대원군 개인의 강력한 카리스마와 리더십 등의 요인으로 인해 일찍부터 연구대상으로 주목되어 왔다.[6] 하지만 병인박해(1866)로 불리는 대원군의 천주

3) 정교, 『대한계년사』 상(1910)(국사편찬위원회, 1957) p.8, "大院君秉國十載 興土木濫殺戮 務掊克用私人 政亂民怨".

4) 「朝鮮日報」 1933. 4. 26.~1934. 2. 6.에 연재; 김동인, 『운현궁의 봄』(혜원, 2002) p.6.

5) 김동인, 앞의 책, p.241.

교 박해는 이후 조선이 이른바 '쇄국정책'—보다 정확하게는 배외·척화정책—을 펴는 결정적인 계기가 되었음에도 불구하고 그 구체적인 배경이나 사건의 경위를 살피지 않고 그저 '기정사실'로만 받아들여지고 있을 뿐이다. 예외적으로 이 문제를 단편적으로나마 언급하고 있는 천주교회사 분야

6) 대원군에 관한 연구는 광범위하게 진행되어 왔는데, 여기서는 그 가운데서 대원군이 행사한 권력의 '성격'과 관련해서 대표적인 연구만 지적해두고 넘어가기로 하겠다. 우선 대원군을 일종의 '근대지향적인 개혁가'로 간주하고 대원군 개혁의 긍정적인 측면을 중점적으로 조명한 연구로는, 이선근, 「대원군의 정치」, 『한국사(최근세·현대편)』(을유문화사, 1963); 梶村秀樹, 「朝鮮近代史の若干の問題」, 『歷史學硏究』 288호(1964); 曺直亮, *The Rule of the Taewon'gun, 1864~1873: Restoration in Yi Korea*(Cambridge: East Asian Research Center, Harvard University, 1972); 藤間生大, 「大院君政權の性格」, 『近代東アジア世界の形成』(東京: 春秋社, 1977) 등을 들 수 있다.
반면, 대원군을 '반역사적이자 보수적 정치가'라고 평가하면서, 대원군 개혁을 비판적인 시각에서 고찰하는 연구로는, 진덕규, 「조선후기 정치사회의 권력구조」, 『19세기 한국 전통사회의 변모와 민중의식』(고대민족문화연구소, 1982); 성대경, 「대원군 정권 성격 연구」(성균관대학교 박사논문, 1984) 등을 들 수 있을 것이다.
한편 Palais는 그의 유명한 저서, *Politics and Policy in Traditional Korea*(Cambridge: Harvard Univ. Press, 1975)에서 기존연구가 '봉건 대 근대', '보수 대 진보'라는 지나친 단순화에 입각해 이루어지고 있음을 비판하면서, 대원군을 '실용주의적'이면서도 '보수적'인 성격을 지닌 개혁가로 평가한다. 팔레의 연구는 이분법적인 틀에 구애되지 않고 중층적인 해석을 시도한다는 점, 그리고 조선정치의 구조적인 측면을 천착하고 있는 점 등에서 대원군의 집권 시기를 보다 진지하게 이해하는 전기를 마련한 작업이었다고 봐야 할 것이다. 한편 팔레의 연구 이후 실증적인 분석을 통해 대원군 시기의 복합적인 성격을 검토한 것으로서 糟谷憲一, 「大院君政權の權力構造」, 『東洋史硏究』 49권 2호(京都: 1990); 안외순, 「대원군집정기 권력구조에 관한 연구」(이화여자대학교 박사논문, 1996); 연갑수, 『대원군집권기 부국강병정책연구』(서울대학교, 2001) 등도 빼놓을 수 없는 연구다.

의 연구들이 있지만, 대체로 대원군의 변덕스러운 심경변화를 통해 대원군의 천주교 박해를 설명하는 수준에서 크게 벗어나지 않는 실정이다.

본문에서 다루게 되겠지만, 대원군은 애초에 천주교에 대해 상당히 관대한 입장을 보이고 있었다. 대원군의 부인인 민 부대부인(1818~1898)은 일찍이 천주교를 받아들여 교리문답을 배웠으며, 자기 아들이 왕위에 오르자 이에 대해 감사의 미사를 드리기도 했다. 뿐만 아니라 고종을 키운 유모 박씨부인이 마르타(Maltha)라는 세례명을 가진 천주교 신자였다는 사실[7] 등은 평소 대원군의 천주교에 대한 관용적인 태도를 분명하게 드러내 보여준다.

그러면 이러한 사실에도 불구하고 대원군은 갑자기 1866년 1월의 시점에서 '어떠한 경위로' 그리고 '무엇 때문에' 그토록 천주교를 철저하게 탄압했던 것일까? 대원군이 '실용주의적' 이면서 보수적 개혁가였다는 기존 연구 성과를 상기해보더라도 대원군의 천주교 탄압이라는 지극히 '정치적' 행위를 종교사적 관점에서 해석하고 만다거나 혹은 어떤 우둔한 정치가의 광기어린 돌발적 행위와 같은 하나의 역사적 해프닝 정도로 간주되고 마는 것은 지나치게 '비정치적'인 접근이 아닌가 하는 생각이 든다. 혹시 천주교 탄압이 당시의 시대적 맥락에서 정치권력의 향방 혹은 국내세력 간의 역학관계의 변화에 어떠한 중요한 기능을 했던 것은 아닌가? 만일 그렇다면 대원군의 천주교 탄압은 현실정치의 장에서 특히 대원

7) 샤를 달레 저, 안응열·최석우 역주, 『한국천주교회사』 하권(한국교회사연구소, 1996) pp.360-361; 田保橋潔, 『近代日鮮關係の研究』(朝鮮總督府中樞院, 1940) p.56; 조광, 「대원군 부인의 영세 입교: 왕의 어머니의 영세」, 한국천주교 중앙협의회, 『경향잡지』 96권 (2004) p.63 등을 참조.

군의 정치권력과는 어떤 상관관계를 갖는 것이었을까?

조선정치의 '구조'와 구체적인 현실정치의 '과정' 속에서 이러한 문제들에 접근하기 위해서는 우선 무엇보다 병인박해가 시작되었던 1866년 1월의 시점에서 대원군이 어떠한 정치적 위상을 갖고 있었는지 이해가 선행되어야 할 것으로 생각된다. 따라서 여기에서는 이로부터 논의를 시작하여 대원군의 천주교 탄압이 이루어지게 되는 경위와 이와 관련된 사태의 전개, 그 정치적 결과 등에 관해 고찰하고자 한다.

2. 수렴청정기 대왕대비의 비호와 대원군의 권력 실세로의 부상

19세기에 들어서면서 조선의 정치 공간이 왕실의 외척세력을 중심으로 한 소수의 세도가문에 의해 실질적으로 장악되어 갔음은 널리 알려진 바와 같다. 박제형의 『근세조선정감』(1886)은 당시의 정치적 상황을 다음과 같이 묘사하고 있다.

> 무릇 군국기무(軍國機務)와 백관(百官)의 장주(狀奏)도 모두 먼저 세도재상과 의논한 다음에 왕에게 아뢰어지며 왕 또한 세도재상에게 먼저 물은 다음에 결재하니 위엄과 복이 이 사람의 손에 달려 있고, 관직을 주고 빼앗는 일도 이 사람의 마음에 달려 있다. 따라서 온 나라가 세도재상 섬기기를 마치 신명을 섬기듯 한다.[8)]

8) 박제형, 『근세조선정감』(탐구당, 1975) pp.2-3.

이 과정에서 왕권은 전례 없이 위축되어 가고 있었다. 이 시기의 국왕들은 모두 어린 나이에 등극하여, 대왕대비의 수렴청정을 예외 없이 겪었을 뿐만 아니라, 대왕대비가 후임 국왕을 선택하게 되는 상황마저 반복되어 나타나고 있었다. 이처럼 국왕의 정통성이 약해져가는 가운데, 왕실의 외척세력이 정치권력을 장악해가고, 권력행사, 권력배분, 엘리트의 충원 등 정치의 가장 기본적 기능이 폐쇄적으로 운영되는 현상이 거듭되면서 정치권력의 사유화 경향은 고착되는 양상을 보이고 있었다.[9)]

이러한 정치적 상황하에서 대원군의 정치권력을 보다 사실적이고 역동적으로 파악하기 위해서는 우선 다음과 같은 전형적인 서술, 정형화된 이미지를 잠시 접어둘 필요가 있을 것이다.

> 대원군이 국정을 담당한 갑자년(1864)부터 계유년(1873)까지 십년 동안 나라 안이 온통 공포에 휩싸였다. [……] 옛 제도에서는 나라의 지시가 내려올 때 반드시 '왕이 이처럼 말씀하셨다'로 서두가 시작되었으나, 이때 십년간은 오로지 '대원위분부(大院位分付)'라는 다섯 글자만이 바람처럼 전국을 횡행하였다.[10)]

9) 이와 관련해서는, 한국역사연구회, 『조선정치사 1800~1863』 상/하(청년사, 1990); 박광용, 「19세기 전반의 정치사상」, 『국사관논총』 40집(국사편찬위원회, 1992); 홍순민, 「19세기 왕위의 승계과정과 정통성」, 『국사관논총』 40집(1992); 김명숙, 「세도정치기의 정치행태와 정치운영론」(한양대학교 박사논문, 1996); 오수창, 「세도정치의 성립과 전개」, 『한국사』 32(국사편찬위원회, 1997); 박광용, 「19세기 초·중반의 정치와 사상」, 『역사비평』(역사비평사, 1996년 겨울) 등을 종합적으로 참조.

10) 황현, 『매천야록』(1910), p.3.

왜냐하면 이처럼 과장되고 단정적인 서술들은 대원군이 정치권력을 냉혹한 현실정치 공간과 구체적인 시간 속에서 역사적으로 획득해가는 측면을 간과하게 함으로써, 대원군의 권력이 마치 선험적으로 주어진 것 같은 이미지를 던져주기 때문이다. 다음에서 소개하는 대화는 고종이 국왕으로 즉위한 바로 그날, 대원군에 관한 예우문제와 관련하여 대왕대비가 대신들과 협의하는 장면이다. 여기에는 대원군의 정치권력에 관한 몰역사적 이미지가 현실 상황을 크게 왜곡할 수 있음이 잘 드러난다.

대왕대비(1808~1890): (살아있는 생부에게―필자) 대원군 봉작은 나라에 처음 있는 일입니다. 모든 일은 대군(大君)의 예에 따라 거행하는 것이 마땅할 듯한데, 대군이 출입할 때 팔인여(八人輿)를 타면 대신들이 모두 그에 경의를 표하여야 하므로 대원군이 완강히 사양하오. 그 말도 일리가 있으니 어쩌면 좋겠소?

정원용(1783~1873): 매사에 선례를 참작하면 좋은데, 이러한 예는 전례가 없으니 마땅히 상의해서 아뢰겠습니다(每事援引前式則易行 而比例無以援照).

대왕대비: 하지만 여러 대신들이 이미 자리에 왔으니 지금 의논해서 정하는 것이 좋을 듯 싶소.

김흥근(1796~1870): 이것은 처음 있는 일이어서 갑자기 결정하는 데 어려움이 있습니다. 게다가 내외의 체통에 관한 규례가 매우 엄격하므로 아마 신 등이 대원군과 서로 접할 일은 없을 것 같습니다(此是訟有之事 有難遽爾決定 而內外朝體例甚嚴 臣等與大院君 恐無相接 之時矣).

대왕대비: 하지만 혹시 서로 마주치기라도 하면 어떻게 해야 하겠소(然而或有相逢之時 則如何爲好邪)?

김좌근(1797~1869): 이미 서로 마주칠 일이 없는 이상, 예의규범을 미리 강구할 필요는 없을 것 같습니다(既無相逢之時 則禮數恐不必預講矣).

대왕대비: 대원군의 탈 것은 대신과 같은 것으로 하는 것이 어떻겠소. 자리에서 물러난 뒤 서로 의논해서 정하도록 하시오.11)

위의 대화에서도 드러나는 바와 같이, 조선의 정치지형에서 '살아있는 대원군'이라는 존재는 그 독특한 위상으로 말미암아 고종이 즉위하는 날부터 정치적으로 민감한 문제가 아닐 수 없었다. 대왕대비가 대원군을 적극적으로 비호하고 있는 반면, 당시의 대신들은 '살아있는 대원군'이라는 존재 자체가 조선 정치에서 선례를 찾아볼 수 없다는 이유를 근거로 강력한 정치적 실세로 등장할 소지가 있는 대원군이 정치적으로 개입할 여지를 애써 무시하려는 태도를 보였다.12)

이처럼 당시 소수의 세도가문이 막강한 권력을 유지하고 있던 상황에서 대원군이 정계의 실력자로 급부상해 갈 수 있었던 데는 중요한 정치적 '계기'들이 존재하고 있었다. 아니 어쩌면 전환기 국내외의 위기상황 속에서 비범한 현실정치 감각을 지닌 대원군이 자신의 정치력 확보의 계기를 '발견'하고 이를 적극적으로 십분 '활용'했다고 하는 것이 보다 사실에 가까운 표현이라고 할 수 있겠다.

이 시기 대왕대비는 철종이 후사 없이 죽은 뒤 당시 조선 왕실의 최고 어른이라는 위상으로 인해 국왕을 결정하고 수렴청정까지 하게 되었으나, 자신에게 맡겨진 막중한 책임을 인식하지 않을 수 없었고 이를 감당하기에는 궁정 정치가인 자신의 현실적인 정치력과 실질적인 권력기반이

11) 『일성록』 고종 즉위년 12월 13일.

12) 조선의 정치구조에서 '살아있는 대원군'이라는 존재가 갖는 정치적 의미에 관해서는, 본서의 3장을 참고할 것.

대단히 많은 한계를 가지고 있다는 것을 자각했던 것으로 보인다. 다음의 기록은 이러한 정황을 이해하는 데 매우 시사적이다.

> 대왕대비가 지시하였다. "아! 오늘처럼 나라 형편이 걷잡을 수 없는 지경에 이른 적이 선대에 언제 있었는가. 어린 임금이 왕위를 계승하면서 종묘와 사직이 다시 편안해져서 무궁토록 계속될 것을 모두가 다같이 바라는 바다. 내가 밤새도록 잠들지 못하고 골똘히 생각하면서 참으로 백 가지 천 가지의 근심에 빠지는 것도 바로 이와 같은 위기를 극복할 수 있는 어떤 계책을 마련하기 위함이다. 지금 조정에 있는 신하들도 대대로 관직에 올랐던 가문의 사람들로서 좋건 싫건 나라와 운명을 같이해야 할 처지가 아니겠는가. 필경 (이와 같은 위기상황에 대해) 심각하게 우려하면서 원대한 생각을 가지고 머리를 맞대고 서로 토의하는 사람이 있을 것이다. [……] 좋은 의논과 좋은 대책이 날마다 제기되어 올라올 것을 나는 내심 바라노라. 만일 그렇지 않고 밤낮으로 분주하게 왕래하는 것이 오로지 부귀나 세력, 이익을 도모하려는 의도를 갖는 것이라면, 이는 나를 저버리는 것일 뿐 아니라, 선대부터 대대로 받아온 은덕마저 저버리는 것이 될 것이다. 모든 관리들은 모두 이 점을 알아야 할 것이다".[13]

여기에서 나타나는 것처럼, 수렴청정에 들어간 대왕대비는 당대의 정치적 상황에 대한 비판의 고삐를 늦추려 하지 않았을 뿐 아니라 막혀

13) 『高宗實錄』 즉위년 12월 22일(甲午條), "大王大妃敎曰, 嗚呼, 國事若無涯畔, 歷求前代, 豈有如今日者乎? 沖辟嗣位, 宗社再安, 期祝無疆, 大小同情, 而乃予之憧憧一念, 終夜不寐者, 誠以憂虞之集, 千百其端, 不知將何以爲計, 濟此艱危也. 在庭臣僚, 孰非喬木, 世祿, 休戚與共者乎? 其必有憂深思遠, 相與聚首而謀之者矣. [……] 則應有嘉謨嘉猷之日進於前者, 耿耿予心, 惟是之望焉. 如或不然, 日夜營營, 乃不過富貴勢利之圖, 則非負予也, 負祖宗世受之恩也. 大小臣僚, 其各知悉."

있던 공론을 열어 위기상황에 대처할 방안을 적극적으로 모색하고자 전전긍긍해 하고 있었다. 그것은 단순히 수사적이거나 의례적인 차원을 넘어 이제까지 정치를 담당해 온 안동 김씨로 상징되는 세도가문 및 부패한 위정자들에 대한 심각하고 진지한 경고의 성격이 강한 것이었다. 예컨대 선왕인 철종에 대한 공식적인 거상(居喪)이 끝나고 본격적인 집무에 들어가는 첫 날에 대왕대비는 다음과 같은 의미심장한 지시를 내리고 있다.

> 대왕대비가 지시하였다. "아! 선왕의 재위 14년간은 일기가 순조로워 해마다 풍년이 들었다. 따라서 국고가 충만하여 백성들의 생활에 곤궁함이 없으며 인구도 늘고 물산도 풍부해지는 보람이 뚜렷이 나타나야 마땅할 것이다. 그런데 나라의 재정은 고갈되고 민생은 어려우며 기강은 해이한데다가 풍속까지 날로 악화되어 수습할 수 없는 지경에 이르렀단 말인가. [……] 슬프다. 슬프다. 차마 무슨 말을 하겠는가. [……] 모든 관리들이 나라를 위해서 애쓴 것은 무엇이고 임금을 위해서 충성을 다한 것은 무엇인가. 지금 어린 임금이 왕위를 이은 초기에, 무엇이 좋고 그른 것인지를 똑똑히 밝혀 기강을 바로 잡음으로써 억만 년을 뻗어내려 갈 우리의 크나큰 터전을 튼튼히 다지지 않을 거라면, 내가 불가불 수렴청정을 하면서까지 정사에 참여할 필요가 어디 있겠는가. [……] 옛 사람들이 지조라고 하던 것을 지금 사람들은 중히 여기지 않고 옛 사람들이 부끄러워하던 것을 지금 사람들은 대수롭게 알지 않는 탓으로, 절제하는 일반적 기풍은 자취를 감추고 개인의 탐욕만 늘어나니 이리저리 부산하게 돌아다니는 자들이 모두 이익만을 노리고 다니는 무리일 뿐이다. 굳게 지켜야 할 법조문은 빈 문서장으로 여기고 작고 큰 뇌물뭉치를 받아먹는 것을 경사로 여기건만, 사헌부나 사간원에서는 강직하게 간쟁하는 말이 들리지 않고 관리를 임명하고 해임하는 관청에서는 공정하게 처리하는 일이 없다. 비위 좋게 아첨하는 것을 비루하다 하지 않고 남들과 어울려 비웃거나

꾸짖거나 하는 것을 수치로 알지 않는다. 그래서 풍기가 날로 그릇되고 세상이 날로 저속해지면서 백성들의 비참한 생활과 나라의 애처로운 형편은 더 말할 나위조차 없이 되었다. 아, 말이 이런 지경에까지 이르게 되니 어찌 가슴이 쓰리고 머리가 아프지 않겠는가".[14]

한편 대원군은, 앞서 살펴본 바와 같이, 현실적으로 아직 공식적으로 정치의 장에 등장할 수 있는 여건이 아니었다. 이러한 상황에서 대원군은 정치적 후원세력을 간절히 필요로 하는 대왕대비의 막후에서 당시 조선에서 나타나고 있던 심각한 위기의 징후들에 대한 적극적이고 구체적인 방안들을 제시하면서 쇠락한 '왕실의 권위 확보' 및 '왕조국가의 재건'을 추구하려 하였고, 대왕대비는 왕실의 최고 어른으로서 그 같은 대원군의 현실정치 감각과 비전에 대해 공감하면서 이를 적극적으로 정책에 수용하고 있었다.

대왕대비는 자신의 아들 헌종에 의해 왕으로 추존된 자신의 남편인 익종(효명세자, 1809~1830)의 대통을 잇게 한다고 하면서 명복을 왕으

14) 『高宗實錄』 원년 정월 10일(壬子條), "大王大妃敎曰, 嗚呼, 惟我大行大王, 御極十有四年之間, 風調雨順, 歲以豐登, 宜其府庫有充溢之積, 黔黎無捐瘠之患, 旣庶且富之效, 庶幾乎其見之矣. 夫何國用之匱竭, 民生之困瘁, 綱紀之廢弛, 風俗之頹敗, 日甚一日, 莫可收拾? 不勝愁怨 [……] 慟矣慟矣! 尙忍言哉? [……] 百執事之所分憂者何事, 所效忠者何事? 今當沖王初服之辰, 苟不能明示好惡, 整頓綱維, 以鞏固我萬億年丕丕基, 則又豈予勉御簾帷之意哉? [……] 昔人之以爲名節, 而今人則不以爲重, 昔人之以爲羞恥, 而今人則不以爲怪. 廉防蕩然, 私欲橫流, 營營逐逐, 惟利是求. 關和金石, 視同文具, 苞苴賄賂, 作爲勝事. 謇諤之風, 寂無聞於臺閣, 公平之政, 久未見於銓衡. 甘自諂屈, 不以爲鄙, 從他笑罵, 不以爲恥. 駸駸然習俗日非, 世道日下, 生民之倒懸, 國計之哀痛, 遂至於無復可言. 言之及此, 寧不痛心而疾首哉?"

로 결정했다.[15] 대왕대비는 고종의 승계 직후 새 국왕의 대통을 둘러싸고 논란이 일자, "계통이 무슨 둘로 된다고 의심할 것이 있는가!"라고 하면서, 고종이 철종의 뒤를 이으면서도 왕위를 물려받아 내려온 계통(=대통=왕통)은 정조-순조-익종-헌종의 뒤를 잇는다고 밝히고, 익종이 왕통상 고종의 아버지가 된다는 입장을 분명히 했다.[16] 이처럼 대왕대비는 왕통의 계통상 새로운 국왕의 어머니였고, 대원군은 그의 생부라는 점에서, 두 사람은 고종이 국왕으로서의 정통성이 취약하다는 문제에 극히 민감하지 않을 수 없었고, 이러한 요소가 왕실을 대표하는 두 사람의 정치적 연합을 공고하게 하는 배경이 되었으리라고 생각된다.

어린 국왕이 자신의 사친인 대원군을 대하는 태도도 극진하여 대원군의 거처인 운현궁을 새로 수리하여 이곳으로 통하는 문을 만들도록 지시하고,[17] 대왕대비를 모시고 운현궁에 행차하여 대대적인 행사를 실시하는가 하면,[18] 대원군이 남연군(1788~1836)의 묘소를 참배하고 돌아올 때 숭례문 밖에 나아가 그를 마중하는 정성을 보이기도 했다.[19] 이러한 국왕의 태도가 대원군의 위상을 새삼 확인시켜주는 것임은 두말할 나위도 없을 것이다.

이러한 와중에서 대왕대비와 대원군은 백성들의 봉기의 원천이 되어온 요인들을 혁파하는 조치들을 취함으로써 개혁의 명분을 확보해 나갔다. 주로 대왕대비의 막후에서 당시의 위기상황을 돌파하는 방안을

15) 『고종실록』 즉위년 12월 초8일.

16) 고종의 왕통을 어떻게 설정할 것인가에 대한 논란에 관해서는 위의 책, 즉위년 12월 8일, 12월 30일; 황현, 앞의 책, p.9 참조.

17) 『고종실록』, 원년 6월 6일.

18) 위의 책, 원년 9월 24일.

19) 위의 책, 2년 8월 30일.

제시하면서 자신의 정치기반을 다져가던 대원군이 권력의 실세로서 현실정치의 수면위로 분명히 모습을 드러내게 된 것은 1865년 4월 국가적 대사업이던 경복궁 중건의 책임을 대왕대비로부터 위임받게 되면서부터라고 할 수 있을 것이다.[20] 대왕대비의 비호 아래 이루어진 대원군의 정책들은 대담한 것이어서 세인들의 이목을 집중시켰다. 그리고 그런 만큼 크고 작은 저항에 부딪치는 것은 불가피한 것이었다. 예컨대 조선 후기 조선의 소중화의식을 상징하는 만동묘를 철폐하라는 지시는 처음에는 이를 철회하려는 상소 등으로 나타나다가 그것이 받아들여지지 않자 유자들 사이에서 조정 및 대원군에 대한 비판의식으로 이어질 기미를 보였고,[21] 경복궁 중건에 필요한 노동력의 동원이나 재원의 마련은 정치적으로 대원군에게 커다란 부담으로 작용하지 않을 수 없었다.[22] 이러한 상황에서 정치적으로 보다 심각한 결과를 파생할 수 있는 문제가 수면 밑에서 진행되고 있었다. 그것은 대외적인 위기의식과 아울러 서교(西敎), 곧 천주교가 관련되어 있었다.

20) 위의 책, 2년 4월 3일. 대왕대비가 말하기를, "이처럼 더없이 중대한 일은 나의 정력을 가지고는 부족해서 모두 대원군에게 위임하니 매사를 반드시 의논하여 처리하도록 하시오".

21) 『승정원일기』 고종 2년 윤5월 2일의 임헌회의 상소, 고종 2년 5월 13일의 송내희의 상소, 고종 2년 7월 26일의 김건수 등의 상소, 고종 2년 11월 26일의 경상도 유생 성석청 등 1468인의 연합 상소 참조.

22) James Palais, 앞의 책, 1975, pp.38-42; 이광린, 『한국사강좌5: 근대편』(일조각, 1982) pp.23-24 등을 참조.

3. 대원군의 선교사 접촉 시도와 '예기치 않은' 사태의 전개

애초에 대원군이 천주교에 대해 비교적 관대한 입장을 보이고 있었다는 것은 서두에서 밝힌 바 있다. 고종의 유모 박씨가 마르타라는 세례명을 가진 독실한 교인이었을 뿐만 아니라, 대원군은 개인적으로 이미 오래 전부터 천주교 교인들과 접촉한 사실이 있었고 더욱이 그의 부인은 천주교에 깊은 관심을 가지고 있었던 인물로 알려져 있다. 실제 대원군은 천주교 선교사들과 극비리에 접촉을 시도하고 있었는데, 당시 조선에 잠입하여 조선교구의 책임자로 있으면서 비밀리에 선교활동에 임하고 있던 베르뇌(Siméon François Berneux, 張敬一, 1814~1866) 주교가 중국의 프랑스 외방전교회 알브랑(François-Antoine Albrand)에게 보낸 서한 중에는 대단히 흥미로운 정황이 다음과 같이 기록되어 있다.

> 이 사람(=대원군)은 천주교를 좋게 여기며 선교사와도 좋은 관계에 있어 적대시하지 않습니다. 그는 우리 서양인 8명이 여기 있다는 것을 모르지 않고, 나와도 안면이 있는 한 관료와 주교인 나에 관해 이야기하기도 했습니다. 그것은 조선과 통상을 요청하는 러시아 사람들의 편지가 왔을 때의 일이었습니다. 그는 내가 만일 러시아 사람들을 쫓아낼 수만 있다면 종교의 자유를 주겠노라고 그 관료에게 말했습니다.[23] (양력, 1864년 8월 18일자 서한)

23) 「Lettre de Mgr Berneux au P Albrand, Supérieur MEP」, 『베르뇌문서』(한국교회사연구소,1995) pp.453-454; 샤를 달레 저, 안응렬 · 최석우 역, p.360.
"Cet homme n'est hostile ni à la religion qu'il sait être bonne, ni aux missionnaires qu'il connait sous de très bons rapports. Il n'ignore pas que nous sommes ici huit Européens. Il s'est entretenu de l'evêque en particulier avec un mandarin paien, avec lequel J'ai moi aussi qques relations. C'est à l'occasion

나는 최근에 한 조선의 관리를 통해 조선 땅에 정착하려고 러시아인들이 올리는 새로운 탄원과 관련하여 대원군과 더불어 몇 차례 접촉한 바 있습니다. 대원군은 내 서한을 매우 호의적으로 받아들였습니다. 왕의 어머니인 그의 부인은 나더러 북경에 있는 우리 측(=프랑스) 공사에게 종교 자유를 청하러 오라는 편지를 보내라고 비밀리에 전갈을 보내왔습니다. [……] 비록 여전히 금지된 채로 있지만 우리의 상황은 좋으며, 내년에는 우리가 한층 더 편해지리라고 믿습니다.[24] (양력, 1865년 11월 19일자 서한)

1860년 북경조약 이후 러시아와 국경을 접하게 된 상황에서 조선은 러시아를 대단히 위협적인 존재로 인식하고 있었고, 이러한 상황에서 러시아 측의 상인들이 조선 국경지역으로 들어와 통상을 요구하는 일이 빈번하게 생겨났다.[25] 대원군은 이에 대한 대비책을 마련하기 위하여

d'une lettre des Russes qui demandaient à faire du commerce avec la Corée. Il dit à ce mandarin que si je pouvais faire qque chose pour le débarrasser des Russes, il accorderait la liberté religieuse"(원문의 오자를 수정한 것임).

24) 위의 책, 「Lettre de Mgr Berneux à Mr Albrand, supérieur MEP」 p.481; 샤를 달레 저, 안응렬 외 역, p.374.
"Je viens d'avoir avec le prince régent par le moyen d'un mandarin, qques rapports, au sujet de la nouvelle instance des Russes, qui demandent qu'on leur permette de s'établir sur le territoire coréen. Le prince a reÇu avec bienveillance mes communications. Sa femme, mère du roi, m'a fait preier secrètement d'écrire à notre ministre à Péking, de venir demander la liberté religieuse. [……] Quoique toujours proscrits, notre position est bonne et je crois que l'an prochain nous serons encore plus à l'aise. N'oubliez pas de m'envoyer les portes-liqueurs ou caves que je destine au Régent etc"(원문의 오자를 수정한 것임).

25) 『일성록』 철종 12년 3월 27일, 고종 원년 5월 23일;『승정원일

위에 소개한 서한에 나타난 바와 같이 선교사들을 통한 프랑스와의 교섭을 구체적으로 고려하고 그 가능성을 일찍부터 타진하고 있었던 것이다. 더욱이 위의 서한에 나타나는 민부대부인의 행위는 이미 예사롭게 넘어갈 수 있는 수준을 훨씬 넘어서고 있음도 주목해 볼 필요가 있다. 1866년 대원군의 천주교 탄압이 시작된 이후 프랑스의 이른바 '조선원정'에 해군 소위 후보생으로 참여한 쥐베르(M. Henri Zuber)의 원정기는 이와 관련된 상황이 당시 외부에 어느 정도 알려져 있었음을 시사해준다.

> 1866년 3월, 사람들은 조선에서 한 달 동안 9명의 선교사들이 처형되었다는 소식을 중국에서 듣게 되었다. 이 사건은 가까운 동해안에 기지를 세우기 위한 러시아인들의 시도에 뒤이어 일어나게 되었던 것이다. 살아남은 선교사들의 말에 따르면, 조대비의 양자인 어린 왕의 아버지인 섭정(대원군을 지칭—필자주)은 러시아인들의 침입시에 베르뇌 주교를 소환하도록 했었다고 한다. 그는 그 오랑캐들이 전쟁을 일으키지 않고 물러가도록 하기위한 대책들을 주교와 상의하고자 했었던 것이다. 그러나 러시아인들은 자발적으로 물러갔으며 그에 완전히 안심하여 선교사들의 조언이 더 이상 필요하지 않게 된 섭정은 선교사들을 몰아내기로 결정하게 된 것이다.[26]

이처럼 쥐베르의 기록에는 대원군의 천주교 선교사와의 접촉 시도에 관한 내용이 나와 있을 뿐 아니라 대원군이 선교사들을 탄압한 이유까지 언급되고 있다. 하지만 러시아의 위협이 갑자기 사라지자 대원군이 안심하게 되어 협력을 구하고자 했던 선교사들을 탄압하게 되었다는 쥐베르의

기』 고종 원년 5월 15일, 원년 7월 22일.

26) Zuber, M.H. 저(1873), 여동찬 역, 「1866년 프랑스의 강화도 원정기」, 『문학사상』 82(1979), p.302.

언급은 사실과는 거리가 있어 보인다. 쥐베르의 이러한 상황파악은 사태가 갑자기 예측하지 않은 방향으로 전개되면서 대원군에 대한 배신감을 품고 조선을 탈출한 선교사들이 사건의 진상을 추론한 것을 그대로 옮겨놓은 것으로서 사건의 진상을 객관적으로 파악했다고 생각되지 않기 때문이다. 기존 연구를 통해 지적된 바와 같이, 1860년 조선과 국경을 접하게 된 러시아가 1884년 조선과 조약을 맺게 되기 이전에 조선과 조약을 맺으려 시도하거나 혹은 조선에 공세적인 정책을 채택한 적은 없었다.[27] 요컨대 러시아에 대한 위기의식은 반드시 객관적인 위기상황에서 비롯되었다기 보다는 대원군의 주관적인 대외정세 판단에 근거한 것이었다고 할 수 있는 것이다. 그는 고종의 왕위승계 이후 계속해서 나타나는 러시아인들의 국경 부근에서의 사적인 교섭시도를 조선에 대한 잠재적인 위협요소로 간주하고 있었고, 적으로써 적을 제압한다는 이른바 '이이제이(以夷制夷)'의 관점에서 이에 대한 대책을 마련해두고자 했던 것이다. 따라서 러시아로부터의 위협요소가 사라져서 이에 대원군이 안심하여 자신의 과거 약속을 깼다는 식의 선교사 측의 기록이 설득력을 가지려면, 낙관적 전망을 피력한 베르뇌 신부의 최종 서한 이후 베르뇌가 구속되기까지의 불과 얼마간의 사이에 대원군의 러시아에 대한 경계심을 현저하게 해소시킬만한 어떤 구체적인 계기가 있었음을 우선 증명하지 않으면 안 될 것이다.

프랑스 선교사와 접촉하려는 대원군의 시도들은, 이 사건—지금부터 이 사건을 편의상 '대원군의 선교사 접촉 시도 사건'이라고 부르기로 한다—

27) Malozemoff, Andrew, *Russian Far Eastern Policy 1881~1904: With Special Emphasis On the Causes of the Russo-Japanese War*(Berkeley and Los Angeles: Univ. of California Press, 1958) pp.14-15.

의 속성상 별다른 기록이 나타나 있지 않을 뿐 아니라, 얼마 후 대원군의 천주교 대탄압(丙寅邪獄)이 벌어졌다는 점으로 인해 위의 원정기에 나타난 바와 같이 일찍부터 하나의 역사적 에피소드에 불과한 사건으로 간주되었으며, 지금까지도 주로 한국 교회사의 차원에서 부분적으로 다루어져 오고 있을 뿐이다.[28] 이와 같은 사정으로 말미암아 기존의 논의들은 기본적으로 대원군이 이후 천주교 탄압의 '가해자'였다는 사실에 입각하여 이 사건으로 인해 대원군이 정치적 위기에 빠지게 되었다는—혹은 적어도 위기상황에 놓일 수 있었다는—사실에는 거의 주목하려 하지 않았다.[29] 그러면 대원군은 어떠한 정치적 위기에 처하게 되었으며 그것은 이른바 '거대한 전환기'적 상황에 놓여 있던 조선 정치사에서 어떤 의미를 갖는 것일까.

이 사건을 다루는 달레의 관련 기록에 의하면, 대원군과 프랑스 선교사간의 중간 연락책을 맡았던 천주교 신자 남종삼(南鍾三, 1817~1866)은 당시의 사안이 대단히 민감한 것이었음에도 불구하고, 상황을 낙관하여 고종 2년 12월에 있은 대원군과의 면담 후에, "여러 사람들에게 방금 나눈 대화를 이야기하였다. 종교의 자유가 마침내 이루어지게 되었다는 소문이 사방에 퍼졌다. 신자들은 기뻐서 어쩔 줄을 몰라 하며 서울에, 나라의 수도에 어울리는 큰 성당을 지을 이야기를 하고 있었다".[30] 그런

28) 유홍렬, 「대원군의 천주교 박해와 리델 신부의 조선탈출」, 『서울대학교 논문집』 9호(1959); 최석우, 「병인양요소고」, 『역사학보』 30집(역사학회, 1966); 한국기독교사연구회, 『한국기독교의 역사 1』(기독교문사, 1989) p.116.

29) 간략하지만 예외적으로 이러한 가능성에 관해 언급하고 있는 저작으로서, 이선근, 『대원군의 시대』(세종대왕기념사업회, 1974) pp.147-149를 들 수 있다.

30) 샤를 달레, 앞의 책, p.388.

데 그로부터 얼마 후 베르뇌가 서울에서 체포되면서, 주요 관련인물이 구속되는 '예기치 않은' 사태로 상황이 급전된다.

포도청의 보고에 의하면, 두루마기 옷을 입고 있는 외국인(=베르뇌)이 있어 이를 수상히 여겨 체포한 것이 고종 3년(1866년) 1월 9일의 일이었다. 포도청은 그를 심문한 결과 한국말이 유창할 뿐만 아니라, 천주교도인 남종삼과 홍봉주 등과 교류하고 있음을 알게 되어 이들도 함께 구속하게 되었다며 보다 자세한 내용들에 관해서는 현재 조사 중이라고 국왕에게 보고하였다.[31] 당시 막후에서 어떠한 일이 벌어지고 있었는지를 직접적으로 다룬 신빙성 있는 사실 기록이 눈에 띄지 않아 사태의 전말을 분명히 파악하기는 어렵다. 다만 지금까지는 이처럼 관련 인물들이 구속된 원인을 오로지 대원군의 심경변화로만 설명해왔다. 대원군에게 배신당했다고 믿는 측에서는 이와 같은 급전된 상황이 전혀 예기치 못한 일이었을 것임은 두말할 나위가 없을 것이다. 그러나 후술하는 바와 같이 이후의 사태 전개를 고려해볼 때, 베르뇌를 비롯한 남종삼, 홍봉주 등의 구속사태가 대원군도 전혀 예기치 못한 상황이었을 가능성이 높다.

선교사 체포에 관한 보고가 행해진 직후, 전현직 대신들은 연명으로 왕에게 상소를 올려 '사건의 진상'을 정확하게 밝혀 관련자들을 모두 처형할 것을 주장하게 되고 사태의 진상을 모르는 국왕 고종은 이들의 입장을 원칙적으로 수용하게 된다.[32] 실록은 당시의 상황을 다음과 같이 기록하고 있다.

31) 『승정원일기』 고종 3년 1월 11일.

32) 위의 정황을 이해하려면, 조선의 사법제도에 관해 얼마간의 이해가 선행될 필요가 있을 것이다. 주지하다시피, 조선왕조의 국왕은 최고 재판관의 역할을 담당하도록 되어 있었다. 그러나 수없이 많은 사건을 왕이 처리할 수 없으므로 첫째 유교국가로서의 질서

전현직 대신들이 연명으로 차자(箚子)를 올리기를, "떳떳한 윤리를 밝혀 사람의 기강을 세우고 바른 학문을 장려하여 풍속과 교화를 바로 잡는 것은 나라가 생긴 이래로 변함없는 원칙이었습니다. [……] 지금 일종의 불량한 무리들이 간사스럽게 은밀히 드나들면서 요망스러운 말을 꾸며내어 퍼뜨리고 있습니다. [……] 이러한 자들을 엄격히 처벌하지 않고 크게 성토하지 않는다면 그저 나라가 나라 구실을 못하고 사람이 사람 구실을 하지 못하는 데 그칠 뿐만 아니라, 종국에는 그들의 계책이 옛날의 황건적이나 백련교의 무리들과 같이 될 것이니 어찌 몹시 우려할 일이 아니겠습니까. 더구나 이 번성해 가는 무리들과 현재 포도청에 체포되어 있는 놈들은 들판에 번져가는 불길마냥 기승을 부리며 굴복하지 않습니다. 사람들은 통분하게 여겨 서로 이끌고 와서 연명으로 글을 올리고 있으니 대왕대비의 지시를 받아서 의금부로 하여금 포도청에 갇혀 있는 여러 놈들과 함께 남종삼을 잡아다가 추국청을 설치하고 진상을 밝혀낸 다음 빨리 사형에 처하여 나라를 어지럽히는 싹을 끊어버리며 사람들의 마음을 깨끗하게 하도록 해야 할 것입니다".

국왕이 이에 다음과 같은 비답을 내렸다. "사람이 사람으로서 구실하는 것은 바로 떳떳한 윤리가 있기 때문인데 만약 그것이 파괴된다면 오랑캐나 짐승과 같다. 그런데 더구나 높은 관리의 반열에 있는 자(승지인 남종삼을 지칭—필자주)가 스스로 처단 받을 죄를 범하였으니 더 말할 것이 있겠는가. 몹시 근심스럽고 원통하여 차라리 말하지 않으려고 한다. 옥에 갇혀 있는 여러 놈들과 함께 의금부로 하여금 남종삼을 잡아다가 조사하여 진상을 밝혀내도록 할 것이니, 경들은 그렇게 알라".[33]

및 안위와 관련되는 모반, 내란죄 등 흔히 십악죄(十惡罪)에 해당하는 사안과, 둘째 형조나 관찰사 등에 의해 최종적으로 사형에 해당하는 범죄라고 판단되었을 경우 국왕이 이에 대한 최종판결을 내렸다. 전자에 해당하는 경우가 발생하면 국왕은 궐내에 임시 재판소를 설치하고 진상 조사를 한 뒤 국왕이 이에 대한 최종적인 판결을 내렸으며, 후자의 경우는 인명을 중시하여 함부로 사형이 언도되지 못하게 하려는 취지 등에 의한 것이었다. 신명호, 『조선의 왕: 조선시대 왕과 왕실문화』(가람기획, 1998) pp.160-164 등을 참조.

이와 같은 상황의 전개는, 만일 위의 대신들이 대원군이 사태의 실질적인 장본인임을 모르고 단순히 사건의 진상을 밝힐 것을 요구하고 있었다고 하더라도,[34] 흔히 알려진 바와 같이 사건이 대원군의 지휘하에 적어도 그의 의도대로만 수습될 수 있는 상황이 아님을 보여주는 것이다. 이미 사건은 어떤 식으로든 공개적인 심판의 도마 위에 올라가 버렸기 때문이다. 이것은 사태의 추이에 따라서는 오히려 대원군이 정치적으로 치명적인 위기에 놓일 수 있음을 의미하는 것이라고 보아야 할 것이다. 당시의 사태가 간단하지 않았음은 의금부가 국왕에게 보고한 사건의 최종 진상에서도 드러난다.

> 의금부에서 죄인 남종삼과 홍봉주 등의 최종 죄안에 대하여 보고하였다. "남종삼의 죄안은 이러합니다. 윤리 도덕을 파괴하는 것을 늘상 할 수 있는 일로

33) 『고종실록』 3년 1월 11일.
"時原任大臣聯箚 (領府事鄭元容, 領敦寧金左根, 領議政趙斗淳, 判敦寧李景在, 左議政金炳學) 略. 明彝倫以立人紀, 崇正學以匡風化, 卽有國以來不易之義也. [……] 而今有一種不逞之徒, 出入詭祕, 做出妖言. [……] 此而不嚴加處分, 大行誅討, 非徒國不國, 人不人而已. 止竟爲計, 不出於黃巾, 白蓮之包蓄, 豈不大可憂哉? 況寔繁之徒, 現有捕廳被捉之漢, 燎原滔天, 莫知攸屆. 憤惋之極, 相率聯籲, 稟承慈旨, 竝與捕囚諸漢, 亟令王府, 拿致鍾三, 設鞫得情, 快正典刑, 絶亂萌而淑人心焉. 批曰, 人之所以爲人, 卽是彝倫焉, 而苟或斁敗, 夷狄耳, 禽獸耳. 況居搢紳之列, 自干斧鉞之誅, 憂惋之極, 寧欲無言. 竝與在囚諸漢, 令王府拿鞫得情, 卿等其諒之."

34) 달레에 의하면, 남종삼은 대원군의 지시로 당시 좌의정이던 김병학을 찾아가 만나 선교사를 통해 영국, 프랑스와 동맹을 맺어 러시아에 대항할 것을 내용으로 한 서신을 보여주었다고 한다(샤를 달레, 앞의 책, p.387). 만일 이 내용이 사실이라면 위에 소개한 대신들의 '사건의 진상'을 규명하라는 연명 차자는 대원군의 정치적 생명이 걸린 정치적 위기로 이어질 수 있는 것으로 봐야 할 것이다.

여기고 변란을 꾸미면서 감히 다른 마음을 가졌습니다. 그리고 양학으로 말하면 아버지도 모르고 임금도 모르는 불순한 학문인데 자신이 높은 관리의 반열에 있으면서 오랫동안 (양학을) 전파하고 익혀 왔습니다. [……] 심지어 러시아에 변고가 있다는 설과 프랑스와 화약(和約)을 맺을 계책이 있다고 하는 것은 애초에 명백히 근거할만한 단서도 없는데 요사스런 말을 지어내어 사람들을 현혹시켰으며 나라를 팔아먹을 계책을 꾸미면서 몰래 외적들을 끌어들일 음모를 하였습니다(至於俄羅斯有患之說 佛浪國定約之計 初無眞的可據之端 而倡出妖言 眩惑衆聽 敢懷賣國之計 暗魔招冦之圖). 그의 죄상을 캐보면 만 번 죽여도 가벼울 것입니다. 그리고 홍봉주의 죄안은 이러합니다. 본래 신유년(=1801년)의 불순한 천주교 무리의 잔당으로서 대를 이어 불순한 교리에 깊이 미혹되어 다른 나라의 교인들과 결탁하였던 것입니다. 멀리 강남까지 건너가 서양 사람인 장경일(=베르뇌)을 데려다가 그와 한 집에서 살면서 불순한 책을 읽고 불순한 교인들을 끌어들였습니다. 러시아에 장차 숨은 화단(禍端)이 있다는 것과 프랑스와 먼저 조약을 맺어야 한다(俄羅斯之將有隱憂 佛浪國之先結條約)는 말을 장경일과 주고받은 것이 홍봉주였으며 남종삼을 부추기고 추동한 것 역시 그였습니다. 여러 사람들을 현혹시키는 요언을 퍼뜨리고 나라를 팔아먹을 흉계를 꾸몄으며 도리에 어긋나게 반란 음모를 꾸민 것이 확실하다고 이미 자복하였습니다. 그러므로 남종삼과 홍봉주는 다 같이 때를 기다릴 것 없이 참형에 처하는 죄에 해당합니다." [……] 임금은 그 제의를 승인하였고 뒤이어 추국청을 철수하라고 지시하였다.[35]

의금부의 진상보고에 의하면, '대원군의 선교사 접촉 시도 사건'의 핵심인 대원군의 이름이 비록 거론되지는 않았지만, 사태가 단순히 천주

35) 『고종실록』 3년 1월 20일.
당시의 조사기록에 관해서는 『罪人鍾三鳳周等鞫案』(奎15149); 韓國學文獻硏究所 編, 『推案及鞫案』 29(서울: 亞細亞文化社, 1978)를 참고.

교의 전파의 차원에 머물러 있지 않으며, 러시아에 대항하기 위해 전략적으로 프랑스를 끌어들인다는 대원군과 모의한 내용이 사실상 전부 들어가 있는 점, 그리고 아직 알려지지 않은 조선의 정치적 실력자가 연루되었을 가능성이 강하게 내포되어 있는 점 등, 사건의 진상 조사가 마무리되었다고는 하지만 여전히 경우에 따라서는 대원군의 정치적 위상을 근간에서부터 흔들어 놓을 소지가 여기저기 도사리고 있음을 간과해서는 안된다. 이러한 사정을 고려해 보더라도 대원군이 적어도 사태를 자신의 의도에 따라 마음대로 조작하고 있었다고 생각하기는 어렵다. 이와 같은 점들을 종합적으로 고려해 볼 때, 당시 대왕대비가 취한 일련의 조치는 대단히 의미심장하다고 여겨진다. 위의 사건이 발생한 것은 1866년 1월 다름 아닌 왕비를 간택하는 상황에서였다.[36] 그런데 대왕대비는 이 사건이 공개된 지 며칠 후에 17대 효종 이후 효종의 잠저에서 국왕이나 세자의 혼례를 거행하던 전통적인 관례를 깨고 국왕의 혼인예식을 고종의 잠저인 동시에 대원군의 거처인 운현궁에서 치를 것을 지시했으며,[37] 사건에 관한 진상조사가 일단 발표된 다음에는 천주교도들을 철저하게 발본색원해 내겠다는 교서를 전국에 내렸다.[38] 이처럼 전통적으로 지켜오던 관례를 깨면서까지 국왕의 혼례를 대원군의 거처인 운현궁에서 치르게 한다는 것은 국왕의 살아 있는 생부인 대원군의 위상을 분명히 각인시키려는 대왕대비의 의지가 없었다면 이루어지기 어려운 일이 아닐 수 없으며,

36)『승정원일기』 고종 3년 1월 1일; 1월 15일.

37)『일성록』 고종 3년 1월 16일.

38)『승정원일기』 고종 3년 1월 24일;『용호한록』(국사편찬위원회, 1979), pp.496-497.

아울러 전국적으로 천주교도를 결코 용납하지 않겠다는 대왕대비의 교서는 대원군을 비롯한 왕실세력이 천주교를 적대시하고 있음을 분명히 밝힘으로써 대원군이 이 사건과 관련되어 있다는 혐의가 나올 수 있는 분위기를 암묵적으로 차단하는 효과를 가질 수 있었을 것이라는 점에서 주목된다.

더욱이 동년 1월 1일 대왕대비 자신이 국혼을 치르기 위해 내린 금혼령(禁婚令)으로 시작된 왕비의 간택 절차가 진행되던 상태에서, 대왕대비는 최초의 간택일인 2월 13일 갑자기 수렴청정을 거둘 것임을 발표하였다.[39] 이러한 철렴(撤簾) 발표가 갖는 의미는 아마도 다른 경우들과 비교해볼 때 비로소 그 파격적 측면이 드러날 수 있을 것이다. 요컨대 19세기에 들어서 수렴청정이 실시되고 있던 상황에서, 23대 순조 때 수렴청정을 하던 정순왕후(1745~1805)는 12월 28일에, 24대 헌종 때 순원왕후(1789~1857)는 12월 25일에, 철종 때 다시 순원왕후는 12월 28일에 철렴을 발표한 바 있다.[40] 이것은 연말에 수렴청정을 거둠으로써 신년부터 국왕이 새로운 정치를 펼칠 수 있게 한다는 관념에 의한 것이었다. 그런데 연초, 그것도 국혼을 결정하는 중요한 시점에서 국왕의 어머니이자 왕실의 최고 어른인 대왕대비가 수렴청정을 갑자기 그만두겠다는 결정을 내린 것은 파격적인 것이라고 하지 않을 수 없다.[41] 이후 국혼을 치르는 과정에서 대왕대비는 국왕의 어머니로서 여전히 중요한 역할을 담당하게 되지만,[42] 대왕대비의 철렴이 국왕의 결혼상대인 왕비를 결정하는

39) 『일성록』 고종 3년 2월 13일.

40) 『순조실록』 3년 12월 28일; 『헌종실록』 6년 12월 25일; 『철종실록』 2년 12월 28일.

41) 대왕대비의 수렴청정이 파격적이라는 사실에 관해서는 연갑수, 앞의 책, pp.88-89에서 이미 지적된 바 있다.

과정에서 생부인 대원군의 영향력을 과시할 수 있는 기회를 부여하였을 것임은 의심의 여지가 없어 보인다.

이처럼 왕실의 가장 중요한 행사를 앞두고 있는 상황에서 대왕대비가 수렴청정을 거둔 것은 지금까지 살펴본 대왕대비와 대원군의 긴밀한 공조체계를 고려해 볼 때 한편으로는 대원군에 대한 강력한 후원자가 사라지는 것처럼 보일 수도 있다. 하지만 이미 대원군이 현실정치의 실력자로서 전면에 등장해 있는 상황에서 왕실의 최고 어른인 자신이 정치현장에서 내려옴으로써 대원군이 위기상황을 모면할 수 있다면 대왕대비로서는 어린 국왕이 성장하여 정치적 리더십을 충분히 발휘하게 될 때까지 대원군이 왕실의 권위와 왕조국가 재건의 기초를 다져나갈 수 있도록 강한 모멘텀을 제공해 주려는 의도에서 일종의 정치적 승부수를 던졌다고 해석하는 것이 보다 설득력 있을 것이다.

따라서 대왕대비가 취한 조치들은 사태의 추이에 따라서는 치명적인 정치적 위기상황에 놓일 수 있는 대원군을 직·간접적으로 강력하게 후원하고 있다는 점에서 기존의 두 사람의 협력관계의 연장선상에 놓여 있는 것이며, 대원군이 결과적으로 커다란 정치적 타격을 입지 않은 채 정치적 위기를 모면할 수 있었던 것도 왕실의 핵심인물로서 동일한 이해관계를 갖고 대원군의 현실적인 정치 감각과 추진력, 정치기반에 깊이 의존하고 있던 대왕대비의 후원이 있었기에 가능한 것이었다고 해야 할 것이다.

그런데 여기서 주목하고 싶은 사실은, '대원군의 선교사 접촉 시도 사건'과 이후 사태의 전개양상이 동아시아 지역에서 진행된 '거대한 전환'

42) 『일성록』 고종 3년 2월 25일; 2월 29일; 3월 6일.

의 과정에서 나타난 그저 작은 역사적 해프닝에 불과한 사건이 아니라, 이후 조선의 정치사가 전개되어 가는 데 커다란 방향을 규정할 만큼 중요한 정치적인 '계기'로 작용했다는 점이다. 애초에 천주교에 대해 관대하고 실용적인 입장을 보이고 있던 대원군이 이 사건의 '예기치 않은' 전개로 말미암아 결정적인 정치적 위기에 몰리게 되면서 천주교와 자신의 무관함을 마치 과시하기라도 하듯이 천주교에 대한 적대적인 입장에 서서 이에 대한 대대적인 탄압을 가하기 시작했던 것이다.[43] 그리고 이와 같은 조선의 정치적 대응에 대한 밖으로부터의 본격적인 반향이 들려오는 데는 시간이 걸리지 않았다.

4. 배외(排外)의 배타적 정치공간의 구축과 권력의 집중

조선을 탈출한 리델(Felix-Clair Ridel, 1830~1884) 신부로부터 조선에서의 프랑스 선교사 처형 소식을 전해들은 북경주재 프랑스 공사 벨로네(Claude M. Henri de Bellone, ?~1881)는 청의 공친왕(恭親王, 1833~1898)에게 서한을 보내, 가까운 시일 내에 함대를 파견하여 조선을

43) 이와 관련하여 앞서 소개한 쥐베르의 원정기를 상기해 보기로 하자. 여기서 주목하고 싶은 것은, 당시 '조선원정'에 참여한 프랑스 장교 후보생이 선교사 접촉 사건의 배후에 대원군이 존재하고 있다는 사실을 알고 있었다면, 조선정계의 관계자들이 이와 같은 사실을 알게 될 소지는 얼마든지 존재한다는 점이다. 이러한 상황은 대원군의 정치적 위기의식을 끊임없이 부추기는 재료가 되었을 것이며, 현실적으로 그가 천주교를 지속적으로 탄압하게 되는 중요한 이유 중의 하나가 되었으리라고 생각된다.

원정할 것임을 공언하고, 조선의 현 국왕을 폐위시키고 본국 황제의 명령에 따라 새로운 국왕을 옹립할 것과 아울러 중국이 조선에 대한 어떠한 권한도 갖지 않음을 선언하게 된다.

> 조선의 소왕국에서 저지른 무시무시한 폭행을 전하에게 공식적으로 알려드림을 유감스럽게 생각합니다. [……] 프랑스 황제는 이렇게 잔인한 폭행이 처벌되지 않는 것을 허락할 수 없을 것입니다. 조선의 국왕이 우리의 불행한 동포들을 체포한 바로 그 날은 그가 통치하는 최후의 날이며, 조선 국왕은 그의 멸망을 스스로 선언하였다고 본인은 오늘 엄숙하게 선언하는 바입니다. 며칠 후 우리의 군대는 조선을 정복하러 진군할 것이며 우리의 존엄한 (프랑스) 황제만이 이제 조선과 주인 없는 공석의 왕위를 규정할 권리와 권한을 갖습니다. 중국 정부는 조선에 대해 권한도 권리도 없음을 본인에게 수차 선언한 바 있으니, [……] 이제 조선왕국에 대한 중국 정부의 아무런 권위도 인정하지 않음을 분명히 해 두는 바입니다.[44] (1866년 7월 13일자=음 6월 3일 서한)

이후 조선은 청의 예부로부터 프랑스 측이 천주교 탄압을 이유로 함대를 집결시키고 있다는 소식과 행동에 신중을 기할 것을 당부하는 공문을 받게 된다.[45] 이에 조선 측에서는 '천하에서 가장 문명한 나라(天下文

44) 벨로네의 조선국왕 폐위선언은 여러 곳에서 그 내용을 확인해 볼 수 있다. 『淸季中日韓關系史料』 2권, p.27; 『籌辦夷務始末』 6권, p.1012; Bellonet à Prince de Kung, 13 Jeuillet 1866, Correspondance politique, Chine, no.41, pp.293-294; 최석우 역, 「한불관계자료」, 『교회사연구』 2집(1979), p.205; U.S. Department of State, *Diplomatic Correspondence, China · Japan*(Washington: Government Printing Office, 1866~1882) pp.420-423, Bellonet to Prince Kung, July 13, 1866.

45) 『고종실록』 3년 7월 8일.

明之國)'로서의 자부심과 '윤리도덕을 파괴하고 사람으로 하여금 오랑캐나 금수 같은 지경에 빠지게 하는' 천주교에 대한 배척을 근간으로 하는 척사윤음을 발표하는 등 내부의 결속을 공고하게 할 방안을 모색해 나가게 된다.[46]

이후 강화도에서 40여 일에 걸쳐 프랑스 함대와 전투가 벌어지게 되는 것은 주지하는 바와 같다(丙寅洋擾). 병인양요는 조선으로서는 서구의 군대와 충돌한 최초의 사건이었다. 그것은 외연상으로는 물리력의 충돌이라는 형태를 띠고 있었으나, 그 심층에는 상이한 세계관의 충돌이 내포되어 있었다. 이들 행위자(actor)들은 각자의 문명 기준에 의거해 서로를 '야만'으로 간주하고 있었다. 프랑스 함대와 전투가 목전에 임박한 상황에서 조선과 프랑스 간에 오고간 격문의 내용은 이질적인 문명 간에 서로 소통하지 못하고 폭력적으로 대면하게 되는 장면을 다음과 같이 전해주고 있다.

> [조선 측에서 프랑스 함대에 보낸 격문]
> 너희 무리들이 우리나라에 교리를 퍼뜨리려고 한다는데 이는 참으로 옳지 못하다. 문물과 제도는 나라마다 서로 다르고 각기 자기들이 숭상하는 것이 따로 있는데 그 옳고 그름에 관해 우리가 더 논할 것이 있겠는가. 우리는 우리의 학문을 숭상하고 너희가 너희들의 학문을 행하는 것은 마치 사람마다 각기 자기의 조상을 섬기는 것과 같다. 그런데 어떻게 감히 남에게 자기 조상을 버리고 남의 할아버지를 조상으로 섬기라고 가르칠 수 있는가. [……] 아무리 우리가 지극히 어질고 유덕한 존재라고 하더라도 너희들이 제멋대로 난동을 부리게 내버려둘 수는 없다. 따라서 수만 명의 큰 군사를 거느리고 지금 바닷가에 나와 하늘의 뜻을 받들어 토벌하려고 한다. 그리하여 내일 이른 아침에 서로 만나자

46) 앞의 책, 3년 8월 3일.

는 약속을 급히 보낸다. 어느 군사가 옳고 그른지, 누가 이기는지 판가름하자.

[프랑스 측으로부터 돌아온 회답 격문]

선교사로 말하면 매우 어질고 의로운 사람으로서 털끝만치도 범죄를 저지르지 않았을 것이다. 그런데 너희들이 천리를 어기고 그들을 죽인 죄악은 세상의 법으로는 더 이상 용납할 수 없다는 것은 물어보지 않아도 알 수 있다. 중국이 지난 몇 해째 어질지 못하게 마구 행동하였다가 우리 대국이 토벌하고 징벌을 가하자 부득이 머리를 수그리고 우리의 지시를 존중하게 된 사실을 듣지 못하였는가! 이번 프랑스 전권대신은 불인하고 불의한 나라인 조선을 징벌할 것을 확정하였으니 만약 귀를 기울여 우리의 지시를 따르지 않는다면 절대 용서받지 못할 것이다.[47]

이때 대원군은 '서양의 오랑캐들이 수 백 년 동안 세계를 위협하다 최근에는 급기야 중국까지 침략하여 유린하고 있으나, 오직 조선에서만큼은 그렇게 하도록 내버려 둘 수 없다'고 하면서, '저들이 조선에 와서 이곳에 예의가 있다는 것을 알게 될 것이고, 모든 이들의 마음이 하나로 뭉쳐있음을 믿게 될 것(到此之地, 所知者禮義也, 所恃者衆心成城也)'이라는 서한을 의정부로 보낸다.[48] 그는 서한을 통해 최후까지 요행을 바라거나 타협하려고 하지 말고 오랑캐들에 맞서 일치단결된 모습으로 결사 항전할 것을 촉구하면서, 다음과 같이 선언하였다.

고통을 참지 못해 화친을 허락하면 이는 나라를 파는 것이요, 저들의 공갈을 못 이겨 교역을 허락하면 이는 나라를 망하게 하는 것이다. 적들이 경성에 쳐들어 왔다고 하여 만약 도성을 버린다면 이는 나라를 위태롭게 하는 것이

47) 앞의 책, 3년 9월 11일; 田保橋潔(1940), pp.65-68.

48) 앞의 책, 3년 9월 11일.

며, 만일 귀신을 부리는 재주가 있어 설령 이로써 적을 물리친다면 이후의 폐단은 사학(邪學)보다도 심하리라.[49]

양헌수(梁憲洙, 1816~1888) 부대의 활약 등으로 프랑스 함대가 퇴각하자 조선은 승리의 분위기에 휩싸였다. 대외적인 위기의식이 고조되던 가운데 이루어낸 승전의 소식은 대원군의 정치적 입지를 보다 공고한 것으로 만들어 주었다. 그는 천주교 세력을 내부의 적으로 규정하고 탄압하면서, '배외적'인 태도를 한층 분명히 해 나갔다. 대원군은 프랑스 함선이 정박한 곳에서 천주교도들을 탄압하고 다음과 같은 공시문을 포고했다.

양이들이 이곳에 온 것은 바로 천주교인들을 위한 것이었다. 우리의 강물이 이양선에 의해 더럽혀진 것도 바로 이 양이들 때문이다. 따라서 천주교도의 피로써 저들이 남긴 오점을 씻는 것이 당연하다.[50]

그런데 이러한 대원군의 배외적 태도가 더욱 강경하게 나아가게 되는 데는 다음과 같은 사건들이 중요한 계기가 되었다. 그 첫 번째는 중국에서 발행되는 「중외신문(中外新聞)」(1867년 1월 18일자=음력 1866년 12월 12일)에 일본인 하치노해 준스쿠(八戶順叔)가 투고한 정한설(征韓

49) 『용호한록』 4권, 제18책, no.994, pp.44-45. (九月十四日自雲峴書送政府堂上坐起處輪示錄紙) "今日上下, 若有疑惕, 則萬事瓦解, 國事去矣. 我有四件, 劃定矢心者, 諒此血誓, 隨我跟後焉. 一, 不耐其苦, 若許和親, 則是賣國也. 一, 又不耐其毒, 許其交易, 則是亡國也. 一, 賊迫京城, 若有去邠, 則是危國也. 一, 若有怪術六丁六甲喚鬼喚神, 設或逐賊, 日後之弊, 甚於邪學, 此紙輪照諸公, 務盡實心盡美焉". 田保橋潔, 앞의 책, pp.71-72.

50) Griffis, W.E. 저, 신복룡 역, 『은둔의 나라 한국』(집문당, 1999), p.496.

說)을 청의 예부가 조선에 알려옴으로써, 그동안 교린관계에 있던 일본에 대한 경계심이 급속히 확산된 사건이고,[51] 두 번째는 1868년 4월 18일 독일인 오페르트(Ernst Jacob Oppert, 1832~1903)가 대원군의 선친인 남연군의 묘를 도굴하려다 발각되어 도주한 사건이었다. 정한설과 관련된 첫 번째 사건은 이후 왕정복고를 선언한 메이지 정부의 서계(=교린국의 관청과 왕복하는 문서)의 격식을 둘러싼 양국 간의 갈등으로 이어지면서 일본과 서양이 다를 것이 없다는 이른바 '왜양일체론'으로 나아가는 중요한 계기가 되었고, 오페르트 도굴사건은 양이의 야만성을 여지없이 확인시켜 주는 것으로 인식되어 조선의 배외정책의 명분을 세워주는 더할 수 없는 소재가 되었다.[52] 오페르트 도굴사건의 충격을 일찍이 그리피스(William Elliot Griffis, 1843~1928)는 다음과 같이 지적한 바 있다.

> 이번 사건으로 인해 조선인들이 무덤이 파헤쳐지지나 않을까 하는 두려움에 싸이게 된 것은 분명하다. 외국인들이 입국하는 주된 목적은 시체를 파헤치

51) 『용호한록』 4권, 제20책, no.1029, pp.163-166; 『籌辦夷務始末』 권48, 동치 6년, p.1160; 『동문휘고』 3권, pp.2479-2480; 『고종실록』 4년 3월 7일, 4년 10월 1일; 『일본외교문서』 11권, pp.69-79 참조.

52) 오페르트의 도굴사건이 당시 조선에 준 충격을 가늠하기 위해서는, 임진왜란 당시의 상황을 참고해 볼 수 있을 것으로 생각된다. 왜군에 의해 왕릉인 선릉과 정릉이 도굴당한 사실은 임진왜란의 와중에서도 가장 야만적이며 충격적인 사건 중의 하나로 받아들여졌기 때문이다. 왜란이 끝난 후 일본 측에서 우호관계를 회복할 것을 청해왔을 때, 조선 측이 그 전제조건으로서 '선릉을 파헤친 범인'을 처벌할 것을 요구한 것은 당시의 정서를 상징적으로 대변해 준다고 할 수 있을 것이다.
『선조실록』 26년 4월 13일; 4월 15일; 4월 16일; 39년 4월 5일; 7월 5일; 11월 9일; 11월 17일.

> 고 인간의 가장 성스러운 본능을 훼손하는 것이라는 의혹이 엄연한 사실로 입증되었음을 그들은 목격한 것이다. 의심할 나위도 없이 서양인들은 야만족이며, 그들의 대부분은 도둑이라고 조선 사람들은 확신하게 되었다. 1871년 미국의 선박이 나타났을 때 그들은 그와 같은 눈길로 함대와 성조기를 바라보려 하고 있었다.[53)]

이 사건으로 대원군의 배외정책은 극한 상황에 이르고 있었다. 『근세조선정감』(1886)은 이에 관해 다음과 같이 기록하고 있다.

> 이(=오페르트 사건)에 이르러 서교에 대한 금지령은 더욱 엄중해졌다. 여러 고을에 령을 내려 무릇 서교 신자는 (기존의 상황과는 다르게) 믿음을 버리겠는가 하는 심문도 하지 않고 즉각 모두 베어 죽였다. 포도청의 관리로서 옷을 바꿔 입고 은밀히 수사하는 자가 국내에 쫙 깔려 있었다. 교도들 중에는 깊은 산 속에다 집을 짓고 그 교를 익히는 이도 있었으나 이때에 이르러서는 거의 다 잡히다시피 하였다.[54)]

이러한 대원군의 배외정책은 페리(Matthew Perry, 1794~1858)의 일본 개항(1854년)을 재현하려는 미국의 로저스(John Rodgers, 1812~1882) 제독이 이끄는 함대와의 충돌(신미양요)로 이어졌다. 강화도의 초지진, 광성보 등에서의 전투 결과 조선 측에 다수의 사상자가 발생하였음에도, 미국함대는 통상교섭에 실패하고 결국 후퇴했다. 미국 함대의 철수 이후

53) Griffis, W.E., 앞의 책, pp.511-512.

54) 박제형, 앞의 책, p.28. "[……] 於是益中嚴西教之禁, 下令郡縣, 凡係西教信者, 不問其能背教與否, 盡行誅殺, 左右廳捕吏, 變服潛行者, 布萬域內, 教徒多築室於深山絶壑, 以習其書, 至是搜索殆盡".

대원군이 "서양의 배에서 나는 연기와 먼지가 온 천하를 뒤덮어도, 동방국의 광채는 의연하게 영원토록 빛나리라"라는 시를 지어 자축하는가 하면, "양이가 침범하는데 싸우지 않으면 즉 화(和)하는 것이요, 주화(主和)는 매국이다. 우리의 자손들이 영원히 이를 경계하도록 병인년에 짓고 신미년에 세운다"[55]라는 내용의 척화비를 경향 각지에 세워 배외정책에 더욱 박차를 가하게 됨은 유명한 사실이다.

5. 전환기 대원군의 정치적 리더십과 위기관리책의 패러독스

대원군이 정계에 등장할 무렵 조선의 위정자들은 서세동점으로 상징되는 대외적인 위기상황에 대해 중국의 보호우산 속에 무임승차하려는 '편승'의식으로 일관하고 있었다.[56] 뿐만 아니라, 대내적으로는 오로지 명분상의 존재로 전락한 국왕과, 왕권의 정통성에 기생하는 소수 특권 가문들의 정치적 '담합'관계가 일상화되어 정치권력의 사유화가 고착되고 기층세력을 비롯한 사회적으로 소외된 세력들의 불만과 불안이 사회 전반에 광범위하게 누적되어 가던 상황이었다. 조선 후기의 몇 개의 주요한 시기에 핵심적인 관직에 있던 인물들의 통혼관계를 실증적으로 분석한 최근의 한 연구에 따르면, 세도정치기에 들어서면서 유력 가문 간에

55) 『승정원일기』 고종 8년 4월 25일; 田保橋潔(1940), pp.99-101.

56) 1860년대를 전후하여 조선에 팽배했던 이러한 대외인식의 태도를 김용구 교수는 '오지 사고방식(hinterland thinking)'이라고 지칭한 바 있다. 김용구, 『세계관 충돌과 한말외교사: 1866~1882』(문학과 지성사, 2001).

통혼관계로 연결되는 빈도가 이전 시기에 비해 현저하게 증가하고, 고위 관직을 장악한 집권층의 통혼대상이 그 이전 시기보다 정치적 사회적 특권을 세습하는 극소수의 가문—당대의 용어로는 이른바 '벌열'—으로 집중되어가는 경향을 보이고 있었음을 확인할 수 있다.[57] 이러한 현상이 유력한 가문 간의 정치적 '담합'이 이루어지고 권력 집단의 폐쇄성이 대단히 심화되어가고 있었음을 보여주는 것임은 두말할 나위가 없다.

대원군은 대외적 위기상황에 대해 위정자들에게 만연해 있던 '편승' 의식을 정면으로 돌파함으로써 국가적 차원의 자신감과 일체감을 불러 일으켰다. 당시 조선의 안팎의 상황은 밀접하게 연동되어 변화하고 있었다. 대원군이 내건 척화론의 기치 아래 치러진 서양 공권 력과의 두 차례의 전쟁은 그의 정치적 리더십을 확고하게 하는 것이었다. 대원군은 '양이'의 위협과 이에 대한 정면 돌파의 필요성을 강조하면서, 상설적인 최고 군령기관으로서의 삼군부의 복설 등 무관의 권한을 실질적으로 확대시켰을 뿐만 아니라 의정부와 재정권, 군사적 통제권까지 장악해 나갔다. 사실상 그의 책임하에 서양의 함대와 전투를 치르고 난 후, 나라 전체는 오랑캐를 격퇴시켰다는 승리감에 들떴으며, 대원군의 강경한 '배외적' 태도는 그의 국내정책에 대한 보수적인 유림세력을 비롯한 잠재적이면서도 완강한 반대세력의 비판을 현실적으로 무마시키는 완충 기능을 담당하고 있었다.

즉 대원군은 현실의 정치적 권력관계와 상황변화에 지극히 민감히

57) 권기석, 「19세기 세도정치 세력의 형성과정(상, 하): 조선 후기 집권세력의 통혼관계망 분석을 중심으로」, 『진단학보』 90, 91호(진단학회, 2000, 2001).

반응하였을 뿐만 아니라, 사상적 혹은 물리적 외압을 역으로 현실정치의 변화를 모색하는 기회로 활용하고자 했던 정치적 실천력과 카리스마를 갖춘 현실주의자였던 것이다. 그는 대외적 위기를 자신의 정치적 정당성을 확보하는 정치적 계기로 삼았을 뿐만 아니라, 실제로 이와 같은 '배외의 배타적인 정치 공간' 위에서 '사실상의 섭정'의 위치에 올라 왕실의 권위 회복과 조선왕조의 정치질서의 재건을 도모해 나가려 했다고 할 수 있다.

그러나 대원군이 기울인 노력이 반드시 객관적인 성과로 드러난 것은 아니었다. 특히 대원군의 지나치게 강경한 배외적 태도는 서양 열강 및 주변국과의 긴장관계를 극도로 고조시킴으로써 조선의 대외적인 입지를 위태롭게 하였을 뿐만 아니라, 세계정세에 관한 객관적 인식을 어렵게 한 것이 아닐 수 없었다. 더욱이 조선에서 배외적 태도가 강력하게 견지되던 이 시기가 청에서는 동치중흥, 일본에서는 메이지유신이 추진되던 시기였을 뿐만 아니라, 이후에 나타나는 것처럼 아직 조선이 외국의 간섭으로 인하여 가능한 선택 범위를 크게 제한당하지 않았던 시기로서 상대적으로 주체적인 자강의 성공 가능성이 높았던 시기였다는 점 등을 고려하면, 대원군이 추진한 일련의 배외정책이 향후 조선의 정치적 선택의 폭을 결정적으로 축소시켜 놓았다고 하지 않을 수 없다.

한편 대원군의 이러한 강경한 배외정책이 흔히 일컬어지는 것처럼 그가 '쇄국'주의자라거나 아니면 단순히 그가 해외사정에 어두웠던 데서 연유한 것으로 설명하는 것은 그다지 적절치 않아 보인다. 왜냐하면 '대원군의 선교사 접촉 시도 사건'의 경우에서 드러나는 것처럼, 애초에 서교에 친숙하여 선교사를 통해 프랑스와 대러시아 동맹 가능성을 진지하게 타진하려 한 대원군이 배외정책으로 급선회하여 배타적인 태도를 강화시켜 나가게 되는 것은 그가 이른바 '쇄국론자'였거나 혹은 해외사정에 완전히 어두워서가 아니라, 오히려 그가 철저한 정치적 현실주의자였기 때문이라고 생각되기 때문이다.

요컨대 유달리 강한 승부욕과 권력의 추이에 민감했던 대원군이 대내외적 위기상황에 대처하는 과정에서 극단적인 배외정책을 통해 자신의 정치적 리더십에 대한 지지와 정당성을 확고히 하여, 조선이 정치적 사상적으로 유연하게 타협하고 조정해 나갈 여지가 현실정치의 장에서 더욱 막혀버렸다고 할 수 있다. 이것은 문명사적 전환기라는 시대상황에서 대원군의 상황추수적이고 현실주의적인 태도가 빚어낸 패러독스라고 하지 않을 수 없으며, 이것은 당시 조선의 위정자들에게 만연해 있던 편승의식을 정면으로 돌파하려 했던 대원군의 정책이 역설적으로 또 다른 방식으로 균형을 잃었음을 보여주는 것이기도 하다.

참고문헌

『고종실록(高宗実録)』

『동문휘고(同文彙考)』 3권

『베르뇌(S. F. Berneux, 張敬一)문서』(한국교회사연구소, 1995)

『조선왕조실록(朝鮮王朝実録)』(선조/순조/헌종/철종대)

『승정원일기(承政院日記)』(고종대)

『일본외교문서(日本外交文書)』 11권

『일성록(日省録)』(철종/고종대)

『罪人鍾三鳳周等鞫案』(奎15149)

『籌辦夷務始末』 6권

『清季中日韓関系史料』 2권

송근수, 『용호한록(龍湖閒録)』 3권(국사편찬위원회, 1979)

황현, 『매천야록』(1910)

권기석, 「19세기 세도정치 세력의 형성과정(상, 하): 조선 후기 집권세력의 통혼관계망 분석을 중심으로」, 『진단학보』 90, 91호(진단학회, 2000, 2001)

김명숙, 「세도정치기의 정치행태와 정치운영론」(한양대학교 박사논문, 1996)

김용구, 『세계관 충돌과 한말외교사, 1866~1882』(문학과 지성사, 2001)

박광용, 「19세기 전반의 정치사상」, 『국사관논총』 40집(국사편찬위원회, 1992)

박광용, 「19세기 초·중반의 정치와 사상」, 『역사비평』(역사비평사, 1996년)

박은식, 『한국통사』 상(박영사, 1974)

박제형, 『근세조선정감』(1886)(탐구당, 1975)

샤를 달레 저, 안응렬·최석우 역주, 『한국천주교회사』 하권(한국교회사연구소, 1996)

성대경, 「대원군 정권 성격연구」(성균관대학교 박사논문, 1984)

안외순, 「대원군집정기 권력구조에 관한 연구」(이화여자대학교 박사논문, 1996)

연갑수, 『대원군집권기 부국강병정책연구』(서울대학교 출판부, 2001)

오수창, 「세도정치의 성립과 전개」, 『한국사』 32(국사편찬위원회, 1997)

유홍렬, 「대원군의 천주교 박해와 리델 신부의 조선탈출」, 『서울대학교 논문집』(9호, 1959)

이광린, 『한국사강좌 5: 근대편』(일조각, 1982)

이선근, 「대원군의 정치」, 『한국사(최근세·현대편)』(을유문화사, 1963)

이선근, 『대원군의 시대』(세종대왕기념사업회, 1974)
이원순, 「병인양요일고」, 한국사연구협의회, 『한불수교 100년사』(1986)
조광, 「대원군 부인의 영세 입교: 왕의 어머니의 영세」, 한국천주교 중앙협의회, 『경향잡지』 96권(2004)
진덕규, 「조선 후기 정치사회의 권력구조」, 『19세기한국전통사회의 변모와 민중의식』(고대민족문화연구소, 1982)
최석우, 「병인양요소고」, 『역사학보』 30집(역사학회, 1966)
한국기독교사연구회, 『한국기독교의 역사 1』(기독교문사, 1989)
한국역사연구회, 『조선정치사 1800~1863』 상/하(청년사, 1990)
홍순민, 「19세기 왕위의 승계과정과 정통성」, 『국사관논총』 40집(1992)

藤間生大, 「大院君政権の性格」, 『近代東アジア世界の形成』(東京: 春秋社, 1977)
梶村秀樹, 「朝鮮近代史の若干の問題」, 『歴史学研究』 288号(東京: 1964)
福沢諭吉, 慶応義塾編, 『福沢諭吉全集』(東京: 岩波書店, 1969~1971)
田保橋潔, 『近代日鮮関係の研究』(京城: 朝鮮総督府中枢院, 1940)
糟谷憲一, 「大院君政権の権力構造」, 『東洋史研究』 49巻 2号(京都: 1990)
Bellonet à Prince de Kung, 13 Jeuillet 1866, Correspondance politique, Chine, no.41, 최석우 역, 「한불관계자료」, 『교회사연구』 2집(1979)
Choe, Ching Young(崔直亮), *The Rule of the Taewon'gun, 1864·1873: Restoration in Yi Korea*(Cambridge: East Asian Research Center, Harvard University, 1972)
Griffis, W. E., *Corea: The Hermit Nation*(London: Alles, 1882), 신복룡 역, 『은둔의 나라 한국』(집문당, 1999)
James Palais, *Politics and Policy in Traditional Korea*(Cambridge: Harvard Univ. Press, 1975)
Malozemoff, Andrew, *Russian Far Eastern Policy 1881-1904: With Special Emphasis On the Causes of the Russo-Japanese War*(Berkeley and Los Angeles: Univ. of California Press, 1958)
Zuber, M. H., "Une expédition en Corée"(1873), 여동찬 역, 「1866년 프랑스의 강화도원정기」, 『문학사상』 82(1979)

III. 명성왕후와 흥선대원군

왕실내 정치적 긴장관계의 구조와 과정

1. 들어가는 말

왕실의 두 인물인 명성왕후(1851~1895)와 홍선대원군(李昰應, 1820~1898)은 아마도 한국 정치사에서 대중적인 평가가 가장 극단적으로 교차하는 인물들이라고 할 수 있을 것이다. 이중 명성왕후는 국가권력을 사적(私的)으로 남용하면서 외세에 기대어 권력을 유지하는 데에 급급했던 인물이라거나, 혹은 국왕인 고종을 대신하여 외세의 틈바구니에서 국권을 수호하기 위해 헌신하다 숨진 비범한 외교력을 겸비한 인물로 묘사되고 있고, 대원군은 일련의 과감한 '개혁' 정책과 철저한 '쇄국' 정책이라는, 선명하게 대비되는 상호모순적인 이미지로 흥미로운 논쟁과 끊임없는 구설수의 대상으로 회자되고 있다. 이 두 인물이 조선 정계에 등장한 것은 조선이 '안과 밖'으로 심각한 위기의 징후를 드러내고 있던 와중에서였고 이들의 정치적 비중이 심대한 것이었던 만큼, 다양한 접근과 분석이 필요함은 두말할 나위가 없을 것이다. 여기에서는 그 중에서도 명성왕후와 홍선대원군의 정치적 '관계'를 다루려고 한다.

지금까지 많은 연구들은 이 두 사람을 며느리와 시아버지의 관계이자 강력한 카리스마를 지닌 역사 속의 숙명적인 라이벌로 파악하고 왕실을 포함한 조선 정부를 '대원군 정권' 또는 '민씨(척족) 정권'과 같은 식으로 묘사해 왔다. 그러나 정치인 개인에 대한 도식화된 이미지에 의해 정치사를 논하게 되면 '정치적 인간'으로서의 두 인물의 진면목이 드러나기 어려우며 역사적 맥락이나 구체적인 정치적 역학관계를 간과할 위험이 크다. 또한 조선 정부를 하나로 뭉뚱그려 '대원군 정권' 내지 '민씨 정권'과 같은 식의 단일한 행위자(actor)로 파악하는 경향은 표현의 부적합성 여부는 차치하더라도 대내외 정책 결정 과정에서 나타나는 정부 내의 권력을 둘러싼 복잡한 긴장관계와 아울러 정책주도의 근원을 명료하게 드러내기 어렵게 한다는 점 또한 유의하지 않으면 안 될 것으로 생각된다.

명성왕후와 홍선대원군의 정치적 '관계'를 심도 있게 파악하기 위해서는 국왕 '고종(1852~1919, 재위 1863.12~1907.7.)'의 정치의식과 리더십에 대한 이해가 불가피하다. 왜냐하면 명성황후와 대원군의 숙명적 관계와 무능한 전제군주 고종은 하나의 세트로 이미지가 성립되어 있기 때문이다. 기존 연구들이 전제해 온 것처럼 고종에 대한 무능하고 우유부단한 암군(暗君)의 이미지 아래서는 명성왕후와 홍선대원군의 정치적 관계는 성격적 결함과 스캔들의 연속으로만 묘사되거나, 혹은 어느 한 편에 대한 일방적인 죽이기나 띄우기의 차원을 넘어서기 어렵다. 따라서 본 연구에서는 지금까지 드러나지 않았던 인물 고종의 청년기에 주목하면서 명성왕후와 대원군의 정치적 관계를 비롯한 당시 조선의 정치적 상황을 '구조와 과정'이라는 관점에서 접근해 보려 한다.

따라서 본문에서는 우선 우리들의 '기억' 속에서 조선 왕실의 두 인물과 '무능한 전제군주'에 대한 이미지가 형성되는 경위를 간략하게나마 음미해 볼 것이다. 그런 다음 두 사람의 정치적 위상을 조선의 유교적 정치지형과 왕권이라는 '구조'적인 차원에서 짚어본 다음 고종이라는 존재가 어떤 정치가인지 청년기 고종의 정치의식과 대외관을 중심으로 다루고자 한다. 그리고 조선의 유교적 정치지형에서 고종과 대원군, 명성왕후 간의 정치적 관계가 어떤 것이었는지에 관해 고찰해보겠다. 마지막 절에서는 당대의 구체적인 상황 속에서 고종과 명성왕후 대 대원군 간의 정치적 긴장관계가 확대 심화되어가는 현실정치적 맥락을 살펴보기로 하겠다.

2. '기억' 속의 명성왕후와 대원군 그리고 '무능한 전제군주': 왕실에 관한 기억의 계보(系譜)

1874년 파리에서 출간되어 이후 한국의 역사, 정치, 제도, 언어, 풍속 등에 걸친 서양인에 의한 최초의 체계적이고 본격적인 기념비적인 저서로서 지금까지도 가장 중요한 사료 중의 하나로 꼽히는 달레(Claude Charles Dallet, 1829~1878)의 저술은 조선의 정치와 왕권에 관해 다음과 같이 묘사하고 있다.

> 이른바 정치생활이며 진보며 혁명이라는 것은 조선에 존재하지 않는다. 백성은 아무 것도 아니며 아무 것에도 관여하지 않는다. 양반만이 권력을 쥐고 있고, 백성을 짜서 한껏 많은 돈을 빼내기 위해서만 백성을 상대한다. 양반은 자기네끼리 철천지원을 품고 서로 잡아먹으려는 여러 당파로 나누어져 있다. 그러나 이렇게 그들이 갈라진 원인이나 취지가 정치와 행정의 원리를 달리함

에 있는 것은 전혀 아니다. 그들은 관직과 사무상의 권력을 다툴 뿐이다. 근 3세기 전부터 **피비린내 나는 헛된 싸움의 따분한 이야기에 불과하다.** [……] **조선의 정치체제는 동양의 다른 모든 나라에서와 마찬가지로 절대왕정이다.** 왕은 자기 나라에 있는 모든 것을 사용하고 남용하는 전권을 가진다. 그는 인민, 사물, 기구에 대하여 무한의 권력을 향유하고 있다. 대신이나 왕족을 막론하고, 신하에 대하여 예외 없이 생살권을 가진다. [……]
중국의 경서에 의하면 왕은 오직 공익에만 마음을 쓴다. 그는 법률이 엄수되는가를 감시하고, 모든 신민에게 공평하고, 대관들의 착취에 대하여 백성을 보호한다 등등. 그러나 이 같은 왕은 조선에는 드물다. 대개의 경우 **왕위에 오른 자는 게으름뱅이, 타락자, 방랑자, 조로(早老)자, 어리석은 자, 무능력자들이 많았다.** 젊어서부터 왕위에 오른 이 불행한 임금들, 그들의 온갖 변덕은 숭배를 받고, 아무도 감히 충고 한마디 못하며, 열 두 서너 살 때부터 궁궐 속에서, 후궁 속에서, 우스꽝스런 예절에 파묻혀 있게 되니, 어찌 그렇지 않은 사람이 될 수 있겠는가![1] (강조는 필자)

1) Dallet, C. Charles, *Histoire de L'Englise de Corée*(1874) pp.19-26; 『朝鮮事情』(東京: 東洋文庫, 1979) pp.40-51.
달레가 지은 『조선교회사』는 16세기 말 이후 1871년에 이르기까지 조선에서의 천주교 전래사를 다룬 천 페이지에 걸친 대작이다. 이 책의 「서론」은 독립된 형식으로 조선의 역사, 정치, 풍속 등을 15개 항목으로 나누어 소개하고 있는데, 여기에서 달레는 "조선 역사에 관하여 어느 정도 정확한 지식을 모을 수 있었음은 주로 중국과 일본 책의 도움에 의한 것"이라고 밝히고 있다(p.11). 200여 페이지에 이르는 이 책의 「서론」은 에노모토 다케아키(榎本武揚, 1836~1908)에 의해 번역되어 1876년 도쿄에서 『조선사정(朝鮮事情)—원명 고려사략(原名高麗史略)』이라는 이름으로 간행되었다. 가지무라 히데키(梶村秀樹)는 후일 이 책의 일본어판 해제에서 '은둔의 나라'라는 조선의 이미지가 만들어진 것이 실질적으로 이 책에서부터 비롯된 것이라는 견해를 표명한 바 있다(달레의 일본어 번역판인 『조선사정』(東京: 동양문고, 1979)에 실려 있는 가지무라의 해제 p.346). '은둔의 나라'라는 조선에 대한 이미지가 만들어지는데 또 하나의 주요한 역할을 담당했던 그리피스(William Elliot Griffis, 1843~1928)는 1882

한편 조선의 개항에서부터 청일전쟁에 이르는 시기를 2천여 페이지에 걸쳐 근대적인 실증주의적 방식으로 본격적으로 다루었다고 평가받아온 대표적인 연구서인 다보하시 기요시(田保橋潔)의 역사서, 『근대 일선관계의 연구』(1940)는 첫 페이지에서 대원군과 여흥 민씨의 대립이 근대 조선의 정치를 이해하는 핵심이라고 지적하면서 다음과 같이 말하고 있다.

> 조선인이 흔히 세도정치(世道政治)라고 말하는 다름 아닌 **척족(戚族)정치에 관한 연구는 근대 조선의 정치 사회를 이해하는 데 있어서 그야말로 각별히 중요한 의의를 갖는다.** 본장(본 저서의 제1장)은 척족 세도정치의 기원과 발달을 서술하고, 고종대에 있어서 국왕의 생부(生父)인 **홍선대원군 이하응과 명성왕후 민씨를 중심으로 하는 척족 여흥 민씨(驪興閔氏)와의 대립을 다루려고 한다.**[2](강조는 필자)

'동양적 전제주의론'과 '정체(停滯)사회론'을 주요한 두 개의 축으

년 뉴욕에서 출간한 문제의 저작, 『은둔의 왕국 조선(*Corea: The Hermit Nation*)』의 서문에서 자신의 저작이 달레의 저서로부터 절대적인 도움을 받았다고 밝히고 있다. 달레와 그리피스의 두 저작은 1890년 런던에서 비교인류학의 기념비적 저서로 알려진 프레이저(J.G.Frazer, 1854~1941)의 『황금가지(*The Golden Bough, A Study in Magic and Religion*)』(1890년판) 등에 '문명'에 대비되는 '야만'의 구체적인 사례로서 반복적으로 인용되고 있는가 하면, 당시의 『브리태니커 백과사전』에도 수록되는 등 광범위한 인기를 끌었다.
이에 관해서는 강상규, 「조선시대 왕권의 공간과 유교적 정치지형의 탄생」, 『애산학보』 29집(애산학회, 2003) pp.4-6 참조.

2) 田保橋潔, 『近代日鮮關係の硏究』 2卷(조선총독부, 1940) p.1. 다보하시는 이 책에서 명성왕후가 "30년간 국왕을 대신해 조선의 내정과 외교를 지도한" 인물이라고 언급하고 있다(p.26).

로 하고 있던 19세기 서구의 아시아 인식, 그리고 근대 일본의 실증적 근대사학에 의해 형성된 조선 정치에 대한 타율적이고 정체된 이미지, 끊임없는 정쟁(政爭)의 이미지는 이렇게 내밀히 연결되어 있다.[3] 근대

3) 동양적 전제군주제에 관한 효시는 아리스토텔레스(Aristotle, B.C.384~322)의 불후의 명저로 꼽히는 『정치학』에까지 올라가며, 18세기 계몽주의 사상가인 몽테스키외(1689~1755)의 고전인 『법의 정신』에 의해 체계화되어 나타난다(Montesquieu, Charles, *The Spirit of the Law*, Vol.1, Hafxer Publishing Company, 1949, pp.57-62, 225, 269). 한편 헤겔(1770~1831)은 그의 저작인 『역사철학』에서 동아시아의 성격을 '비역사적인 역사(an unhistorical history)'와 '지속의 제국(empire of duration)'이라는 시공간적 대립과 모순으로 추출해내고, 중국제국을 신정적 전제정(theocratic despotism)이라고 정의하였다(Hegel, G. W. Friedrich, *Die Vernunft in der Geschichte*, Leipzig, 1930). 이는 랑케(Leopold von Ranke, 1795~1886)나 존 스튜어트 밀(John Stuart Mill, 1806~1873) 등에 의해 동양의 정체사회론으로 연결되었는가 하면, 마르크스(Karl Marx, 1818~1883)의 '아시아적 생산양식' 이론이나 베버(Max Weber, 1864~1920)의 '가산관료제' 논의가 만들어지는 배경이 되기도 했다. 베버의 제자인 비트포겔(Karl August Wittfogel, 1896~1988)은 '수력사회(hydraulic society)' 논의를 통해 보다 본격적이고 체계화된 형태로 동양의 군주제를 비판하게 되는데, 여기서는 동양의 권력구조가 총체적인 무자비성을 특징으로 하는 것으로서, 폭정의 전형이라는 결론이 내려지기에 이른다. Wittfogel, K. A., 『オリエンタル・デスポティズム』(東京: 新評論, 1991). 이러한 동양적 전제군주제에 관한 제 논의는 근대 시민사회가 지향했던 자유와 진보라는 이상에 대한 '역상(inverse images)'의 필요성에서 비롯된 것으로서, 이러한 인식은 진보에 관한 광범위한 확신과 근대 서구사회의 압도적인 힘을 배경으로 별다른 저항 없이 보편적인 사실로서 받아들여졌다.
이에 대해서는 다음과 같은 연구가 참고하기 좋다. Raymond Dawson, *The Chinese Chameleon: An Analysis of European Conceptions of Chinese Civilization*(Oxford Univ. Press, 1967); Paul Cohen, *Discovering History in China: American Historical Writings on the Recent Chinese Past*(New York:

일본의 실증적 근대사학에 의해 형성된 조선 정치에 대한 끊임없는 정쟁의 이미지는 19세기라는 전환기적 상황에서 조선의 '무능한 전제군주'를 놓고 조선왕실의 두 인물 곧 명성왕후와 대원군의 각축으로 표상되어 나타난다고 할 수 있다.

한편 해방 이후 한반도에서 나타난 근대사학 역시 '왕조사관'을 극복하는 과제에서 시작된 만큼, 국왕을 비롯한 조선의 왕실은 거의 시종일관 무기력하게 묘사하는 경향을 보여 왔다. 다음에 소개하는 논의는 이러한 전형적인 사례라고 할 수 있을 것이다.

> (19세기 말) 왜 우리는 그와 같이 국제정세에 어두울 수밖에 없었는가. 나는 그 근원이 조선시대 군주제도에 있었다고 생각한다. [……] 그것은 국리민복을 위한 최대의 장해였고 모순이었다. 원칙적으론 세습 군주제도 아래서는 선정도 제도의 개혁도 있을 수 없는 것이고 가령 민란 전쟁이며 당쟁과 같은 민중의 불행도 이를 방지 또는 시정할 방도가 없었던 것이다. 물론 세종이나 정조와 같은 예외적인 명군도 있었으나 그것은 어디까지나 특수한 경우다. [……] 조선시대의 정치체제는 군주중심이었다. 국왕은 절대 권력을 쥔 전제군주였다. 문자 그대로 왕국, 왕을 위한 왕의 나라였다.4)

Columbia Univ. Press, 1984); 子安宣邦, 坂元ひろこ 외, 『岩波講座: 現代思想14＝近代·反近代』(東京: 岩波書店, 1994). 한편 근대 일본은 '일본형 오리엔탈리즘'에 입각하여 자신의 자기정체성을 '서양'으로부터 찾으면서, 랑케식의 실증주의라는 근대 학문의 방식을 빌어 '동양의 역사'를 멸시와 극복의 대상으로서 구성해 놓았다고 할 수 있다. 근대 일본의 동양사 구축과정에 관해서는 Stefan Tanaka, *Japan's Orient: Rendering Pasts into History*(Univ. of California Press, 1993) 등을 참조할 수 있다. 이러한 사실은 과학적 방법론이라는 이름으로 수용, 섭취되어 온 근대 학문에 대한 주체적이면서도 성숙한 재성찰의 필요성을 제기해 준다는 점에서 주목할 필요가 있을 것이다.

여기서 지적해두고 싶은 사실은, 20세기 한국의 민족주의사학이나 내재적 발전론, 민중사학의 입장이 식민사학이나 '서구의 아시아에 대한 문명적 편견(orientalism)'에 대해서는 강렬한 거부감을 표명하면서도 조선의 정치를 '후진적'이라고 본다는 점에서는 거의 그대로 닮아 있다는 점이다. 이것은 고대-중세-근대라는 '직선'적 시간관, '세계사의 법칙으로서의 진보'에 대한 믿음을 공유하는 근대인의 지식체계와 깊이 관련되는 문제라고 해야 할 것이다.

이렇게 구축된 19세기 후반 조선 왕실의 이미지란 요컨대 '허수아비에 불과한 국왕을 사이에 두고 대원군 정권과 민씨 정권 간의 각축이 고종의 친정을 전후한 시기에서부터 명성왕후가 시해되는 순간까지 계속되는 가운데, 조선 정부는 조선 내부에서 발생한 정치적 위기를 몇 번이나 청국의 군사력을 요청하여 해결하는가 하면, 왕후가 시해된 후 외국공관으로 왕이 도망하면서부터는 나라의 온갖 이권을 외국에 넘겨주면서, 허울뿐인 칭제건원을 행하면서 독립협회 등의 진보적 운동을 탄압한 존재'에 다름 아니라고 할 수 있을 것이다. 환언하면, 요컨대 근대로의 전환기에 '중세'적인 지배세력이자 기득권 세력인 왕실은 역사적 진보의 걸림돌이 아닐 수 없었고, 우유부단한 존재인 국왕 고종, 그리고 권력쟁탈에 광적으로 집착하는 명성왕후와 대원군의 이미지는 망국을 준비해 온 존재로서 여겨지게 되는 것이다. 한국 정치사의 가장 극적인 시기에 활동했던 너무도 중요한 정치적 존재임에도 불구하고 명성왕후와 대원군, 그리고 고종과 같은 인물에 대한 깊고 진지한 성찰이 어려운 것은 근본적으로

4) 김용덕(金龍德), 「조선시대 군주제도론」, 『창작과 비평』 11권 2호(창작과 비평사, 1976) p.341.

이들이 이와 같은 현대인들의 의식 속에 견고하게 자리매김 되어 기억되고 있기 때문이라는 점을 간과해서는 안 될 것으로 생각된다.

3. '구조' 속의 명성왕후와 대원군: 조선의 정치지형에서 두 인물이 갖는 정치적 위상의 특수성과 고종

홍선대원군의 정치적 위상과 관련해서 주목할 점은 그가 정치권력을 장악할 수 있는 어떠한 합법적 혹은 명분상의 근거도 갖지 못했다는 것이다. 임오군란 이후 청에 의해 납치된 대원군이 '내가 본국에 있을 때 재상의 윗자리에 있어 태공(太公)으로 자존(自尊)하였다'고 언급한 바 있는데,[5] 그것은 대원군이 실질적인 권력의 핵심이었음을 의미하는 것이지 그의 공식적인 직위나 제도적 보장에 의한 것은 아니었다. 즉 대원군은 국가권력의 실질적인 중심으로 부상해 있었으나 공식 기구의 합법적인 참여자로 간주되지는 않았다. 이러한 대원군의 정치적 위상은 19세기 조선의 정치적 국면에서 나타나던 정치권력의 '사유화' 경향의 연장선상에 위치하는 것이면서도, 조선 정치사에서 유사한 사례를 찾아보기 어려운 독특한 것이었다.

이러한 사실을 이해하기 위해서는 무엇보다 그가 국왕 고종의 '살아있는' 아버지였다는 사실의 정치적 의미를 주목해 볼 필요가 있다. 주지하는 바와 같이, 왕도정치의 이념을 살린 이상적인 왕위 승계방식이라고

5) 성대경, 「대원군의 보정부담초」, 『향토서울』 40(서울특별시사편찬위원회, 1982) pp.132-133.

할 수 있는 선위(禪位)[6]는 현실정치의 장에서 현실화되면, 결과적으로 기존의 왕이 상왕(上王)이라는 형식을 취하게 되고 이것은 왕으로 상징되는 정치적 구심축이 부득불 이원화될 소지를 초래하기 마련이었다. 따라서 7대 국왕 세조(재위 1455~1468)에 의해 형식적인 선위가 이루어진 이후 정치적 구심력을 분산시킨다는 이유로 인해 조선 정치에서 선위는 강력히 회피되고 있었다. 이러한 선례를 통해서도 짐작할 수 있듯이, 국왕의 아버지가 생존해 있다는 사실은 그 자체가 현실정치에 있어서 대단히 민감한 사태가 아닐 수 없었다.[7] 홍선대원군은 '살아있는' 대원군이라는 점에서 오백 년을 이어온 조선 정치사에서 유일무이 존재였으며,[8] 이러한 독특한 정치적 존재가 태어날 수 있었던 것은 기본적으로

6) 선위라는 왕위승계방식은 선왕이 '적임자'에게 왕위를 계승시킨다는 의미를 지니며 선양(禪讓), 전위(傳位), 양위(讓位) 등의 용어도 같은 의미로 사용되었다.

7) 『매천야록』에 따르면, 아버지가 생존해 있는 고종이 왕이 되면 권력이 두 개로 분산되는 상황이 불가피하게 발생하리라는 우려가 고종이 왕위에 오르기 이전에 이미 표출된 바 있었던 것으로 나타나고 있다. "철종이 승하한 후 후사가 없었다. 철종은 일찍부터 지금의 국왕에게 뜻을 두고 있었으므로, (당시 대표적인 세도가문이던) 안동 김씨 세력들은 그를 옹립하려고 하였다. 이에 김홍근이 다음과 같이 말하였다. '홍선군이 있으니, 이것은 임금이 둘이 있는 셈입니다. 어찌 두 임금을 섬길 수 있겠습니까. 그만 두지 않으려거든 차라리 홍선군을 (왕으로) 옹립하십시오.'"(황현(1910) p.2).
황현의 기록을 그대로 신뢰하기는 어려우나, 행간을 통해 적어도 당대의 일반적인 유자들에게 있어 국왕의 생부가 살아 있다는 상황이 얼마만큼 특별한 사태로 인식되고 있었는지를 가늠해 볼 수 있을 것이다.

8) 대원군이란 '방계로서 대통(大統)을 이은 임금의 생부에게 주어지는 봉작'을 의미하는데, 조선 정치사에서 대원군의 칭호를 얻은 사람은 홍선 이하응 이외에도 세 사람이 더 있었다. 그런데

고종의 왕위승계 과정의 비정상적 성격 때문이라고 할 수 있을 것이다.[9]

이처럼 국가권력의 공식적인 주관자일 수 없는 대원군이 국왕이 아닌 몸으로 정치권력의 실질적인 핵심이 되었다는 사실은, 역설적이지만 전통적인 조선의 유교적 정치지형에서 국왕이라면 어느 누구라도 직면하지 않을 수 없었던 여러 가지 이념적, 제도적인 틀에 상대적으로 구애받지 않고서 그만큼 자신의 정치력을 강력하게 발휘할 수 있는 여지가 발생했다는 의미이기도 했다.[10] 대원군이 과감하고 결단력 있는 정책들을 추진할 수 있었던 것도 바로 이러한 독특한 정치적 위상으로 인해 현실적으로 가능한 것이었다.

이와 아울러 대원군의 위상과 관련하여 또한 간과해서는 안 될 것은 대단히 견고하게 구축된 것처럼 보이는 대원군의 정치권력이 어떠한 제도적 합법성(institutional legitimacy)도 갖추고 있지 않았다는 사실 등으로 말미암아 왕권에 대해서만은 취약한 측면을 갖고 있었다는 점일 것이다. 사실상 대원군의 실질적인 권력이 현실적으로 전통적인 왕권을

이들은 모두 사후(死後)에 아들이 왕이 되어 대원군으로 추존(追尊)된 경우라서, 조선에서 살아서 대원군의 칭호를 받은 인물은 홍선대원군이 유일하다.

9) 왕위계승자로서 고종의 정통성이 대단히 미약하다는 점에 관해서는 홍순민, 「19세기 왕위의 승계과정과 정통성」, 『국사관논총』 40집(국사편찬위원회, 1992); 강상규, 「고종의 외교정책과 대외인식」, 이기백 편, 『한국사 시민강좌』 19집(일조각, 1996)을 참조.

10) 조선 정치지형의 구조적 특징과 왕권을 견제하는 이념과 제도에 관한 연구로서 강상규,「조선시대 왕권의 공간과 유교적 정치지형의 탄생」, 『애산학보』 29집(애산학회, 2003)을 참고할 것.

훨씬 능가하는 것이었다고 하더라도, 대원군이 행사한 권력의 정당성은 국왕의 명시적 내지 암묵적인 '동의'에서만 견지될 수 있는 것이었기 때문이다. 후일 대원군이 행사하던 '사실상의 섭정(de facto regent)'이 자신의 정치적 견해를 분명히 표명한 국왕 고종의 공개적이면서도 강력한 전면적인 비판에 직면했을 때 의외로 허무하게 무너져 내리게 되는 것도 조선의 유교적 정치지형에서 기본적으로 대원군이 갖는 정치적 위상의 특수성에서 기인하는 것이었다.

한편 조선 정치의 구조적 측면에서 볼 때 명성왕후의 정치적 위상도 대원군의 경우와 크게 다르지 않았다. 왜냐하면 어떤 형태로든 조선 왕조의 상징적인 '질서'의 축으로서, 정치권력의 정통성의 근거가 되는 '왕권'과의 원만한 관계가 견지된다는 전제하에서만 국왕 고종의 정비(正妃)로서의 명성왕후의 정치력은 지속 가능한 것일 수 있었기 때문이다. 실제로 명성왕후와 국왕 고종의 관계가 원만한 것이었으며 명성왕후가 기본적으로 국왕 고종의 정치를 '보좌'하는 협력자였음은 고종이 지은 어제행록(御製行錄)에 다음과 같이 드러난다.

> 집안이 대대로 의리를 강구하니 황후도 어려서부터 이를 본받아서 옳고 그른 것을 가리는 것이 마치 못이나 쇠를 쪼개듯이 날카로웠다. 예지가 타고난 천성이어서 귀신과 같았다. 어려운 때를 만나니 더욱 살뜰히 나를 도와서 내가 기분이 언짢은 일이 있으면 반드시 아침이 되기를 기다려 앉아 있었고, 근심하고 경계하는 것이 있으면 대책을 세워 풀어주었다. 특히 외국과 교섭하는 문제에서도 수원정책(綏遠政策, 먼 나라를 끌어들여 가까이 하는 정책)을 권하여 사신으로 각국에 갔다가 돌아온 사람들이 말하기를, 다른 나라 사람들도 모두 감복한다고 했다. 황후가 일찍이 나에게 말한 것들이 지나고

보니 모두 그 말대로이니 황후의 통달한 지식과 멀리 내다보는 사고, 미래에 대한 헤아림이 고금에 견줄 바 없이 탁월하다. 훌륭한 공덕으로 나를 곁에서 잘 도와주었기 때문에 내가 정사를 돌볼 수 있었다.[11]

하지만 고종의 이러한 고백에도 불구하고 주지하는 바와 같이 명성왕후의 정치적 행적은 조선의 공식 관찬자료에는 거의 드러나지 않는다. 이러한 사실은 명성왕후가 실질 권력의 중심에 접근해 있었다고 하더라도 그녀의 정치적 위상이 조선의 정치지형에서 다름 아닌 '제도적 합법성'을 가질 수 없었던 상황에서 비롯되는 것이었다.

그러면 이제부터 고종은 어떠한 정치가였는지 청년시절 그의 정치의식과 대외관을 중심으로 간략히 살펴보기로 하자.[12] 즉위 초년의 고종은 어느 누구보다 더 취약했던 자신의 왕위계승 과정으로 말미암아 대왕대비 조씨(조대비, 1808~1890)의 수렴청정과 생부인 흥선대원군의 실질적인 권력 장악으로 현실정치에 있어서 국왕의 역할은 사실상 미약한 것이 되지 않을 수 없었다. 실제로 즉위 초기 고종의 공식적인 정치행위는 대체로 강학(講學) 곧 경연(經筵)에 열중하는 것과 더불어 왕실행사와 같은 국가의 의례적이고 상징적인 차원에 머물러 있어 현실정치의 표면에 그다지 드러나지 않는 경우가 많았다.

즉위 초기의 고종은 왕자 수업을 전혀 받지 않은 채 왕위를 계승한

11) 『고종실록』 광무 원년 11월 22일, 「대행황후지문 어제행록」.

12) 고종 초기의 정치의식과 대외관에 관해서는 본서의 4장에서 보다 상세하게 다룬다. 따라서 여기서는 논의의 전개를 위해 최소한의 선에서 다루었다.

이유 등으로 유교군주로서의 내적 역량을 다질 수 있도록 경연수업이 특히 중시되었다. 즉위 후 10여 년간 행해진 1300여 회에 걸친 경연에 적극적인 태도로 임하면서 고종은 당시 조선의 기강이 매우 쇠약할 뿐만 아니라 정치권력이 사적으로 남용되어 국가의 근본인 백성(民)의 생활이 극히 불안한 상태임을 인식하게 된다. 그리고 이러한 상황을 극복하기 위해서는 우선 전국의 관리가 모범적으로 '위민(爲民)'정치를 실천하지 않으면 안 되며, 그렇게 이끌어가는 것이 군주인 자신에게 부여된 정치적 책임이라는 사실을 절실히 이해하게 되었다. 이러한 고종의 유교적 '위민'='민본'의식은 점차 대원군의 패도적(覇道的) 정치성향과는 다른 정치를 직접 실천하려는 의지가 구체화되는 사상적 배경이 된 것으로 생각된다.

아울러 고종의 정치의식과 정치적 성향을 보다 입체적으로 이해하기 위해서는 고종이 청년기를 맞이하면서 경전류보다 상대적으로 역사서에 깊은 관심을 보이게 되었다는 사실에 주목할 필요가 있다. 왜냐하면 역사서를 통해서 자국의 역사를 비롯한 고금의 치란, 흥망성쇠의 궤적을 상세히 알게 되었다는 사실은 요컨대 민본사상과 같은 이상주의적 신념과는 별도로 현재의 상황을 끊임없이 역사적으로 반추하게 함으로써 보다 신중하면서도 객관적이고 현실적인 사고를 가능하게 할 뿐만 아니라 자신의 아이덴티티를 역사적이고 통시적으로 설정하는 근거가 될 수 있기 때문이다. 청년기를 맞이한 고종의 역사서에 대한 관심은 고종이 이후 조선의 안과 밖의 상황변화에 '민감'하면서도 상대적으로 '신중'하게 반응하게 되는 빼놓을 수 없는 사상적 기반이 된다는 점에서 주목할 만하다.

한편 즉위 초기 고종은 서양세계를 전통적인 화이관념에 근거해 문명세계와는 상극적인 이미지로 인식하고 있었다. 이것은 단지 고종에 국한된 것이 아니라 동시대를 살아갔던 조선 유자들의 거의 대다수가 기본적으로 공유하고 있던 '자기에 대한 인식'인 동시에 '타자(他者)로서의 서양에 대한 인식'이기도 했다.

그러나 고종은 동아시아 질서의 거대한 전환을 경험하는 과정에서 국내외의 각종 사건과 정보에 접하게 되면서 보다 적극적이고 구체적으로 대외상황을 이해하려는 태도를 보이기 시작한다. 고종에게서 전통적인 화이(華夷)관념의 전환이 나타나는 과정을 당시의 정치적, 제도적 맥락에서 이해하려면 우선 다음의 두 가지 사실을 지적해 둘 필요가 있을 것이다. 첫째, 고종이 즉위 후 조선의 '개화사상의 선구자'로 일컬어지는 박규수(1807~1876)와 인맥적으로나 사상적으로 떼려야 뗄 수 없는 긴밀한 영향관계에 있었다는 점이다. 그리고 두 번째는 대외정보의 통로와 국왕과의 관계이다. 주지하는 바와 같이, 동아시아 질서가 동요하는 상황에서 조선이 청국 이외의 정보망을 확보하게 되기까지 청국에 파견한 사절의 보고는 대외정세에 관한 실질적인 유일한 정보원이 되고 있었다.

고종은 여러 차례의 보고를 거치는 동안 다양하고 적극적인 질문을 통해 서양제국과 서양화한 일본이 세력을 확산시켜가고 있음을 강하게 의식하게 되었고, 또한 중국이 조선으로서는 여전히 가장 중요한 나라이기는 하지만 이미 현실적으로 세계의 중심이 아니라는 사실을 인식하게 된다. 이러한 사실은 고종이 청국에 대해 갖고 있던 '제국으로서의 중화'라는 '신화화'된 이미지가 근본부터 흔들리고 있음을 의미하는 것이었다. 고종은 요컨대 조선의 배외(排外)정책이 시대적인 대세를 무시한 것으로서 현실적으로 조선이 점점 고립되는 방향으로 상황이 전개되어가고 있다는 위기의식과 불만을 동시에 갖게 되었고, 고종의 이러한 상황판단은 대외정책의 새로운 방향전환과 아울러 친정(親政)의 필요성을 강하게 느끼게 하는 중요한 계기들이 되었다.

그러면 여기서 고종과 대원군, 그리고 이른바 명성왕후 간 왕실 내의 정치적 관계에 관해 살펴보기로 하자. 흔히 오해되는 것과는 달리, 고종의 '왕통'상의 부모는 조대비와 익종(翼宗, 효명세자, 1809~1830)이었다.[13] 따라서 왕실의 예법이라는 관점에서 보면, 고종이 효도해야 할 대상은 생부인 대원군이 아니라, 조대비와 익종이었다.[14] 당시 관찬자료들을 검토해보면, 실제로 고종이 왕위를 계승한 이후 공적으로 국왕에게 강조된 효도의 대상은 언제나 조대비였으며, 조대비는 자신이 고종의 어머니라는 점을 항상 강조하였음을 알 수 있다. 경연에서 고종이 최초로 읽은 텍스트가 조대비의 뜻을 반영하여 『효경(孝經)』으로 결정된 것도 물론 우연이라 하기 어렵다.[15] 따라서 고종은 자신이 조대비에게 자식으로서 효도를 다하고자 함을 항시 강조하였고, 이러한 고종의 태도는 후일 대원군과 정치적 견해차가 노정되고 정치적 관계가 불편해짐에 따라 더욱 적극적으로 표명되기 시작하게 된다는 사실은 주목할 필요가 있을 것이다.[16]

13) 『고종실록』 즉위년 12월 초8일.

14) 고종의 왕통을 어떻게 설정할 것인가에 대한 논란에 관해서는, 『고종실록』 즉위년 12월 8일; 12월 30일; 황현 저, 김준 역, 『梅泉野錄』(교문사, 1994) p.9 참조.

15) 『고종실록』 1년 1월 15일.

16) 예컨대 고종이 자신이 친정에 나설 것임을 공식적으로 선언한 직후 신하들의 논의에 대한 고종의 언급을 한두 가지만 소개하면 다음과 같다. "대왕대비의 지시를 받들지 않으면 나(고종)는

고종은 조선의 정치지형에서 정치적 정통성을 상징하는 왕권의 특수한 위상을 이용하여 일단 친정을 선언할 수는 있었지만, '효'라는 유교에 있어서의 절대적인 가치로 인해 자신의 생부인 대원군을 정치적으로 완전히 제거할 수는 없었다. 다음에 소개하는 상소문들은 이러한 정황을 드러내주는 몇 개의 시사적인 사례들이다.

> (가) 효도는 모든 행실의 근원이며 모든 교화의 근본입니다. 맹자가 말하기를, '오직 부모에게 순종하여야 근심을 놓을 수 있다'고 하였습니다. 예로부터 자신을 수양하고 집안을 잘 꾸리며 나라를 다스리고 천하를 편안하게 만드는 방도는 효도와 우애로부터 비롯되지 않은 것이 없었습니다. [……] 그런데 어찌된 일인지 최익현이 재차 상소문을 올린 뒤 모든 데서 화기(和氣)가 없어지고 말았으니 [……] 만일 효도에서 조금이라도 소홀함이 있다면 설사 백가지 일들이 잘되어도 정사에는 도움이 되지 않으며 나아가서 먼 훗날에 가서도 비난을 면치 못하게 될 것입니다.[17]

> (나) (얼마전) 이휘림은 상소문을 통해 '전하께서 대원군을 잘 보살피지 않는다'는 지적을 한 것으로 말미암아 무거운 벌을 받은 바 있습니다. 그때 전하는 '대원군이 교외로 행차한 것은 전적으로 적당한 곳을 찾아서 몸조리를 하기 위한 것이니 앞으로 머지않아 돌아올 것'이라고 하였습니다. 그러나 지금 몇 달이 되어가지만 (대원군이 운현궁으로) 돌아왔다는 소식을 듣지 못하였습니다. [……] 부모의 훈계를 따르지 않으면서 왕에게 충성할 수 있다는 말을 신은

불효한 사람이 된다. 내가 대왕대비에게 효성과 의리를 다하는 것 외에 다른 것은 모르는 만큼 대신들은 응당 나와 대왕대비에게 충성을 다하는 것 외에 무슨 딴 의리가 있겠는가" "확고부동한 법만 논하고 효도를 논하지 않아서야 되겠는가. 대신이 아무리 주장하더라도 나는 대왕대비의 지시만을 받들 것이다". 『고종실록』 10년 11월 9일.

17) 『고종실록』 10년 12월 12일, 「副司果朴遇賢疏略」.

들어보지 못하였습니다. [……] 신이 만약 전하에게 진술하지 않으면 전하가 장차 그것을 어떻게 들을 수 있겠습니까. 신이 말한 것으로 하여 거대한 사악함을 제거하고 조정이 청명해질 수 있다면 신은 죽어도 영광스러운 일입니다.[18)]

일반적인 유교적 예법에 근거할 경우, 부자간의 관계는 하늘이 맺어준 관계인 반면, 군신관계는 기본적으로 의리관계여서 효의 원리에 비해 충의 원리는 보다 상대적인 가치로 간주되곤 했다. 대원군과 고종은 '효'의 원리와 '충'의 원리가 부딪치는 미묘하고 불편한 정치적 관계에 놓여 있었고, 조선의 유교적 정치지형에서 이러한 상황은 현실정치의 장에서 국왕 고종이 정치력을 발휘하는 데 심각한 제한요소로 작용하고 있었다.

하지만 16세기 후반 이래 왕실의 특수성론 보다 사대부의 보편가치론을 강조하는 '가례(家禮)적 예론'이 정착되고 중시되는 분위기여서, 일반 유자를 비롯한 백성들의 정서를 고려할 때 현실적으로 일반적인 예법 또한 존중하지 않을 수 없는 것이 국정 최고 책임자로서의 국왕의 입장이었다. 따라서 고종은 대원군에 대한 불편한 관계가 공개적으로 드러나는 것 자체를 대단히 부담스럽게 여겨 가능한 회피하려 하였고, 대원군 역시 국왕에 대한 공개적인 비판이나 대립이 자신의 정치적 존립 근거를 무너뜨릴 수 있다는 점에서 가급적이면 자제하는 태도를 보이지 않을 수 없었다. 이후 명성왕후나 여흥 민씨 세력의 정치적 역할이 점차 부상하게 되는 것이나, 혹은 이후 본질적으로 국왕 고종과 대원군 간의 정치적 갈등이 지속되는 과정이었음에도 불구하고 이들 간의 정치적 대립이 현상적으

18)『고종실록』 11년 12월 29일, 「前掌令孫永老疏略」.

로는 대개 명성왕후와 대원군 간의 대결 양상을 띠고 나타나게 된 배경에는 이러한 미묘한 사정들이 복잡하게 얽혀 있었음을 이해할 필요가 있다.

4. '과정' 속의 「고종과 명성왕후 대 대원군」: 상호 간 정치적 긴장관계가 확대 심화되어가는 현실정치적 맥락

1873년 11월 고종은 정치적 정통성의 현실적 근거가 되는 왕권의 위상을 이용하여 친정을 선언함으로써 대원군을 현실정치에서 밀어내게 된다.[19] 하지만 그것이 곧 자신의 생부인 대원군의 광범위한 정치적 영향력을 배제할 수 있게 되었다는 것을 뜻하는 것은 아니었다. 이것은 단순히 대원군이라는 개인의 직접적인 정치 참여 여부를 떠나, 기왕에 대원군이 장악하고 있던 광범위한 인적, 물리적 권력 기반과 고종이 '동거'하면서 국정을 운영하게 되었음을 의미한다. 그러면 대원군과 관련된 하나의 구체적인 사례를 통해 정국 운영의 과정에서 전통적으로 이루어져 오던 왕권에 대한 신권세력의 견제가 대체로 어떤 방식으로 이루어지고 있었는지를 살펴보기로 하자.

1875년 5월, 일본의 서계를 접수할 것인지의 여부를 둘러싼 논의가 한창 진행 중이던 상황에서 지방에 은거하는 대원군을 운현궁으로 돌아오게 하라는 유생들의 상소가 계속 이어지게 된다. 이에 고종은 이러한 상소가 국정운영에 도움이 되지 않는다면서 이러한 행위를 더 이상 용납

19) 『고종실록』 고종 10년 10월 25일~11월 5일을 참조.

하지 않을 것이라고 강경한 의지를 천명하게 된다.

> 여러 대신들은 나의 뜻을 잘 알고 있을 것이니 물러가서 상소문을 주관한 유생을 불러다가 잘 타일러서 돌려보낼 것이다. 이렇게 한 뒤에도 다시 이 문제를 가지고 진술하는 글을 올리는 자가 있으면 이것은 악의적인 것이라고 해야 할 것이니, 결단코 왕의 권위를 침해한 불순한 행동에 해당한다는 법조문을 적용할 것이다.[20]

그러나 얼마 후 자신의 효에 관해 언급하는 내용의 상소가 다시 나타나자, 고종은 '유생들의 상소에 관해서는 이미 지난번에 분명히 지시한 바 있었는데 다시 상소를 올리니 이는 다분히 의도적인 것이다'[21]라고 하면서, '이들이 왕의 권위를 침범한 불순한 죄를 저지른 이상 이들을 처형하라'는 지시를 내리게 된다.[22] 그러자 이러한 고종의 지시가 내려진 다음날, 전현직 대신들이 연합상소를 통해 국왕의 처사가 '나라가 선비를 대우하는 예에 어긋난다'면서 지시를 철회할 것을 요구하는가 하면, 의금부의 당상관들 역시 연합상소를 통해 '정당한 심문절차를 거치지 않은 이러한 지시가 수백 년 동안 견지되어오던 법 규정을 하루아침에 허물어뜨리는 행동'이라고 하면서 불가불 왕명에 따르기 어렵다고 저항하고 나서게 된다.[23] 고종이 이러한 반대견해를 수용할 수 없다고 하자, 전현직 대신들이 다시 연합상소를 올려, '선비들의 기개가 오백년의 왕조를 지탱

20) 『고종실록』 12년 5월 17일.

21) 『고종실록』 12년 6월 17일.

22) 『고종실록』 12년 6월 18일.

23) 『고종실록』 12년 6월 19일.

한 원기가 되었다는 점을 감안하여 이들을 특별히 용서할 것'을 간청하고 나서게 된다. 이에 대해 고종은 다음과 같이 응수한다.

> 도리에 맞지 않게 국왕을 범하였는데도 만일 선비라는 이름으로 인해 처단하지 않는다면 나라에 군주는 없고 오로지 선비만이 있게 될 것이다. 경들은 어찌하여 그렇게 말하는가. 대신들의 논의는 부당한 것 같으며 앞뒤가 맞지 않는다.

이후 고종의 입장에 대한 반대의사는 대간업무를 맡은 홍문관 관리들의 연합상소와 의금부 관리들의 두 번째 연합상소로 이어졌으며, 고종은 이처럼 계속되는 연합상소가 '신하의 본분에 부적절한 태도'라고 비판했다.[24] 그러자 다음날 전현직 대신들이 자신의 불충에 대해 처벌해 달라고 압력을 가하는가하면, 현직 대신들은 사임을 청하였고, 홍문관에서는 다시 연합상소를 제출했다.[25] 이처럼 유생의 처벌을 둘러싸고 군신 간의 대치가 수일 째 팽팽히 지속되자, 결국 고종은 '신하들의 계속되는 항명(抗命)에 대해 탄식한다'고 하면서 자신의 지시를 철회하게 된다.[26]

위에 소개한 경우는 군주가 최종적인 결정권을 갖고 있지만 신하들이 일종의 심의권을 통해 이를 실질적으로 제한하는 사례에 해당한다. 그리고 이러한 사례는 조선의 건국 이래 전통적으로 내려오던, 보편적 '이념'과 각종 '제도'를 통한 왕권에 대한 신권의 견제구조가 고종이 친정을 선언한 이후에도 여전히 견고하게 지속되고 있음을 전형적으로 드러

24) 『고종실록』 12년 6월 20일.

25) 『고종실록』 12년 6월 21일.

26) 『고종실록』 12년 6월 22일; 6월 23일.

내준다고 할 수 있다.[27] 더욱이 정상적인 왕위계승 방식에서는 살아있는 대원군이라는 존재가 나타나기 어렵다는 점을 고려하면, 국왕 고종의 왕위승계 과정에서 나타난 비정상성에서 파행된 정통성의 취약함이라는 문제가 조선의 유교적 정치지형에서 현실적으로 고종의 정치력을 어떻게 제한하고 있는지를 가늠하게 해준다. 조선의 유교적 정치지형에서 현실적으로 신하들과 유자들의 정치적 견해를 쉽게 무시할 수 없다는 것은 고종에게 무엇보다 넘기 어려운 정치적 딜레마였다. 유생이나 신하들의 상소가 철저히 유교적 레토릭에 입각하여 이루어져 있었던 만큼, 이들의 논의를 무시하는 것은 나라의 공론을 무시하는 행위로 간주되는 것임은 물론, 조선왕조의 정치적, 사상적 존립근거를 국가의 중심인 국왕이 부인하는 것 같은 인상을 전해줄 수 있었기 때문이다.

이러한 정치적 상황 속에서 고종이 어떠한 의식하에 현실적으로 대원군과 다른 대외적 입장을 취하려 했는지, 그리고 이 과정에서 얼마나 많은 현실적 제약과 정치적인 갈등이 있었는지를 무엇보다 잘 드러내 보여주는 것이 바로 1874년과 1875년에 있었던 박규수와 대원군 간의 일본과의 수교를 둘러싼 서신 논쟁일 것이다. 왜냐하면 고종과 대원군의 미묘하고 불편한 정치적 관계와 당대의 정서 등을 고려해볼 때, 이 서한을 통한 논쟁은 비록 형식적으로는 박규수와 대원군 간에 이루어진 것이었지만 사실상 고종과 대원군의 대리전의 성격을 지니고 있을 뿐만 아니라,

27) 조선의 유교적 정치지형에서 왕권을 견제하는 다양한 이념적, 제도적 장치가 탄생하는 배경과 그 구체적인 내용에 관해서는 강상규, 「조선시대 왕권의 공간과 유교적 정치지형의 탄생」, 『애산학보』 29집(애산학회, 2003)에서 다루었으므로 이를 참고할 것.

이를 통해 당대의 핵심적인 이슈가 되던 대외정책을 둘러싼 양자 간의 입장과 명분이 압축적으로 드러나고 있다고 생각되기 때문이다. 이때 대원군은 '일본이 정책을 수정하기 전까지는 서양국가와 한통속인 일본 측의 서계를 접수해서는 안 된다는 입장'을 끝내 고수하고 있었는데,[28] 이에 대해 박규수는 '일본이 양이와 함께 합치는 것을 분명히 들어 알고 계시면서, 무슨 이유로 화평을 잃어 적국을 하나 더 보내려 하느냐'고 반박하였다.[29] 한편 고종은 대신회의(1875년 2월 5일, 5월 10일)를 통해 일본 측의 서계를 받아들이려 하지만 박규수를 제외한 신하들의 신중론에 근거한 반대에 직면하게 된다. 이에 박규수는 대원군에게 다시 서한을 보내, "만약 저들이 대포소리를 내기에 이르면, 그 이후에는 비록 서계를 받고자 해도 나라를 욕되게 하는 것이니 다시 기회가 없습니다"[30]라고 하면서 간곡히 설득을 시도했으나 끝내 대원군을 움직이지 못하였다.[31]

28) 『용호한록』 권4, 21책, no.1130, 1131.

29) 『박규수전집』 상(아세아문화사, 1978), 「答上大院君」(1874년).

30) 박규수, 앞의 책, 「答上大院君」(1875년 5월).

31) 이때 박규수가 대원군에게 서한을 보낸 것은 대원군을 설득함으로써 조정의 반대 분위기를 돌파하기 위한 것이었다. 후일 일본과의 교섭이 진행되는 동안에, 오경석(1831~1879)이 일본 측의 미야모토 고이치(宮本小一, 1836~1916)와 모리야마 시게루(森山茂, 1842~1919)에게 "현재 대원군은 물러나 있으나 거의 모든 대신들이 비밀리에 정사를 대원군에게 알리고 그의 결정에 따르고 있다"고 한 것이나, "나라의 모든 사람들이 화합하려는 마음이 없는 것은 아니지만 모두 대원군을 두려워하여 감히 드러내고 말하지 못하고 있다"는 언급한 사실은 이러한 정황을 잘 보여준다고 할 수 있을 것이다. 『일본외교문서』 명치년간, 9권, pp.27-39, 문서번호 6; 김정명(1966) pp.102-119, 189.

일본과의 조약체결 과정에서 다양한 반대여론에 직면한 고종은 더 이상의 논의가 이미 현실적으로 도움이 되지 않는다는 판단하에 당시의 반대여론을 돌파하게 된다. 하지만 일본의 함포외교에 의한 조약체결의 국내정치적 여파는 심대한 것이었다. 예컨대 고종의 친정에 현실적으로 정치적인 계기를 제공했던 최익현(勉菴, 1833~1906)이 이번에는 도끼를 지참하고 화이론적(華夷論的) 명분론에 입각하여 결사반대의 논리를 전개한 반대상소는 고종의 정치적 입지가 얼마만큼 협소해지고 있는지를 상징적으로 보여주는 것이었다.[32] 이것은 일본과의 수호조규를 계기로 하여 최익현과 같이 대원군의 국내정책에 반대하던—그런 만큼 고종을 지지하던—세력마저도 고종에게 압박을 가하는 형국으로 국내정치적 상황이 전개되고 있음을 의미하는 것이었다.

기존의 배외정책에 대한 고종의 변화 의지가 조선의 현실정치의 장에서 구체적인 일련의 개혁적인 정책의 형태로 가시적으로 드러나기 시작한 것은 『조선책략』이 전래된 직후인 1880년 9월부터라고 할 수 있을 것이다. 1880년 12월 조선 정부는 '사대, 교린, 군무, 변정(邊情) 등과 관련된 일을 전담할 새로운 아문(衙門)을 마련하라'는 고종의 지시에 따라 새로운 국가기관으로서 통리기무아문(이하 통리아문으로 약칭)을 설치한다. 통리아문의 설치는 고종이 미국과의 수교를 결정함에 따라 새로운 외교 사무를 총체적으로 담당할 적절한 기구가 시급히 요청되는 상황에서 추진된 것으로서, 이 기구의 관장업무는 외교, 국방, 통상 등을 비롯하여 각종 기계 병기 함선의 제조, 인재 선발, 각국 언어의 학습 및 번역 그리

32) 『승정원일기』 고종 13년 1월 23일.

고 이에 따른 재정 담당 등으로 나뉘어져 있었다. 따라서 통리아문은 고종의 주도하에 조선 정부가 '배외'와 '척사'정책을 기조로 하던 기왕의 방침을 전환하고 외국과의 교섭 및 통상, 군사력에 관한 일을 전담토록하기 위해 설치했다는 점에서 획기적인 의미를 지닌 기구인 동시에 고종의 정치적 구상이 깊이 반영된 것이라고 해야 할 것이다.[33)]

여기서 주목하고 싶은 점은 이 기구의 성격이 대단히 특이하다는 점이다. 당시 의정부가 고종에게 올린 보고에 의하면, 통리아문이 조선 건국 이래 국가운영의 근간이 되어오던 의정부 - 육조체제의 하위기관이 아닌 '별도'의 기구로서 의정부와 동등한 권한을 갖는 정일품 아문으로 되어 있음을 알 수 있다. 그런데 동시에 의정부 대신이 총리의 직책을 갖고 이를 통제하게 한다는 단서를 붙임으로써, 정부의 이원화에서 불가불 드러나게 될 정치적인 견제 갈등관계를 최소화하고 두 개의 기구가 상호보완적이고 협력적인 관계에 있음이 강조되고 있다. 통리아문의 이러한 절충적 성격은 국내적으로 기존의 정부 기관에 소속되어 있는 주요

33) 1880년대 조선왕조의 문호개방정책에 관해서는 이미 많은 연구들이 나온 바 있다. 그러나 일반적으로 '1880년대 초반에 이루어진 지배층의 개화정책은 정권유지를 목적으로 한 것으로서 외세의존적이고 몰주체적인 성격이 강하다'(강만길, 『고쳐 쓴 한국근대사』(창작과 비평사, 1994) p.182)는 관점에서 폄하하거나, 혹은 '조정에 진출한 개화파들에 의해 통리기무아문의 설치를 비롯한 일본시찰단 및 영선사 등의 파견이 이루어졌다'(신용하, 「개화파의 형성과 개화사상의 발전」, 『한국사 38권: 개화와 수구의 갈등』(국사편찬위원회, 1999) pp.38-51)는 측면에서 해석되는 경향이 강하다. 그러나 통리기무아문이 설치될 당시 오늘날 개화파로 지칭되는 인물 중에 조정의 핵심관직에 오른 인물은 아무도 없었다. 더욱이 의정부와 동급에 해당하는 통리기무아문과 같은 국가기구를 극히 소수에 불과했던 개화파가 설치했다는 것은 납득하기 어려운 것으로 생각된다.

한 정치세력의 정치적 지원과 참여를 적극적으로 유인하는 동시에 자강 정책을 담당할만한 새로운 인물들이 활동할 수 있는 제도적 장치를 제공할 수 있다는 점에서 가능한 한 정치적인 마찰을 피해가면서 개혁을 추구하려는 고종의 정치적 의도를 반영하고 있는 것으로 생각된다.

정치적 갈등을 최소화하면서 개혁을 추진하려는 고종의 정치적 의도는 통리아문의 운영과 활동을 통해서도 드러난다. 이와 관련해서 지적해두고 싶은 사실은 통리아문이 지향하는 모델이 대단히 신중하게 모색되고 있다는 점이다. 우선 통리아문은 그 명칭에서 드러나는 바와 같이, 기본적으로 청국의 총리아문(總理衙門)의 모델을 중시하고 있는 것 같은 인상을 받게 된다. 그러나 이러한 명칭을 채택하게 된 데는 다분히 전략적인 배려가 있었던 것으로 보아야 할 것이다. 대외적으로 고립된 조선의 상황을 타개하고 자강의 발판을 마련하기 위해서는 중국을 활용하지 않을 수 없었던 당시 조선의 처지에서는, 『조선책략』에서 제시한 '친중국'이라는 청국의 가장 기본적인 관점을 조선이 존중하고 있다는 이미지를 대내외적으로 확보하는 것이 청국 측 관료나 국내의 정치적 저항세력에게서 나타날 수 있는 정치적인 경계심이나 의구심을 줄일 수 있을 것이라는 것을 고종을 비롯한 관계자들이 고려하지 않았을 리 없기 때문이다.

당시 고종은 조선이 대내외적으로 직면한 정치적 위기를 돌파하기 위해서는 어떤 식으로든 '친중국'의 입장을 전략적으로 활용할 필요가 있다고 느끼고 있었다. 따라서 이홍장의 서한 등의 사례에서도 드러나는 바와 같이,[34] 청이 조선의 내치와 외교를 존중하는 입장을 견지하면서 호혜적인 관계강화를 강조하는 한, 고종은 이것이 한편으로 청의 전략적 태도임을 의식하면서도,[35] 현실적으로 청을 일종의 후원자로 삼아 최대한 활용하면서 미국을 비롯한 서양국가들과의 조약체결을 추진하고 청국과의 관계도 만국공법적 질서에 따라 재정립해나가며 대내적으로 시급한 개화 자강정책에 착수하려고 하였다.

이와 같은 사실은 이후 고종의 행동에서 확인이 가능하다. 고종은 자신의 밀사의 자격으로 일본에 다녀온 개화승 이동인(1849~1881)의 권유 등에 따라, 대규모 일본시찰단의 파견을 결정하게 된다.[36] 이후 시찰단의 파견은 국가적 기밀로 취급되면서 은밀하고도 신속히 추진되었는데, 이들을 파견하는데 필요한 자금은 국왕의 개인자금인 내탕금에 의해 충당되었다. 이때 시찰단에 뽑힌 책임자들은 주로 홍문관이나 대간

34) 『고종실록』 16년 7월 9일; 『용호한록』 4권, 23책, 「直隷總督文淵閣大學士 李鴻章抵橘山李相國書」; 『淸季中日韓關係史料』 2, p.368, 문서번호 309-2.

35) 이러한 관점에서 김홍집의 귀국보고시의 대화를 곰곰히 음미해 볼 필요가 있을 것이다. 『승정원일기』 고종 19년 2월 17일. "고종: 청사(淸使)가 러시아 문제로 근심하며, 우리나라 일에 힘써 서로 도와나가려는 의지가 있던가? 김홍집: 신이 청사를 만났을 때 몇 차례 말한 바가 모두 러시아에 관한 문제였으며, 우리나라를 위해서 간곡하고 간곡해 마지않았습니다. 고종: 저들(=중국인)이 비록 우리나라와 더불어 마음을 함께하고 힘을 합하자고 하지만, 이를 어찌 깊이 믿을 수 있겠는가. 곧 우리도 또한 부강지술(富强之術)을 시행하는 것이 요구될 따름이다".

36) 주일청국공사 허위장(何如璋, 1838~1891)에게 미국과의 수호통상조약을 알선해 줄 것을 요청하기 위해 고종의 밀사로서 일본에 건너간 이동인은 80년 12월 1일 사토(Ernest M. Satow, 1843~1926)에게 '가장 개명된 인물로 구성된 사절단을 일본에 파견하여 외국의 대표들과 (조약체결에 관하여) 협의하도록 하고 싶다'는 계획을 피력한 바 있다.
萩原延壽, 『遠い崖: アーネスト・サトウ日記抄, 14卷=離日』(東京: 岩波書店, 2001) pp.109-110.

출신의 언관으로 학식과 문장이 뛰어나고, 고종을 가까이 모시던 신하들로서 국왕의 두터운 신임을 받는 대체로 '실무능력과 전문지식을 겸비한' 인물들이었다.

고종은 이들에게 일본의 내무성 문부성 사법성 공부성 외무성 육군성 대장성의 업무, 세관 사무, 기선 운항과 육군 조련 등에 관한 사항을 파악해서 보고하라고 각자의 임무를 밀지(密旨)를 통해 상세히 지시하였고, 특히 어윤중(1848~1896)과 홍영식(1855~1884)에게는 미국과의 수교에 대비하여 외교 사항을 조사하는 임무가 첨가되었다. 이와 같은 일이 현실적으로 추진될 수 있었던 것은 앞서 살펴본 바와 같은 그동안 축적되어온 고종의 정치적 구상이 있었기 때문에 가능한 것이었다.

(가) 시찰단은 최초부터 국왕의 결단에서 나온 일로서 정부안에 동의하는 자가 적지 않고, 금일에 이르러서도 아직 중론이 하나로 정해지지 않았습니다.[37] (주조선 일본공사 하나부사 요시모토(花房義質, 1842~1917)가 외무경 이노우에 가오루(井上馨, 1835~1915)에게 보낸 보고 중에서)

(나) (이들은 일본에) 비록 유람한다는 명목으로 가지만 실은 국왕으로부터 우리나라(일본)의 국정을 시찰하도록 특별히 지시받은 인물들로서 이들 일행이 조선의 개화의 기본을 다지게 될 것이다.[38]

37) 『花房公使朝鮮關係記錄』 四卷, 「派員視察條」, "最初ヨリ國王ノ決斷ニ出候事ニテ政府中ニハ不同意ノ向不少今日ニ到猶未ダ全ク衆論一定ニ至ラザル故ト被存候".

38) 『일본외교문서』 명치년간, 14권, 문서번호 127, 부속서 1, "但右ハ遊覽ノ名儀ニテ其實國王ヨリ御國情勢ヲ視察スル爲特旨ヲ以テ被差向候趣ニ有之候間此一行ハ往々朝鮮國開化ノ基本トモ可相成モノニ有之候ニ付テハ成丈善遇彼等ヲシテ開眼セシムルノ御手段有之度候", p.305.

(부산주재 일본영사 곤도 신스케(近藤真鋤)가 외무경 이노우에 가오루에게 보낸 보고 중에서)

(다) 삼가 생각해보니 일본과 조약을 맺은 지 여러 해인 데 우리나라가 그들의 동정을 아는 데 소홀한 것을 성상(聖上=국왕)께서 염려하시어 직지(直指)의 사행(使行)을 위임하신 것입니다.[39]
(심상학(沈相學)의 견문기록 중에서)

(라) 오늘날 천하의 각국이 서로 간에 교류하는데 우리나라는 일본과 교류한 지가 비록 오래되었으나 아직 저 나라의 속사정을 알지 못한다. 그러므로 경들을 특별히 보내 각기 임무를 주어 탐지하도록 했던 것이다. 그래 과연 얼마나 실정을 탐지하여 왔는가.[40]
(박정양(竹泉, 1841~1904)의 복명시 고종의 발언)

(마) 우리나라와 일본이 교린한 지 이미 삼백년이나 되었다. 이미 통상을 허용하였으나, 그 實情을 탐지한 연후에야만 통상할 수 있는 것이다. 그래서 특별히 임무를 주어 보냈던 것이다.[41]
(조병직(趙秉稷)의 복명시 고종의 발언)

39)沈相學,『日本聞見事件』p.1,“弟伏念, 與日本講約有年, 我國疎於知彼之機, 聖念委以直指之行.”

40)『朴定陽全集』4卷,「東萊暗行御史復命入侍時筵說 辛巳8月30日」pp.329-330,“上曰, 當今天下各國, 互相通和, 而我國與日本通好雖久, 未知彼國之裏許, 故特差卿等, 各掌所幹而往探矣. 果何以探其事實乎?”

41)『승정원일기』고종 18년 9월 초2일조,“我國與日本交隣, 自是三百有餘年, 而旣許通商, 則必探知其情實, 然後乃可, 故特差遣之也.”

[표 3-1] 일본시찰단의 구성 및 시찰기록

시찰책임자	시찰대상	수행원	견문기록(見聞記錄)
조준영 (趙準永, 48)	文部省	李鳳植(51) 徐相直(46)	『文部省』『日本文部省視察記』 『見聞事件』『日本聞見事件草』
박정양 (朴定陽, 40)	內務省	王濟膺(48) 李商在(31)	『日本國內務省職掌事務』 『日本國內務省各局規則』 『日本國農商務省各局規則』 『日本國見聞條件』『從宦日記』
엄세영 (嚴世永, 50)	司法省	嚴錫周(42) 崔成大(47)	『日本司法省視察記』
강문형 (姜文馨, 50)	工部省	姜晉馨(51) 邊宅浩(57)	『見聞事件』『工部省』『日東錄』
심상학 (沈相學, 36)	外務省	兪鎭泰(50) 李鐘彬(47)	『外務省』『日本外務省視察記』 『日本外務省事務目錄』『日本國見事件草』
홍영식 (洪英植, 26)	陸軍省	高永喜(32) 咸洛基(31) 全洛雲(55)	『日本陸軍總制』
어윤중 (魚允中, 33)	大藏省	兪吉濬(25) 柳正秀(24) 尹致昊(16) 金亮漢(32)	『日本大藏省職制事務章程』 『財政見聞』『見聞事件』 『日本聞見事件草』 『隨聞錄』『從政年表』
민종묵 (閔種默, 46)	稅關	閔載厚(31) 朴晦植(36)	『日本國際條例目錄』『各國條約』 『居留條例』『貿易則類』『六港開場』 『稅關規例』『各國稅則』『見聞事件』
이헌영 (李𨯶永, 46)	稅關	李弼永(32) 閔建鎬(38)	『各港稅關職制』『稅關事務』『貿易章程』 『稅關職制』『稅關事務』 『日本稅關各國貿易章程』『神戶稅關圖』 『橫浜稅關慣行方法』『海關錄』 『見聞事件』『日本聞見事件草』 『東萊御史書啓』『日槎集略』
조병직 (趙秉稷, 48)	稅關	安宗洙(32) 兪箕煥(23)	『農政新編』
이원회 (李元會, 54)	陸軍調練	宋憲斌(40) 沈宜永(28)	『日本陸軍操典』『東京日記』
김용원 (金鏞元, 39)	汽船運航	孫鵬九(29)	

허동현의 諸연구(1986, 1993, 1994, 1995, 1996, 1997, 1998, 1999)에 의거하여 작성.

(괄호안의 숫자는 당시 연령. 朝士들의 평균연령: 43세)

일본시찰단은 귀국한 후 방대한 견문기록을 고종에게 보고하게 된다. 다음의 [표 3-1]은 일본시찰단의 구성을 비롯하여 이들이 남긴 견문기록 중 중요하다고 평가할 만한 중심으로 정리한 것이다.

그런데 여기서 주목해야할 사실은 이들 시찰단들이 개편 정비된 통리아문에 각자가 시찰한 분야와 직접적으로 관련된 부서로 모두 배치되어지고 있다는 점이다. 다음의 [표 3-2]는 통리아문의 창설 당시 12사(司)체제의 책임인물과 7사(司)체제로 개편되어 일본시찰단 출신이 참여하게 된 상황을 도표화한 것이다. 고종의 주도로 이루어진 일본시찰단의 파견, 그리고 당시 고종이 기존의 의정부체제에서와는 달리 통리아문의 인사권을 실질적으로 장악하고 있었던 점 등을 고려하면,[42] 이것은 시찰단의 일본 견문체험을 통리아문을 통해 적극적으로 살려나가려는 국왕의 의지가 반영된 것임에 틀림이 없을 것으로 생각된다.

일부 기존 연구에서 지적된 바 있듯이, 여흥 민씨 세력이 현실정치에서 중요한 의미로 등장하기 시작한 것은 고종이 통리아문을 설립하면서부터라고 할 수 있다.[43] 민태호(1834~1884)가 의정부 좌참찬(정2품)으로서 통리아문을 설립하는 실무적인 업무를 담당하였는가 하면, 명성왕

42) 통리아문은 당상관의 임명 절차에 대한 별도의 규정을 두지 않고 있었다. 따라서 당상관의 임명은 실질적으로 어떠한 의망(擬望)도 거치지 않는 국왕의 독자적인 결정사항이 되었다. 이에 관해서는, 은정태, 「고종 친정 이후 정치체제 개혁과 정치세력의 동향」, 『한국사론』 40(서울대학교, 1998) p.180.

43) "The T'ongnigimu Amun became the stepping stone to power for some members of the Yohung Min clan", Deuchler, Martina, *Confucian Gentlemen and Barbarian Envoys, The Opening of Korea, 1875~1885*(Seattle and London: Univ. of Washington Press, 1977) p.96.

[표 3-2] 「통리기무아문의 개편과 책임인물」

기구 출범기 (1881년 1월 16일)		기구 개편 (1881년 11월 21일)	
12사(司) 체제		7사(司) 체제	
	당상(堂上)		당상(堂上) 및 주사(主事)
① 사대사(事大司) ② 교린사(交鄰司)	조영하(趙寧夏)◎ 정범조(鄭範朝)	① 동문사(同文司)	정) 이재면(李載冕, 宗親), 조영하(趙寧夏)◎ 부) 심상학(沈相學)+●「외무성」 주사) 박영교(朴泳敎)
③ 군무사(軍務司) ④ 변정사(邊政司) ⑤ 기연사(譏沿司)	민겸호(閔謙鎬) 윤자덕(尹滋悳)	② 군무사(軍務司)	정) 이재원(李載元, 宗親), 신정희(申正熙), 민영익(閔泳翊), 조희순(趙義純),이원회(李元會) +●「육군조련(陸軍調練)」 부) 홍영식(洪英植)+●「육군성」 주사) 이범진(李範晋)
⑥ 통상사(通商司)	김보현(金輔鉉) 김홍집(金弘集)◉	③ 통상사(通商司)	정) 김보현(金輔鉉), 김홍집(金弘集)◉ 부) 조병직(趙秉稷)+●「세관」, 이헌영(李鑓永)+●「세관」, 민종묵(閔種默)+●「세관」 주사)어윤중(魚允中)+●「대장성」, 신기선(申箕善)
⑦ 군물사(軍物司) ⑧ 기계사(機械司) ⑨ 선함사(船艦司)	심순택(沈舜澤)◎ 신정희(申正熙)	④ 감공사(監工司)	정) 민태호(閔台鎬), 정범조(鄭範朝) 부) 강문형(姜文馨)+●「공부성」
⑩ 전선사(典選司) ⑪ 어학사(語學司)	이재긍 (李載兢, 宗親) 민치상(閔致庠)◎	⑤ 전선사(典選司)	정) 김병덕(金炳德), 윤자덕(尹滋悳), 조준영(趙準永)+●「문부성」
⑫ 이용사(理用司)	김병덕(金炳德) 민영익(閔泳翊)	⑥ 이용사(理用司)	정) 민겸호(閔謙鎬), 이근필(李根弼)◎, 박정양(朴定陽)+●「내무성」
		⑦ 율례사(律例司)	심순택(沈舜澤)◎ 엄세영(嚴世永)+◎●「사법성」

『승정원일기』 고종 18년 1월 16일조, 11월 21일조, 『일성록』 동일자, 허동현의 제 연구 참조. (◎ 청국체험 유, ◉ 일본체험 유, ● 1881년 일본시찰단(이른바 신사유람단)으로 참가한 인물, 「」안은 일본시찰에서의 담당부서, +는 1881년 11월 21일 조직개편과 함께 새로 추가된 인물, 정)은 경리사(經理使), 부)는 부경리사(副經理使))

후가 특히 총애하던 젊은 민영익(1860~1914)이 통리아문의 핵심인물 중의 하나로 등장한 것은 이러한 상황전개를 상징적으로 보여준다. 이외에도 여흥 민씨는 새로 출범한 통리아문을 통해 민치상(1825~1888), 민종묵(1835~1916), 민겸호(1838~1882) 등이 당상관으로 등용되고 있었다.

그러나 통리아문의 설치를 계기로 여흥 민씨들이 권력의 중심부에 등장하기 시작했다고 해서 이들의 비중을 지나치게 확대해석하는 것은 사실과는 많이 거리가 있어 보인다. 왜냐하면 1881년이라는 시점에서 독자적으로 여흥 민씨들이 갑자기 정국을 주도적으로 운영할만한 정치적 힘을 가지게 된다는 것이 당대의 정치상황하에서 현실적으로 불가능하며, 오히려 그들은 강력한 정치권력을 행사하지 못하던 고종의 곁에서 국왕의 정국운영을 보좌하는 역할을 담당하고 있었다.

예컨대 고종이 자신이 신뢰하던 인물들을 중심으로 일본시찰단을 구성하여 비밀리에 파견하려고 추진할 무렵, 하나부사 일본공사가 본국의 외무경 이노우에 가오루에게 보낸 보고서를 보면 이와 관련된 흥미로운 단서를 찾아볼 수 있다.

> **이들(―시찰단으로 떠나는 인물들)은 모두 민씨파에 속한 사람이다. 이 세력은 대체로 소장파이기 때문에 대원군의 노장파에 비해 힘이 부족하지 않을 수 없다.** 이동인 등의 생각은 이 거사(―일본시찰단 파견)를 통해 그 세력을 완전히 민씨파로 옮기려 하는 것 같다. 민씨파의 우두머리는 올해 24세(―실제로는 21세)의 민영익으로 관직이 참판에 불과한데 따로 기치를 세워 정파를 결성하려는 것이 이상스럽긴 해도 그 조부의 후광과 중궁의 신뢰 덕분에 이 일이 가능했음이 틀림없다.[44] (강조는 필자)

44) 『일본외교문서』 메이지(明治)년간, 14권, 문서번호 123, 1881

여기서 주목해야 할 사실은 통리아문이 설립되어 일본시찰단이 파견될 무렵 항간에 회자되던 '민씨파'라고 하는 세력이, 흔히 오늘날에 알려져 있는 바와 같은 '여흥 민씨라는 국왕의 외척그룹'에 국한된 인물들이 아니라, 당시 노련하고 강력한 정치그룹이던 '대원군 세력'의 정치적 입장에 반대하며, 국왕을 보좌하던 소수세력을 총칭하고 있다는 점이다. 이것은 이무렵까지만 하더라도 민씨파라고 하는 세력의 실체가 사실상 '여흥 민씨를 비롯하여 고종의 주변에서 국왕을 보좌하며 개화 및 자강정책을 추진하는 소장파 그룹'이라는 사실을 강력히 시사해주고 있다고 할 수 있을 것이다.[45]

대원군 계열의 정치세력으로 알려진 안기영(1819~1881) 등이 주모가 되어 고종을 폐하고 대원군의 서자인 이재선을 왕으로 세우려다 미수로 끝난 사건이 발발한 것은 이러한 와중에서였다. 안기영의 쿠데타 미수사건(1881년 8월 28일), 이 사건은 고종대에 들어와서 나타난 최초의 역모사건이었다. 조정에서는 이 사건을 철저히 조사하여 연루된 것으로 밝혀진 인물들을 모두 처형하였고 이후 유생들의 척사상소도 일단 진정되는 듯했다. 하지만 기존연구를 통해 밝혀진 바와 같이, 대원군은 이 사건에 깊이 연루되어 있었으나 제거되지 않았다.[46]

년 2월 28일.

45) 이후 국왕을 보좌하며 개화 및 자강정책을 추진하는 측근그룹'이 점차 정치적으로 분화되어가면서 글자그대로 여흥 민씨 세력이 점점 정치적으로 부상해갈 수 있었던 데는 임오군란, 갑신정변 등 외세의 개입을 초래하고 왕권의 약화를 초래한 주요한 정치적 사건들이 주요한 계기로서 작용하고 있었다. 민씨 세력의 정치적 역할과 그 성격의 변화에 관해서는 별개의 원고를 통해 밝히려고 한다.

얼마 후 미국과의 조약체결직후 임오군란이 발생하자 대원군은 다시 권력을 쥐게 된다. 이 과정에서 의정부 대신 가운데 고종의 입장을 지지해오던 이최응(1815~1882)을 비롯하여 통리아문에서 일하던 김보현(1826~1882), 민겸호 등이 살해되었고, 대원군은 서둘러 명성왕후의 사망을 공식적으로 발표하였다.[47] 또한 대원군은 권력을 잡자마자 바로 통리아문을 해체한다. 이처럼 정치적 갈등을 최소화하면서 개혁을 추진하려는 고종의 정치적 의도와는 상관없이, 조야에 팽배한 뿌리 깊은 화이론적 명분론, 조선의 유교적 정치지형에서 내려오던 강력한 왕권견제의 전통, 대원군세력의 정치적 영향력 등으로 인해 조선의 개화 자강정책은 걷잡을 수 없는 정치적 갈등으로 이어졌다. 이러한 사태의 급격한 전개는 고종과 명성왕후 대 대원군의 정치적 관계가 얼마나 착종되어 있는 것인지를 상징적으로 보여준다고 할 것이다.

이후 청군의 개입으로 사태가 일단 수습되자, 고종은 '문벌 숭상은 천리의 공평함에 어긋나는 것이며, 이제부터 나라가 인재를 등용함에 귀천이란 있을 수 없다'고 하면서 인재 등용의 폭을 넓히겠다는 교서(1882년 7월 22일)를 반포하는가 하면, '만국병립의 상황이 바로 세계적

46) 이 사건과 관련하여, 『추안급국안』 30, 『우포청등록』 30冊 등을 실증적으로 검토한 연구에 의하면, 대원군은 이 사건에 깊이 연루되어 있었다. 이에 관해서는 송병기, 『근대한중관계사연구: 19세기말의 연미론과 조청교섭』(단국대학교, 1985) pp.177-187; 조성윤, 「개항직후 대원군파의 쿠데타 시도: 이재선 사건을 중심으로」, 양상현 편, 『한국근대정치사연구』(사계절, 1985)를 참조.

47) 『고종실록』 19년 6월 10일; 11일; 12일; 14일.
이후 죽은 것으로 알려졌던 명성왕후가 피난에서 궁궐로 돌아온 것은 임오군란이 청군에 의해 진압된 후인 8월 1일이었다. 『고종실록』 19년 7월 25일; 26일; 8월 1일.

대세이며, 종래의 배외정책이나 양이관념은 조선을 세계 속에서 고립시켜 위태롭게 할뿐이므로, 국가평등 관념과 새로운 만국공법적 질서에 근거해 조선의 대외관계를 전면적으로 재정립해 나갈 것과 아울러 다른 한편으로는 동도서기와 같은 절충적인 논리를 새로운 정책전환의 기본 원칙으로 제시함으로써, 문명국가로서의 자부심을 살리는 동시에 이용후생의 원칙 등에 입각한 부강책을 절충하여 수용해 갈 것'임을 공개적으로 천명(1882년 8월 5일)하게 된다. 그리고 기무처(1882년 7월 25일), 감생청(1882년 10월 20일) 등의 임시기구를 만든 후, 이어 외교 및 통상 사무를 담당하는 통리교섭통상사무아문(=외아문)과 내정 일체를 담당하는 통리군국사무아문(=내아문)을 설치(1882년 12월 4일)하여 통리아문의 설립취지를 계승 발전시켜가려 했다.

하지만 '조청상민수륙무역장정(1882년 10월)'이 맺어지는 등 청국의 조선에 대한 통제와 간섭이 점차 노골적으로 드러나게 되면서, 앞서 언급한 바와 같이 흔히 '민씨 세력'으로 불리던 국왕을 보좌하던 측근 그룹 내부에서도 친청 그룹과 반청 자주를 중시하는 그룹으로 정치적 견해차가 나타나고 있었다. 다만 청국의 실질적인 간섭과 영향력이 확대된 상황에서 친청 세력이 다수를 차지하고 있었다. 지금까지 발굴된 당대의 자료에 의하면, 이들의 견해차이가 정치적 대결의 양상을 띠면서 본격적으로 가시화되기 시작한 것은 고종이 미국에 파견한 사절단인 보빙사 일행이 돌아오면서부터였던 것으로 생각된다.[48] 김옥균(1851~1894) 등 오늘

48) 예컨대 임오군란이 수습된 이후 1882년 10월에 박영효(1861~1939) 등의 수신사 일행과 함께 민영익과 김옥균이 국왕의 지시를 받고 일본의 국정을 살피러 갔던 사실이나, 고종에게 보빙사의 전권대신으로 민영익을 강력히 추천한 인물이 김옥균

날 이른바 급진개화 세력으로 분류되는 인물들이 이른바 '여흥 민씨' 세력들을 직접적인 비판의 대상으로 삼으면서 적대적 감정을 본격적으로 드러내는 것도 보빙사가 귀국한 이후의 시점에서부터였다.

그러나 이처럼 국왕을 보좌하던 측근 그룹 내부의 정치적 갈등이 심각한 상황으로 치닫게 된 요인을, 흔히 알려진 것처럼 조선에서의 종주권 강화를 획책하는 청국의 정치적 외압의 증가나 혹은 일본의 이에 대한 견제와 같은 외부 요인에서만 찾거나 혹은 이른바 '자기기득권을 지키려는 민씨 세력의 친청수구적(親淸守舊的) 음모'에서 찾으려는 해석(intermediate causes)은 모두 충분한 설명력을 갖기 어려운 것으로 생각된다. 왜냐하면 이들의 갈등이 심화되는 데는 보다 근본적인 이유(deep causes)가 존재하고 있었음을 부인하기 어렵기 때문이다. 여기에는 당시의 개화 자강 정책을 신속하게 추진하기 어렵게 만드는 조선 정치공간의 전통적인 요인과 아울러 개혁이 성공적으로 진전되지 않는 데 대한 국왕 측근 그룹 내부에서의 초조함과 위기의식(precipitating causes)이 작용하고 있었다. 1884년 5월 하순부터 두 달 여 동안 진행된 '의복제도의 변통'을 둘러싼 정치적 공방은 이러한 정황을 잘 보여준다. 그러면 지금부터 이에 대해 구체적으로 살펴보기로 하자.

1884년 5월 고종은 의복제도를 실용적으로 간소화하겠다는 지시를 내리게 된다.[49] 이에 대해 전현직 대신들은 연명으로 차자(箚子, 약식상

이라는 사실 등은 이들 간의 긴밀한 협력관계를 보여주는 사례라고 할 수 있을 것이다. 『수신사기록』(국사편찬위원회, 1958) pp.195, 236, 237; 김도태, 『徐載弼博士自敍傳』(首善社, 1948) pp.68-69.

49) 『고종실록』 21년 윤5월 19일; 24일; 25일.

소)를 올려, "얼마전 병정들의 복장을 다른 제도로 변통한 것만도 이미 놀라운 일인데 이제 관리들과 백성들의 복장을 모조리 하루아침에 고친다면 이것이 어찌 후세의 귀감이 되겠는가"라고 하며, "지시를 철회하고 옛 제도를 보존해야 한다"고 반발하고 나서게 된다. 그러자 고종은,

> 지금 나라의 형편이 문학(文學)만 숭상하여 문약(文弱)하고 군사제도는 말이 아닌데 모든 사람들은 구차하게 편안히 지낼 것만 생각하면서 모든 일을 하기 싫어하고 있다. 그래서 위의 지시가 아래에서 시행되지 않고 아래의 사정이 위에 보고되지 않고 있는데 이러한 때에 와서 어떻게 옛 습관에 젖어 나태하게 지내면서 진흥시킬 생각을 하지 않을 수 있겠소.

라고 하면서 지시를 따를 것을 촉구했다.[50] 이에 대해 대신들은 연명으로 다시 차자를 올려서 지시를 철회할 것을 요구하였다. 이에 대해 고종은,

> 수년 이래로 나라의 운수가 대단히 어려움이 많고 변란이 꼬리를 물고 일어나고 있으니 평상시의 무사한 시국이라고 할 수 없다. 그래서 군사들의 복장을 번잡한 것을 없애 간편하게 하자고 한 것이니 여기에는 나의 깊은 의도가 있는 것이다. 이제 만약에 옛 것을 그냥 고집하면서 고치지 않는다면 이것이 어찌 크게 변혁하고 변통하는 뜻이라고 하겠는가. 역대 임금들도 대대로 새로운 것을 만들고 이미 있던 것을 변통하여 매번 시세에 맞게 맞추어 가지 않았는가!

최근의 연구에 따르면, 고종이 의복제도를 개혁하게 된 계기가 보빙사의 전권대신으로 구미지역을 돌고 온 민영익 등의 건의에 의한 것이라고 한다. 盧大煥, 「閔泳翊의 삶과 政治活動」, 『韓國思想史學』 18輯(2002), p.475.

50) 『고종실록』 21년 윤5월 27일.

라고 대응한다.[51] 그러자 지시를 철회할 것을 요구하는 예조판서의 상소가 올라왔고, 사헌부(司憲府)와 사간원(司諫院)의 연명 차자가 뒤를 이었다.

> 전교(傳敎)를 내리신 것을 보니 공복(公服)과 사복(私服)의 제도(制度)를 변경시킬 것에 대한 하명이 있었는데, 뒤이어 사람들이 의혹을 가지고 황급해 하며 뜬소문을 진정시키기 어렵게 되었으니 참으로 지극히 근심스러운 마음을 금할 수 없습니다. [……] 역대 임금들이 계승해 내려오면서 문물제도를 크게 갖추어 놓음으로써 의복 제도가 찬연히 완비되었으니, 옷자락이 크고 띠가 넓은 선비들의 옷차림은 오직 예의의 나라인 우리나라에서밖에 찾을 수 없습니다. 그러니 세상 사람들이 만약 이 옛 제도를 보자고 하게 되면 응당 모두 와서 본받아야 할 것인데 이제 와서 하필 변경시킬 것이 있겠습니까. 바라건대, 깊이 생각하시고 멀리 내다보시어 이번에 내리신 전지(傳旨)를 도로 철회하시고 나라의 제도를 보존할 것입니다.

고종은 이들의 제의를 거절했고, 연명 차자에 참여한 이들을 파면시키겠다고 하면서 맞섰다.[52] 그러자 이번에는 홍문관(弘文館) 관리 등의 연명차자와 상소가 이어졌으며,[53] 전현직 대신들은 세 번째 차자를 올려 국왕에게 지시철회를 요구하였다. 이에 대해 고종은,

> 재작년의 난리(=임오군란)로부터 2주년을 맞이하여 어찌 차마 할 말이 있겠는가. 폐단에 젖을 대로 젖고 규율이 해이해져서 만고에 없던 사태가 나타났던 것이다. 그러니 임금과 신하, 윗사람과 아랫사람이 힘을 다하고 마음을 하나로 합쳐 문란한 제도를 신속하게 잘 정돈하고 갱신하며 나라를 다스리고,

51) 『고종실록』 21년 윤5월 28일.

52) 『고종실록』 21년 윤5월 28일.

53) 『고종실록』 21년 윤5월 29일.

백성(民)을 인도하는 데서 볼만한 성과를 내는 것이 아주 시급한 일이다. 이번에 의복 제도를 변통하는 것은 바로 새롭게 변경하는 조치중의 하나이다. 이전에 내린 비답(批答)에서 나의 속마음을 남김없이 모두 간절하게 털어놓았는데 경(卿)들이 이처럼 강경하게 맞서고 있으니 너무도 이해해주지 않는구나. 나라의 근본이 되는 원로로서 대소사에 상관없이 백성(民)에게 편리한 것을 찾아서 이 일을 제때에 미처 하지 못할까 두려워하며 노력하는 것이 바로 진정으로 나를 보좌하는 도리일텐데 지금은 그렇게 하지 않으니 내가 어찌 경(卿) 들에 대하여 개탄하지 않을 수 있겠는가. 명령을 내린 지 이미 오래고 차자에 대한 비답도 여러 번 내렸으니 경들도 직분과 의리, 체면에 대하여 다시 생각해야 할 것이다.

라고 하면서 강경하게 밀어붙였다.[54] 결국 예조(禮曹)에서 의복을 개혁하는 데 대한 세부규칙을 정하여 보고하자, 고종은 이를 시급히 전국에 알려 보름 안에 실시하도록 지시를 내렸다.[55]

그러자 이번에는 봉조하(奉朝賀) 이유원(李裕元)이 상소를 올려 문물제도를 바꾸는 것이 적절하지 못함을 역사적 선례들을 열거하며 지적하고 나왔다. 그는 조선의 의복제도가 모두 성현들의 논의인 경전에 의거하여 만든 것으로서 이를 고치게 되면 귀천(貴賤)의 구별이 없어지게 되는데, 이러한 조치를 내리는 것은 성현들의 덕을 저버리는 것이라고 고종을 비판했다.[56] 영의정 김병국(金炳國, 1825~1905)은 사임을 요청했고, 영부사(領府事) 홍순목(洪淳穆)과 우의정 김병덕(金炳德, 1825~1892)이 강경하게 항의하였으며, 성균관 유생들의 상소가 이어졌다.[57] 그리고

54) 『고종실록』 21년 6월 1일.

55) 『고종실록』 21년 6월 3일.

56) 『고종실록』 21년 6월 3일.

예조판서 이인명(李寅命)은 상소를 올려 '억지로 할 수 없는 일을 재촉한 국왕의 강경한 지시를 불가피하게 따른 자신의 행위가 자신의 직분을 다하고 동요됨없이 법을 지켜야 하는 신하된 자의 도리를 어긴 것이라고 하며 자기를 처벌해줄 것'을 요청했다.58)

또 다른 상소에서는 국왕이 인사에 관한 엄격한 절차를 거치지 않고 자신의 판단하에 인물을 등용함으로써, 국왕의 관리임용이 편벽된 것임을 지적하기도 하였다.59) 고종은 한편으로는 이러한 신하들의 저항에 강경하게 대처하면서, 다른 한편으로는 조정(朝廷)에 나타나지 않는 영의정에게 '지금은 서로 버티며 헛되게 시간을 낭비할 때가 아니므로, 조정에 나와 부덕한 임금을 도와 국정에 임하라'는 설득을 반복한다.60) 그리고 세계의 대세가 변화하는 오늘날의 상황에서 지금 필요한 것은 '실사구시'적 태도라는 것을 강조하는 다음과 같은 교서(1884년 6월 15일)를 내리게 된다.

> 실질을 중시하고 여기에 온 힘을 기울이는 것, 이것이야말로 바로 나라를 다스리는 데서 아주 시급한 일이다. 우리 왕조가 태평한 지 오래되어 모든

57) 『고종실록』 21년 6월 4일; 5일.

58) 『고종실록』 21년 6월 6일.
고종은 예조판서가 올린 상소내용이 얼마 전 자신의 지시에 따라 절목(節目)을 시행한 것이 신하로서 해서는 안 되는 일을 억지로 시킨 것이라고 귀결 지음으로써, 신하로서의 명분과 의리를 저버렸다고 격분하면서 예조판서 이인명에게 귀양보내는 형벌을 내렸다. 다만 이날에 나타난 상소 가운데는 의복제도를 간편하게 고치는 것을 찬성하는 상소—김교환(金敎煥), 허석(許禶)의 상소—도 처음 나타났다.

59) 『고종실록』 21년 6월 10일, 「副護軍 吳致箕의 上疏」.
이에 대해 고종은 '막힌 정사를 열어야 할 경우 인물을 등용할 때 마땅히 변통이 있을 수 있다'는 비답을 내렸다.

60) 『고종실록』 21년 6월 7일; 9일; 12일; 14일; 17일.

일이 편안하다 보니 안으로 궁중 관청에서부터 밖으로 감영이나 병영, 고을과 진영에 이르기까지 조정의 명령을 선포하고 백성(民)을 다스리는 모든 곳에서 임시방편으로 일을 때우고 옛 문서를 베껴서 전달하거나 실속 없는 빈 문서들만 갖추어 놓고 있다. 바로 이 때문에 법률과 규율이 정밀하게 갖춰지지 못하고 인재나 병제가 점점 시세에 맞지 않게 되고 말아 좀처럼 바로세울 수 있는 가망이 없으니 어찌 한탄하지 않을 수 있겠는가.

현재 시국이 날로 변하고, 사무가 날로 늘어가며, 배와 수레로 교섭하는 길이 열리고, 감영과 보루에 군사훈련장을 설치하여 대응하는 것이, 결코 이전날에 자기만을 지키려하던 때와는 비교가 되지 않는다. 그런데 어떻게 상투적인 방식을 고집하고, 쓸데없는 절차를 행하면서, 실사구시(實事求是)의 길을 탐구할 방도를 생각하지 않을 수 있겠는가. 실(實)이라는 것은 진실된 것으로 허망하지 않는 것을 일컫는 것이고, 간사한 것을 막는 것을 말하는 것이다. 조치를 취하고 일을 하는 데에 간사하고 허망한 것이 섞여들면 어떻게 결연히 떨쳐 일어날 수 있겠는가. 이것은 나의 말이 아니고 옛날의 어진 임금과 명철한 군주들의 정사상(政事上)의 방법과 계책의 대강령(大綱領)이며, 또한 (상황에 따라) 새롭게 맞추어나가려는 뜻이다. 묘당(=議政府)에서는 이 뜻을 잘 헤아려서 문구를 만들어 중앙과 지방에 공문을 내려 보냄으로써 꼭 실제 성과가 있기를 기대하는 바다.[61]

그러나 일은 이렇게 수습되지 않았다. 같은 날 영부사(判府事) 송근수(宋近洙, 1818~1902)가 고종을 비판하는 상소를 올렸고,[62] 얼마후 조정에 나온 영의정 김병국(金炳國)은 '국왕이 위기상황에서 국정을 혼자서 운영하고 있으며', '높고 낮은 모든 사람이 의혹을 가지게 되고 온 나라가 소란스럽게 된 것도 바로 공론(公論)을 중시하지 않는 데서 비롯된다'

61) 『고종실록』 21년 6월 15일.

62) 『고종실록』 21년 6월 15일.

고 지적했다. 홍문관의 연명 차자가 다시 나타났고,[63] 송시열(宋時烈)의 9대손에 해당하는 재야의 거물인 송병준(宋秉璿, 1836~1905)은 상소를 올려 '온 세상이 오랑캐의 복장을 하고 있고 소국인 조선만이 오로지 문명의 유물을 보존하고 있는데, 이러한 위기 상황에서 겨우 보존해오던 것조차 폐기시킨다면 하늘의 이치와 백성(民)의 양심을 저버리는 것'이라고 주장했다.[64] 이러한 상소는 계속 이어졌다.[65] 그중에서도 송근수가 재차 올린 상소는 그 대표적인 것이라고 할 수 있을 것이다.

> 이번에 내린 절목(節目)은 일반적인 제도의 변통(變通)에 비할 것이 아니며 그 관계되는 바가 실상 중국과 오랑캐를 가르는 경계가 되는 것인데 우리 전하가 어떻게 이런 일을 하는 것입니까. [……] 이렇게 하게 되면 의복제도의 경우를 선례로 삼아 내일은 또 어떠한 변경을 도모하게 될 지 알 수 없습니다. 근년에 와서 금수와 같은 사나운 발자취가 나라 안에 나타나서 이미 큰 근심거리로 되고 있는데 갑자기 이런 심상치 않은 제도를 내오게 되었으니 듣고 보는 사람들이 어찌 놀라고 의혹을 갖지 않겠습니까. 바로 이 때문에 온 나라의 신하와 백성들이 누구나 답답하고 통분하여 눈물을 흘리면서 전하 앞에서 간곡히 말씀드리는 것입니다. 만약에 그렇지 않다면 무엇 때문에 가장 높은 관리에서부터 일반 백성들에 이르기까지 엄한 형벌을 아랑곳하지 않고 기어코 자기주장을 펴겠습니까!
>
> 옛날 조(趙)나라 무령왕(武靈王)이 기병(騎兵)의 힘을 빌리기 위하여 오랑캐의 복장을 제정하였다가 세상 만대의 비방을 받았습니다. 전하도 역사를 읽을 때면 늘 이에 대하여 통탄하였는데 지금 시기에 따르는 적절한 조치를 세운다고 하는 논의가 어찌 조나라 사람의 술법과 다르겠습니까. 맹자는 말

63) 『고종실록』 21년 6월 23일.

64) 『고종실록』 21년 6월 25일.

65) 『고종실록』 21년 6월 30일; 7월 3일; 9일; 22일; 24일; 27일.

하기를, '나는 중국의 제도로써 오랑캐의 제도를 변경시켰다는 말은 들었어도 오랑캐에 의해서 중국의 제도가 변경되었다는 말은 듣지 못하였다'고 하였습니다. [……] 생각하건대 우리나라는 비로소 큰 나라의 교화를 받아 차츰 문명한 지역으로 되었으니 [……] 우리 전하가 잘 계승 발전시켜서 억만 년 무궁할 계책을 남겨놓는다면 어찌 좋은 일이 아니겠습니까. 다시 잘 생각하시고 이미 내린 지시를 도로 철회하여 온 나라 신하와 백성들의 마음을 위로하시기 바랍니다.[66]

고종은 비판자들의 상소를 수용하지 않았다. 다만 이들에 대해 처벌보다는 점차 유화적인 태도를 보이며 이들을 설득하려 하였다.

대체로 지나간 일은 마치 구름이 흩어지고 얼음이 녹는 것처럼 말끔히 잊어버려야 하는 것이다. 더욱이 군신 간에, 상하 간에 서로 믿고 사랑하며 존경하는 처지에 있는데 더 말할 것이 있겠는가![67]

변통한 것은 바로 옛것을 끌어오고 오늘의 것을 참작하여 번잡한 것을 제거하고 간편한 것을 취한데 불과하다. 이미 절목에 대하여 공문을 띄웠으니 너는 양해할 것이다. (상소에서 언급한) 백성(民)을 인도하고 모범을 보이고 감화시켜 성취하게 하는 것은 의복 제도에 달려있는 것이 아니라 실질적인 학문을 하는가 여부에 달려있다. 그대는 분연히 조정에 나와 아침저녁으로 곁에서 유익한 말을 하여 임금과 백성들에게 그 혜택이 돌아가도록 하는 것이 시급한 일이다. 나는 이에 대해 몹시 기대하고 있다.[68]

66) 『고종실록』 21년 7월 3일.

67) 『고종실록』 21년 7월 16일.

68) 『고종실록』 21년 7월 22일, 「書筵官 朴性陽에 대한 批答」.

이후 의복제도 개혁에 관한 비판은 조금씩 수그러드는 경향을 보이게 된다. 지금까지 살펴본 의복제도 개혁을 둘러싼 공방에서 확인할 수 있는 것처럼, 고종의 개혁정책을 견제하는 비판자들은 어디까지나 전통적인 보수주의자들이었지 이른바 '민씨 세력'이 아니었음을 알 수 있다. 그리고 이시기까지 조선의 조정은 흔히 일컬어지는 것처럼 단순히 '민씨 정권'이라고 통칭할 수 있는 집단 또한 아니었다. 오히려 의정부를 비롯한 조정의 전통적인 기구는 보수적인 입장을 견지하고 있던 인물들이 의연히 버티고 있었고 재야 세력 역시 국정 운영에 간과할 수 없는 영향력을 행사하고 있었다. 반면 당시 국왕을 보좌하며 개화 및 자강정책을 추진하던 측근 그룹은 주로 앞서 언급한 통리아문을 계승한 기구에서 활약하면서 정치력을 키워오고 있었다. 따라서 일반적인 전통주의자들은 국왕 고종이 국가의 생기인 공론을 무시하고 국정을 독단으로 운영하고 있는 것으로 보았고, 그 주된 원인이 '척족세력을 비롯한 측근 세력'에게 있는 것으로 간주하고 있었던 것이다.

의복개혁을 둘러싸고 두 달 이상 진행된 정치적 줄다리기의 내용만을 보면 분명 고종은 조선의 협소한 정치공간에서 개혁안을 끝까지 밀어붙임으로써 힘겹게나마 정치적 승리를 거둔 것처럼 보였다. 그러나 그 결과는 주지하는 바와 같이 고종의 정치적 승리라는 방향으로 진행되지 않았다. 의복개혁을 둘러싼 논란에서 나타난 고종에 대한 강렬한 견제와 비판은 국왕의 측근 그룹 내부에 오히려 개혁의 성공 여부에 대한 불안감을 심화시켰고, 이들을 열악한 정치현실 앞에서 무력감과 초조함에 빠져들게 했다. 구미각국을 여행하고 돌아온 민영익이 오히려 개화 자강정책에 대한 자신감을 급속히 상실하고 친청(親淸)의 자세로 경도된 것이나,

이러한 민영익 등의 태도에 억누를 수 없는 배신감을 느끼고 반청 자주를 위해 불가불 일본의 힘에 의존하지 않을 수 없다고 느낀 김옥균·박영효 등의 태도는 모두 이러한 조선의 협소한 정치공간에 대한 무력감과 초조함에서 비롯된 것이었다. 여러 정황들을 고려해 볼 때 고종과 명성왕후의 견해가 크게 다르게 나타났던 것(고종 - 김옥균 지지, 명성왕후 - 민영익 지지)도 바로 이 지점이라고 할 수 있다.

하지만 수차례의 경고에도 불구하고 고종의 총애를 받고 있던 평균연령 26세의 젊은 개혁가그룹은 결국 '루비콘 강'을 건너고 말았고 결과는 '삼일천하'로 끝나고 말았다. 갑신정변의 실패로 인한 정치적 파장은 가히 상상을 초월하는 것이었다. "나랏일을 생각하매 다시 남은 희망이 없고, 개화 독립 등에 이르러서는 다시 혀를 놀리는 자가 없다"[69]는 윤치호(1865~1946)의 기록은 결코 과장된 것이라고 하기 어렵다. 갑신정변이 초래한 국내정치적 파장을 이해하기 위해서는, 무엇보다 사건을 주도한 세력이 당시의 열악한 정치 환경에도 불구하고 개화 자강정책의 중심에 서있었던 국왕을 보좌하던 최측근의 인물이었다는 점을 고려하지 않으면 안 된다. 지금까지 길게 언급해온 바와 같이, 개화세력을 열악한 정치적 악조건 속에서 중용하고 비호함으로써 현실정치의 장에서 활약할 수 있게 만든 장본인이 바로 국왕 고종이었을 뿐만 아니라, 김옥균 등이 내걸었던 반청자주와 내정개혁을 골자로 하는 혁신정강의 개혁프로그램은 사실상 고종의 정치적 구상의 연장선상에 놓여있는 것이었다. 주지하는 바와 같이, 정변이 끝난 이후 정치적 책임의 문제가 대두되는 것은 불가피

69) 『윤치호일기』 1권(탐구당, 1973), 1884년 10월 27일.

한 것이었고, 그 정변의 사실상의 원인은 모두 국왕인 고종의 잘못된 국정 운영에서 기인한 것으로 결론지어졌다.[70]

지금까지 언급한 사태의 전개 과정은 문명사적 전환기의 조선이 주권국가 간의 근대국제질서라는 새로운 패러다임에 자주적이고 능동적으로 참여할 수 있는 선택의 여지가 급격하게 봉쇄되어가는 양상을 보여준다고 할 수 있을 것이다. 조선이 취할 수 있는 선택의 폭이 급격하게 좁아져 버린 것이다. 이후 고종은 외교를 통한 자주국, 독립국의 확인에 연연하지 않을 수 없었고, 명성왕후의 외교적 능력이 발휘된 것은 이러한 과정에서였다.

5. 나가는 말

지금까지도 대원군이 '사실상의 섭정'에서 물러난 1874년 이후의 조선 조정은 '민씨 정권' 혹은 '민씨 척족 정권' 등으로 총칭되는 것이 일반적이다. 그리고 19세기 후반 조선의 정치적 상황을 '민비와 대원군'의 정치적 각축으로 이해하는 것이 일반적이었다. 하지만 이러한 설명방식이 정착하게 된 데는, 앞서 언급한 바와 같은 국왕의 정치의식이나 정치적 역할을 간과 혹은 무시한 채 19세기 후반의 정치적 역학관계를 비정치적이고 도식적으로 이해한데서 비롯되었음을 간과해서는 안 될 것이다.

그리고 이러한 역사서술의 저변에는, 고대-중세-근대라는 직선적 시

70) 『고종실록』 21년 11월 19일; 11월 30일.

간관에 기초하여 19세기 후반의 조선정치사를 중세 봉건사회에서 근대로의 필연적인 발전과정의 한 단계로서 선험적으로 규정하고, '근대적인 선각자'로서의 이미지를 갖는 이른바 '개화파'를 중심으로 이 시기의 정치사를 서술하려는 지적 성향이 광범위하게 공유되고 있음을 간과해서는 안 될 것이다. 더욱이 이러한 역사서술 방식에 따르면 개화파는 '진보세력' 그리고 이른바 '대원군 정권' 및 '민씨 정권'과 같은 조선 왕실은 '보수' 혹은 '수구' 세력이 됨으로써 그 내용의 사실 여부와는 상관없이 마치 이시기의 정치적 갈등관계가 명확하게 부각되는 것 '처럼' 보일 수 있다.

하지만 필자는 상이한 패러다임의 만남과 문명 표준의 역전으로 집약될 수 있는 19세기 후반 한반도의 상황을 '수구 대 진보' 혹은 '지배계급 대 민중세력'과 같은 이분법적 사고에 입각하여 해석하는 데는 커다란 한계가 있다고 생각한다. 조선에서 왕권이라는 공간은 조선 왕조의 상징적인 '질서'의 축으로서, 정치권력의 정통성의 근거가 되고 있었다. 따라서 국왕의 상징권력과 실질권력이라는 측면이 어떻게 현실정치에서 기능하고 있었으며 아울러 국왕을 둘러싼 복합적인 정치적 '관계'가 어떻게 전개되었는가에 관한 해명은 거대한 전환기의 상황에 놓여있던 조선 정치를 보다 생동감 있게 이해하는 불가결한 요소라고 하지 않을 수 없을 것이다. 따라서 여기에서는 명성왕후와 홍선대원군의 정치적 위상을 고려할 때 국왕 고종에 대한 진지한 이해 위에서 비로소 두 인물의 관계가 보다 입체적이고 생생하게 파악될 수 있다는 점을 감안하여 청년 고종의 정치의식과 대외관의 형성, 그리고 고종이 새로운 질서를 모색하고 실천하는 과정에서 개혁이 표류하게 되는 경위에 비교적 많은 비중을 두고 논의를 전개해 보았다.

이에 따르면 조선의 유교적 정치지형 위에서 정통성의 한계를 가지고 어린 나이에 왕위에 오른 고종은 성왕(聖王)의 수련 과정과 국내외의 정치적 상황을 접하게 되면서 서서히 조선의 '안과 밖'에 대한 자신의 사고를 형성해 나가게 된다. 즉위 후 경연에 적극적인 태도로 임하면서 고종은 당시 조선의 기강이 매우 쇠약할 뿐만 아니라 정치권력이 사적으로 남용되어 국가의 근본인 백성의 생활이 극히 불안한 상태임을 인식하게 되었고, '위민'정치를 실현할 수 있도록 이끌어 가는 것이 군주인 자신에게 부여된 정치적 책임이라는 사실을 이해하게 되었다.

또한 고종은 동아시아 질서의 거대한 전환을 경험하는 과정에서 국내외의 각종 사건과 정보에 접하게 되면서 보다 적극적이고 구체적으로 대외상황을 이해하려는 태도를 보이기 시작한다. 고종은 견청사절단의 보고를 적극적으로 경청하면서 서양국가들과 서양화한 일본이 세력을 확산시켜가고 있음을 강하게 의식하게 되었고, 또한 중국이 조선으로서는 여전히 가장 중요한 나라이기는 하지만 이미 현실적으로 세계의 중심이 아니라는 사실을 인식하게 된다. 이러한 사실은 고종이 청에 대해 갖고 있던 '제국으로서의 중화'라는 신화화된 이미지가 근본부터 흔들리고 있음을 의미하는 것이었다. 고종은 대원군이 주도하고 있는 배외정책이 시대적인 대세를 무시한 것으로서 현실적으로 조선이 점점 고립되는 방향으로 상황이 전개되어가고 있다는 위기의식과 불만을 동시에 갖게 되었던 것이다. 이러한 고종의 정치의식과 대외인식의 전환은 대외정책의 새로운 방향전환과 친정의 필요성을 강하게 느끼게 하는 중요한 계기가 된다.

한편 고종은 왕권의 특수한 위상을 이용하여 일단 친정을 선언할 수는 있었으나, '효'라는 유교에 있어서의 절대가치로 인해 자신의 생부인 대원군을 정치적으로 완전히 배제할 수 없었다. 대원군과 고종은 '충'의 원리와 '효'의 원리가 부딪치는 미묘하고 불편한 정치적 관계에 놓여 있었고, 조선의 유교적 정치지형에서 이러한 현실은 현실정치의 장에서 국왕 고종이 정치력을 발휘하는 데 심각한 제한요소로 작용하고 있었다. 고종이 새로운 질서를 모색하고 이를 추진하는 과정에서 명성왕후나 여흥 민씨 세력의 정치적 역할이 점차 부상하게 되는 것이나, 혹은 이후 본질적으로 국왕 고종과 대원군 간의 정치적 갈등이 지속되는 과정이었음에도 불구하고 이들 간의 정치적 대립이 현상적으로는 명성왕후와 대원군 혹은 박규수와 대원군 간의 대결 양상으로 나타나게 된 배경에는 이러한 왕실 내부의 정치적 역학관계가 복잡하게 얽혀 있었다. 현상적으로 드러난 이러한 정치적 긴장구도는 본질적으로는 조선의 유교적 정치지형에서 왕권의 특별한 구조적 위상과 고종의 왕위계승의 비정상적 승계 과정 등에서 비롯된 것이라고 할 수 있다.

왕조국가의 정통성을 상징하는 왕권 및 실제 국왕에 대한 정치적인 '비판과 견제'는 조선의 유교적인 정치지형에서 대단히 폭넓게 용인되고 있었지만 정치적 비판의 수준을 넘어서는 직접적 '공격'은 자칫하면 바로 '국가권력에 대한 반역'으로 간주될 수밖에 없었기 때문에 고종에 대한 비판세력은 국왕 고종을 직접 비판하기보다는 국왕의 측근 세력을 제압함으로써 실질적인 권력을 확보하려는 태도를 보이는 경향이 강했다. 정상적인 왕위 계승 방식에서는 살아있는 대원군이라는 존재가 있을 수 없는 점을 고려하면, 국왕 고종의 왕위계승의 비정상적 승계 과정이 거대한 전환의 시점에 놓인 조선의 정치운영에 현실적으로 얼마나 복잡한 문제들을 파생시키고 있었는지를 가늠하게 해준다.

참고문헌

『고종순종실록(高宗純宗実録)』

『고종순종실록(高宗純宗実録) CD-ROM』

『비변사등록(備邊司謄録)』

『수신사기록(修信使記録)』

『승정원일기(承政院日記)』

『일본외교문서(日本外交文書)』 明治年間

『일성록(日省録)』

『조선왕조실록(朝鮮王朝実録)』

『조선왕조실록(朝鮮王朝実録) CD-ROM』

『청계중일한관계사료(清季中日韓関係史料)』

김도태, 『서재필박사 자서전』(首善社, 1948)

김정명, 『日韓外交資料集成』 1권(東京: 巌南堂書店, 1966)

박규수, 『朴珪寿全集』(아세아문화사, 1978)

박정양, 『朴定陽全集』 4권(아세아문화사, 1984)

성대경, 「대원군의 보정부담초」, 『향토서울』 40(서울특별시사편찬위원회, 1982)

황현 저, 김준 역, 『梅泉野録』(교문사, 1994)

菊池謙譲, 『朝鮮最近外交史 大院君伝 附王妃之一生』(東京: 日韓書房, 1910)

諸橋轍次, 『大漢和辞典』 全15巻(東京: 大修館書店, 1980)

萩原延寿, 『遠い崖: アーネスト・サトウ日記抄, 14巻＝離日』(東京: 岩波書店, 2001)

花房義質, 『花房公使朝鮮関係記録』 4巻(서울대학교 규장각도서)

「His Majesty, The King of Korea」 *Korean Repository* 3권 11책(1896年10月)

Curzon, George N., *Problems of the Far East*(1894), 라종일 역, 『100년 전의 여행 100년 후의 교훈』(비봉출판사, 1996)

Dallet, C. Charles, *Histoire de L'Englise de Corée*(1874); 榎本武揚 訳, 『朝鮮事情一原名高麗史略』(東京: 1876); 『朝鮮事情』(東京: 東洋文庫, 1979)

Frazer, J.G., *The Golden Bough, A Study in Magic and Religion*, 2vols(London: The Macmillian Company, 1890), 장병길, 『황금가지』 2권(삼성출판사, 1988)

Griffis, W.E., *Corea: The Hermit Nation*(London: Alles, 1882), 신복룡 역, 『은둔의 나라, 한국』(평민사, 1985)
Rossetti, Carlo, *Corea e Coreani*(1910), 서울학연구소 역, 『꼬레아 꼬레아니』(숲과 나무, 1996)

강만길, 『고쳐 쓴 한국근대사』(창작과 비평사, 1994)
강상규, 「고종의 외교정책과 대외인식」, 이기백 편, 『한국사 시민강좌』 19집(일조각, 1996)
______, 「조선시대 왕권의 공간과 유교적 정치지형의 탄생」, 『애산학보』 29집(애산학회, 2003)
______, 「朝鮮の儒教的政治地形と文明史的転換期の危機」(도쿄대학교 박사논문, 2005)
강상중, 『オリエンタリズムの彼方へ一近代文化批判』(東京: 岩波書店, 1995)
김세은, 「고종초기 1864~1873년의 경연」, 『진단학보』 89(진단학회, 2000)
김용덕(金龍德), 「조선시대 군주제도론」, 『창작과 비평』 11권 2호(창작과 비평사, 1976)
서영희, 「명성왕후연구」, 『역사비평』 57(역사비평사, 2001)
송병기, 『근대한중관계사연구: 19세기말의 연미론과 조청교섭』(단국대학교, 1985)
신용하, 「개화파의 형성과 개화사상의 발전」, 『한국사 38권: 개화와 수구의 갈등』(국사편찬위원회, 1999)
안외순, 「고종의 초기 대외인식 변화와 친정: 견청회견사 소견을 중심으로」, 『한국정치학회보』 30집 2호(1996)
은정태, 「고종친정 이후 정치체제의 개혁과 정치세력의 동향」, 『한국사론』 40(서울대학교 국사학과, 1998)
이배용, 「개화기 명성황후 민비의 정치적 역할」, 『국사관논총』 66집(국사편찬위원회, 1995)
이태진, 『고종시대의 재조명』(태학사, 2000)
조성윤, 「개항 직후 대원군파의 쿠데타 시도: 이재선 사건을 중심으로」, 양상현 편, 『한국근대정치사연구』(사계절, 1985)
한우근, 「개항당시의 위기의식과 개화사상」, 『한국사연구』 2(한국사연구회, 1968)
허동현, 『일본이 진실로 강하더냐: 근대의 길목에 선 조선의 선택』(당대, 1999)
______, 「1881年 조사시찰단의 명치 일본 정치제도 이해: 박정양의 『내무성시찰기』와 『문견사건』류 등을 중심으로」, 『한국사연구』 86(한국사연구회, 1994)
______, 「조사시찰단의 일본견문기록 총람」, 『史叢』 48(역사학연구회, 1998)
______, 『근대한일관계사연구』(국학자료원, 2000)

홍순민, 「19세기 왕위의 승계과정과 정통성」, 『국사관논총』 40집 (국사편찬위원회, 1992)
子安宣邦, 坂元ひろこ 외, 『岩波講座: 現代思想 14=近代・反近代』(東京: 岩波書店, 1994)
田保橋潔, 『近代日鮮関係の研究』 2巻(조선총독부, 1940)
原田環, 「19世紀の朝鮮における対外的危機意識」, 『朝鮮史研究会論文集』 No. 21(1984)
丸山真男, 『日本政治思想史研究』(東京: 東京大学教, 1952)
Deuchler, Martina, *Confucian Gentlemen and Barbarian Envoys, The Opening of Korea, 1875~1885*(Seattle and London: Univ. of Washington Press, 1977)
Palais, James B., *Politics and Policy in Traditional Korea*(Cambridge: Harvard Univ. Press, 1975)
Dawson, Raymond, *The Chinese Chameleon: An Analysis of European Conceptions of Chinese Civilization*(Oxford Univ. Press, 1967)
Tanaka, Stefan, *Japan's Orient: Rendering Pasts into History*(Univ. of California Press, 1993)

IV. 고종의 대내외 정세인식과 대한제국 외교의 배경

1. 19세기 조선정치사에 대한 문제 제기

19세기 동아시아 지역을 다룬 대부분의 연구들은 동아시아 삼국에서 근대로의 이른바 '이행' 과정이 어떻게 진행 혹은 지체되었는가를 근대적 기준들(criteria)에 입각하여 규명하려는 경향을 보여 왔다.[1] 기존의 전환기 동아시아상(像)은 역사적으로 서구권이 비서구권을 포섭하는 과정에서 서구문명이 스스로를 '보편'으로 인식해가는 혹은 인식시키는 작업과 병행해서 형성되기 시작하였으며, 뒤늦게 근대적 국제질서에 편입된 동아시아 국가의 입장에서는 서구의 근대문명을 따라잡지 않으면 안되는 절박한 시대적 상황하에서 이러한 동아시아상을 급속히 수용, 정착

1) 동아시아 정치사상사 저작 중에서 가장 비중 있는 작품의 하나로 손꼽히는 마루야마 마사오(丸山眞男)의 『일본정치사상사연구』가 중국역사의 정체성(停滯性)에 관한 헤겔의 언급을 책머리에 인용하면서 이에 근거하여 화두(話頭)를 열어간 것은 아마도 근대인의 사유체계와 동양사 이해의 상관관계를 전형적으로 보여주는 사례라고 할 수 있을 것이다.
丸山眞男, 『日本政治思想史硏究』(東京大學, 1952).

시켜 갔다. 이러한 정황들을 포괄적으로 고려해볼 때 19세기 동아시아 지역에 대한 기존의 이해방식은 그 자체가 20세기에 있었던 비서구권의 복합적인 근대의 궤적에서 비롯된 것으로서 현실적이며 구체적인 문제의식하에 이루어진 업적이라는 점에서 그 자체로 동아시아의 20세기적 상황을 고스란히 반영한다고 할 수 있을 것이다.

지금까지의 전환기 조선 근대사 연구 역시 이러한 동아시아 연구경향과 긴밀히 맞물려 진행되어왔다. 지금까지 19세기 후반 조선의 정치를 다루는 기존의 연구들은 당시 조선에서 나타난 정치적 지향이나 정치의식에 따라 '보수'와 '진보'라는 정치구도로 조선의 내정과 외교를 설명해왔다. 이러한 연구경향은, 조선정치의 역사적 맥락과 아울러 수 백 년 동안 형성된 조선정치의 독특한 구조와 작동원리에 관해 깊이 천착하지 않은 채, 전환기 조선의 정치를 몇 명의 주요한 인물들을 중심으로 '수구세력' 대 '개혁세력'의 갈등이라는 이분법적인 틀로 접근함으로써 전환기 조선 정치에 대한 입체적이고 심층적인 이해를 곤란하게 했다는 느낌을 지우기 어려운 것도 사실이다.

왜냐하면 조선정치사에 대한 역사적 맥락과 구조적 이해를 상대적으로 소홀히 한 접근방식은, 한편으로 조선의 각종 대내외 정책이나 정치적 사건과 같은 미시적 차원의 문제들에 대한 방대하고 구체적인 논의의 축적에도 불구하고 연구 수준의 중요한 한계요인으로 작용하지 않을 수 없을 것이기 때문이다. 더욱이 이러한 연구경향은 다른 한편으로 '문명사적 전환기'의 조선사라는 거시적 차원에 대해서는 근대인의 지식체계에 입각한 '중세에서 근대로의 이행 또는 지체'라는 동아시아의 근대사 서술방식에 맞추어 자칫하면 사건이나 사실을 짜 맞추거나 나열하는 경향으로 치닫게 하는, 하나의 중요한 원인이 될 수 있을 것이다. 요컨대 문제는 이처럼 논의가 진행되어 간다면 선진 대 후진, 우등 대 열등, 발전 대 정체, 혹은 보는 쪽=대표하는 쪽=보호하는 쪽과, 보이는 쪽=대표되어져야 하는 쪽=보호받는 쪽이라는 이분법적, 이항대립적(二項對立的) 인식 태도를 벗어나기 어렵다는 점에 있을 것이다.[2]

'왕권'이라는 공간은 조선 왕조의 상징적인 질서의 축으로서, 정치권력의 정통성의 근거가 되고 있었다.[3] 따라서 국왕의 상징권력과 실질권력이라는 측면이 어떻게 현실정치에서 기능하고 있었으며 아울러 국왕을 둘러싼 복합적인 정치적 '관계'가 어떻게 전개되었는가에 관한 해명은 대한제국을 포함한 '문명사적 전환기' 조선의 정치와 외교를 더욱 생동감 있고 깊이 있게 이해하는 데 불가결한 요소라고 할 수 있을 것이다. 뿐만 아니라 고종을 둘러싼 논의는 급변하는 대외상황에 조선 혹은 대한제국 정부 차원에서 어떠한 정치적 제도적인 모색이 진행되었는지를 살피고, 정부 내의 권력을 둘러싼 긴장관계와 정책 주도의 근원을 더욱 심도 있게 논의하는 데 중요한 근거가 될 수 있을 것으로 생각된다.

따라서 여기에서는 이러한 문제의식에 입각하여 대한제국을 포함한 19세기 후반 조선의 군주 고종에게 주권국가 간의 근대국제질서라는 새로운 패러다임에 상응하는 '자주독립국가'를 만들려는 의식적인 행위가 존재하고 있었는지, 그리고 만일 존재하고 있었다면 고종에게 국가의 '자주'

2) 강상중, 앞의 책, 3章, 「日本の植民政策學とオリエンタリズム」.

3) 이에 관해서는, 강상규, 「조선시대 왕권의 공간과 유교적 정치지형의 탄생」, 『애산학보』(애산학회, 2003)를 통해 검토해 본 바 있다.

와 '독립'이 지상의 목표로 인식되기 시작한 것은 언제부터인지를 검토해 보려고 한다. 이러한 점들을 검토하기 위해서 여기에서는 우선 군주 고종의 정치의식과 대외관이 어떠한 과정을 통해서 형성되었으며 대체로 어떠한 내용을 담고 있었는지, 그리고 고종이 친정 이후 취하는 정치력의 확보 노력과 새로운 대내외 정책의 내용은 대체로 무엇이었는지, 아울러 대한제국 시기에 그것은 어떠한 방식으로 표출되었는지를 고찰해 보겠다.

2. 청년 고종의 정치의식과 대외관의 전회(轉回)

조선의 국왕은 즉위 초기에는 즉위 이전에 받은 왕자 수업 정도에 따라 다소 차이가 있기는 하지만 대개 국왕으로서 제 역할을 충분히 못하고 그 결과 정치적 위상은 상대적으로 낮게 마련이다. 이후 정치적 감각을 익히고 정세를 파악하면서 정치적 역량을 강화시키게 되고 점차 위상을 높여가게 된다. 즉위 초년의 고종은 어느 누구보다 더 취약했던 자신의 왕위 계승 과정으로 말미암아 대왕대비 조씨의 수렴청정과 생부인 흥선대원군의 실질적인 권력 장악으로 현실정치에 있어서 국왕의 역할은 사실상 미약할 수밖에 없었다. 실제로 즉위 초기 고종의 공식적인 정치행위는 대체로 강학(講學) 곧 경연에 열중하는 것과 더불어 왕실행사와 같은 국가의 의례적이고 상징적인 차원에 머물러 있어 현실정치의 표면에 그다지 드러나지 않는 경우가 많았던 것이다.

즉위 초기의 고종은 왕자 수업을 전혀 받지 않은 채 왕위를 계승한 이유 등으로 유교군주로서의 내적 역량을 다질 수 있도록 경연 수업이 특히 중시되지 않을 수 없었다. 즉위 초기의 고종의 경연을 다룬 연구에 따르면, 고종이 즉위 10년간 개최한 경연의 횟수는 총 1298회로 정규 강의(進講과 勸講)는 754회, 특별 강의(召對)는 544회에 이른다.[4] 즉위 이후 어린 고종은 경연의 장에서 경사서(經史書)를 익혀가는 과정에서 이른바 '학자관료'들과 정치적 현안에 대해 계속 대화해 나갔으며 군주로서 학문하는 기본적인 자세와 아울러 정치에서 추구해야 할 전통적인 유교적 가치체계들을 배워 나갔다. 그가 경연의 장을 통해 어진 군주로서의 자세를 구체적으로 체화해갔음은 여러 사례를 통해 확인해 볼 수 있는데, 요컨대 언로를 열어 정치적 소통이 활발히 이루어질 수 있도록 조정의 모든 신료들이 간쟁을 적극적으로 할 것을 당부하고 있는가 하면,[5] 지방에 거주하는 경연관에 대해서는 그 지방 수령들의 치적 혹은 폐단, 그리고 그에 관한 백성들의 반응을 구체적으로 추궁하면서 민정에 대한 관심을 드러내고는 했다.[6] 예컨대 대왕대비가 수렴청정을 갑자기 거두고 국왕의 친정이 선포된 지 얼마 후 발표한 고종의 다음 언급은, 당시의 정국에 대한 그의 기본적인 인식과 아울러 그의 정치의식을 나름대로 집약해서 보여주고 있다.

4) 김세은, 「고종 초기 1864~1873년의 경연」, 『진단학보』 89(진단학회, 2000) p.128을 참조.
고종은 정규 강의에서 『효경』과 『소학』을 시작으로, 『대학』과 『논어』 『맹자』 『중용』 『시전』 등을 차례로 익혀 나갔으며, 특별강의에서는 주로 『통감』 『갱장록』 『국조보감』 등의 역사서를 읽었다.

5) 『승정원일기』 고종 2년 5월 7일.

6) 여기에서는 이러한 사례로서, 『승정원일기』 고종 원년 9월 21일의 경연; 9월 27일의 경연; 11월 9일의 경연; 고종 5년 8월 17일; 고종 8년 8월 23일 등의 경우만을 지적해둔다.

> 내가 어린 나이에 나라를 다스리는 어려운 중책을 이어받았다. [……] 백성이 없는데 관리가 어떻게 관리 노릇을 하며 나라가 어떻게 나라 구실을 할 수 있는가. 목전에 놓여있는 급선무는 요컨대 두 가지로 압축되는데, 하나는 묘당에서 사사롭게 대하지 말고 법령을 엄격히 세우는 것이며, 다른 하나는 지방의 토호들이 악습을 그만두고 (백성들을) 편안히 살면서 일에 종사하도록 하는 것이다. 조정의 법령이 엄격히 서면 나라의 규율도 서게 되며 시골의 토호들이 악습을 걷어치우면 풍속도 바르게 된다.
>
> 그리고 지방의 토호들이 권세를 부리는 문제에 대해서는 내가 왕이 되기 전부터 이미 자주 들어왔고 잘 알고 있는 바다. 지금 와서 어느 고을 어느 누구라고는 비록 일일이 거론하지는 않겠으나, 나라의 모든 것을 손금 보듯 상세히 알며 먼 지방이라고 해서 살피지 못하는 데가 없이 할 것이라는 글을 침실 벽에다 써 붙이고 그전부터 헤아려 왔다. 오늘날 나라가 편안하게 되는가 아니면 위태롭게 되는가 하는 것은 여기에 달려 있다. 그러므로 의정부에서 글을 만들어 전국에 공문을 띄울 것이며 한문과 언문으로 베껴 써서 거리와 마을에 붙여 모두 다 알도록 할 것이다.[7]

요컨대 고종은 당시의 국가 기강이 대단히 쇠약할 뿐만 아니라 정치 권력이 사적으로 남용되어 국가의 근본인 백성들의 생활이 심각하게 불안하다고 인식하고 있었고, 이러한 상황을 극복하기 위해서는 우선 경향

7) 『고종실록』 3년 2월 27일.
"敎曰, 予以沖年, 叨承艱大之責. [……] 無民而官何爲官? 國何爲國? 目下急先務, 只有二件事. 一則內而廟堂, 毋看顔私, 嚴立法令也. 一則外而居鄕土豪, 斂戢惡習, 安生樂業也. 朝廷之法令嚴正, 則紀綱擧矣. 在鄕之土豪, 斂戢惡習, 則風俗正矣. 且土豪武斷, 予自潛邸, 已有所慣聞稔知, 到今某邑某人, 雖不必一一枚擧, 階前萬里, 無遠不燭, 書諸寢壁, 自有斟量者矣. 今日國之安危, 在此而已. 自政府措辭行會於八道四都, 眞諺翻謄, 揭付坊曲, 使之咸須知悉."

각지의 관리들이 솔선하여 '위민(爲民)'정치를 실천해 나가지 않으면 안 되며 그렇게 할 수 있도록 최종적으로 이끄는 것이 군주인 자신에게 부여된 막중한 정치적 책임이라는 사실을 절실히 인식하고 있었던 것이다.[8) 다만 여기서 간과해서는 안 될 것은 고종이 국가적 급선무로 간주하고 있던 두 가지 사안, 즉 법령을 엄격히 세워 국가의 기강을 바로 잡는 것과 민생을 안정시키는 문제를, 고종이 별개의 사안이라는 관점에서 접근하기 보다는 오히려 '위민'이라는 하나의 축을 중심으로 두 개의 문제를 동시적으로 풀지 않으면 안 된다고 굳게 믿고 있었다는 사실이다. 이러한 고종의 '위민'의식이 왕도정치의 헌장이라 할 수 있는 '백성은 나라의 근본이며 근본이 견고하면 나라가 안녕하다(民惟邦本 本固邦寧)'는 전통적인 민본주의적 사고방식에 기초한 것임은 이론의 여지가 없을 것이다.

실제로 이러한 고종의 정치의식은 그 성격상 예컨대 형벌의 적용을 둘러싼 수차례의 논쟁을 통해 명확하게 확인해 볼 수 있다. 즉 고종은 죄인들을 심판하고 형벌을 가하는 것과 관련하여, 법적 기강을 엄격히 하기 위해 가혹한 형벌도 불사하지 않으면 안 된다는 주변의 고위 관리들의 주장과 반대에도 불구하고, 형벌을 주는 데 보다 신중하며 가급적 관대한 태도를 보임으로써 법령을 남용하지 않도록 하고 억울한 경우가 최대한 발생하지 않도록 하는 것이 오히려 법의 기강을 세우는 방법이며, 아울러 생명을 소중히 여기는 하늘의 덕(生生之德)을 본받으려는 유교 본연

8) 이와 같은 고종의 정치적 인식은 며칠 후의 지시문에 다음과 같이 드러나고 있다. "유교를 장려하여 풍속과 교화가 훌륭히 되어나가도록 하는 것은 곧 우리 조정의 가법(家法)이다. 때문에 나는 자나깨나 오직 한 마음, 여기에 마음을 두고 있다". 『고종실록』 3년 3월 1일.

의 가치를 정치적으로 구현하는 것이라는 입장을 끝내 관철시켜나갔다.[9] 그 중에서도 고종의 형벌의 적용에 관한 의식을 잘 보여주는 사례로서 1870년 9월 정만식(鄭晩植)의 경우를 들 수 있다. 고종은 수사상의 여러 결함들을 이유로 정만식에 대한 사형 결정이 여러모로 부적절하다는 입장을 표명하고, 죄인을 귀양 보내는 것으로 최종판결을 내렸는데, 승정원, 홍문관, 사헌부와 사간원, 의금부 당상관, 전현직 대신 등이 각기 연명(連名)으로 상소를 올려 이에 대한 지시철회를 요구하고 나오지만 고종은 이를 끝내 승인하지 않았다.[10] 다음날 고종은 형벌의 적용에 관한 자신의 입장을 다음과 같이 체계 있고 분명하게 밝히고 있다.

> 법을 운용하는 데는 엄격해야 하며 형벌을 주는 데는 신중하여야 한다. 죄가 있는지 판명되었을 때 벌을 주고 판단이 서지 않으면 용서해야한다. 그리해야 법이 엄격하게 이행되고 형벌은 조심스럽게 주어진다. 최근 몇 차례의 심문을 시행하였다. 그런데 누구는 다른 이들의 참언에 의해, 누구는 그들이 왕조의 멸망을 예언한 도참죄가 있다고 하여, 그때마다 차마 듣기도 말하기도 어려운 죄목을 들씌워 마구 잡아 죽이기까지 하고 있으나 이를 문제시 삼는 사람은 없다. 이렇게 해서야 대저 사건의 실상을 얼마나 자세히 조사했다고 할 수 있겠는가. 이 어찌 인간의 생명을 소중히 다루는 것이겠는가. 그런데도

9)고종 즉위 초기 『고종실록』에 수록되어 있는 이러한 사례로서 다음과 같은 경우를 들 수 있을 것이다. 金龜柱 및 金始淵에 대한 경우(1865년 1월 2일; 3일; 7일), 沈履澤과 沈宜冕 父子와 金鎭衡, 金尙魯에 대한 경우(1865년 10월 15일; 16일; 17일; 18일), 南鍾三, 洪鳳周의 경우(1866년 1월 21일; 23일; 24일), 鄭晩植의 경우(1870년 9월 9일; 10일; 11일), 崔錫基의 경우(1870년 11월 11일), 金應龍의 가족과 吳潤根의 父子에 대한 경우(1872년 5월 16일; 18일; 19일), 柳興榮, 沈聃應, 金應淵, 徐震圭에 대한 경우(1872년 6월 7일; 22일; 26일; 27일; 29일).

10) 『고종실록』 7년 9월 9일(壬申條).

> 시시비비를 가르지 않고 손쉽게 서둘러 처리부터 하려고 하니, 자기도 모르게 개탄하지 않을 수 없다.
> 이제부터는 범죄 사건에서 누구를 막론하고 중형의 죄가 들씌워지게 되면 반드시 끝까지 조사 확인하고 반복하여 따져야 할 것이다. 그리하여 진짜 범행을 저질렀으면 이는 법에 따라 처벌할 것이다. 하지만 만일 실제로 범행이 밝혀진 바 없는데, 그저 남에 의해 죄가 있다고 일컬어지는 사람이라면, 그 때는 의정부의 결정에 따라 그의 죄에 의문이 있다고 하면 형량을 줄이는 것을 허용하여, 세상에 억울함이 쌓이지 않도록 해야 할 것이다.[11)]

여기 소개한 고종의 언급에서 분명히 드러나는 것은 고종의 천인합일적(天人合一的) 세계관과 유교적 위민의식이다. 고종에게 있어 정치란 윤리적 이상을 사회적으로 실천하고 실현하는 과정일 때에만 진정한 가치를 가질 수 있는 것이며(政者正也), 유자(儒者)에게서 일반적으로 나타나는 '정치의 윤리적 승화'라는 이상주의적 신념은 이미 청년기의 고종에게 확고하게 자리를 잡아가고 있었던 것이다.

이와 같은 고종의 유교적 위민의식은 이외에도 여러 곳에서 확인된다. 그 중 몇 개의 흥미로운 사례를 소개해보면, 예컨대 중건이 결정된 직후 직접 궁궐의 터전을 둘러보던 도중, 고종은 주위의 대신들에게 궁궐 문 근처에 사는 백성들의 집이 철거될 것을 걱정하였다. 이에 대해 주변 신하들은 이들 백성들이 불법으로 집을 짓고 사는 무단 거주자들임을 강조하면서 그냥 지나치려 한다. 고종은 비록 이런 선례가 없다고 하더라도 집을 잃게 될 백성들에게 보상해 줄 것을 지시하였다. 며칠 후 고종은

11) 『고종실록』 7년 9월 10일.

다시 이 문제를 꺼내어 구체적인 장소를 직접 지적하면서 이들 모두에게 거처를 마련해 줄 것을 지시하고 있다.[12)]

또한 1873년에는 홍수로 인한 수많은 피해자가 발생하자, 고종은 의정부로 하여금 각도의 피해상황을 정확하게 파악하여 균등하게 조세를 면제토록 하라고 지시한다. 그러자 좌의정 강로(姜㳣, 1809~1887)가 조세를 감면시켜 주는 것이 국가재정과 관련되는 것인 만큼 현실적으로 어렵다고 말하자, 고종은 다음과 같이 언급한 후, 오히려 관개(灌漑)시설을 정비하고 각 지역에 조세대장에 누락된 토지가 많으니 이를 철저히 확인해서 시정하라고 지시한다.

> 옛 말에 이르기를 백성(民)이 넉넉하면 나라도 부유해진다고 하였다. 만일 백성(民)이 넉넉하지 못하다면 나라는 누구와 더불어 넉넉할 수 있겠는가. 재해를 돌보아주는 도리에서는 나라에 치우치는 것보다는 차라리 백성(民)에게 치우치는 것이 낫다. 한 올의 실이나 한 알의 쌀도 모두 다 백성(民)에게서 나온 것이다. 이전에 궁전 밖 행차를 할 때 백성(民)의 집들에서 곡식을 쌓아놓은 것을 볼 때마다 나라 곡식을 창고에 쌓아둔 것이나 다름없이 흡족했다. 백성(民)에게 저축이 없는데 나라에 남은 저축이 있다면 이것이 어찌 '위민의 길'이겠는가.[13)]

12) 『고종실록』 2년 4월 12일(丙子條); 4월 20일(甲中條).

13) 『고종실록』 10년 7월 10일(丙辰條).
"教曰, 古語云民富則國富. 民若不足, 則國誰與足乎? 恤災之道, 與其偏於國無寧偏於民. 一絲一粒, 皆出於民. 曾前幸行時, 每觀民家積穀, 則心常喜之, 無異國穀之積置倉庫. 民若無儲而國有餘儲, 是豈爲民之道也?"

여기서는 이러한 고종의 유교적 '위민'='민본'의식이 점차 대원군의 패도적 정치성향과는 다른 정치를 직접 실천하려는 의지가 구체화되는 사상적 배경이 되었다는 점을 아울러 부언해둔다.

한편 고종의 정치의식과 정치적 성향을 보다 입체적으로 이해하기 위해서는 고종이 청년기를 맞이하면서 경전류보다 상대적으로 역사서에 깊은 관심을 보이게 되었다는 사실에도 주목할 필요가 있을 것이다.[14)]

14) 청년기 고종의 역사서에 관한 관심은 여러 곳에서 확인되는데, 예컨대 강관 박호양으로부터 '진강은 정지한 채 소대(召對)에서 역사서만을 읽는다'는 비판을 받는가 하면(1872년 4월), 강관 김세균에게는 '정조가 지은 책자에 실려 있는 역대 연기를 보니, 기자(箕子) 이후 고려 이전까지의 역사 중에 아무래도 상세하지 않은 것도 있고 해서, 이를 보완하는 작업을 직접 하고 있으니 이에 참고가 될 역사서를 구해 달라'는 지시를 내리기도 한다(1873년 2월)(『승정원일기』 고종 9년 4월 30일; 10년 2월 1일). 뿐만 아니라 고종은 "매번 『통감』에서 치란(治亂)을 논한 부분을 읽노라면 직접 그 때를 보는 듯 하고, 명군이 현자를 임용하는 부분에 이르면 나도 모르게 감탄을 금할 수 없다"(『승정원일기』 고종 10년 9월 7일)면서 역사서에 대한 자신의 깊은 관심을 토로하기도 한다.
고종이 역사에 해박했다는 것에 관해서는 다음과 같은 자료들에서도 간접적으로 확인된다. ① "국왕은 자기 나라의 역사, 근대와 고대의 역사에 대해 나라 안의 어느 누구보다도 더 많이 알고 있으며, [……] 대신들 사이에 옛 관습과 과거에 대해 모르는 것이 생겼을 때 전하에게 물어보면, 어떤 역사적 사건이 일어난 시기와 특별한 점을 정확하게 지적해준다". 'His Majesty, The King of Korea', *Korean Repository* 3권 11책(1896년 10월) p.428. ② "지적인 면에서 황제는 복잡한 중국의 한자뿐만 아니라 언문이라는 고유문자에 대해서도 매우 뛰어나다는 명성을 누리고 있는데, 이 두 가지 자질을 모두 갖춘 예는 극히 드물다. 그는 또한 한국의 고대사와 근대사에 대해서도 뛰어난 지식으로 역사의 여러 논점이나 옛 관례에 대해 대신들 사이에 의문이 생겨날 때 경이로울 정도로 정확하게 그 문제를 해결해 준다". Rossetti, Carlo, *Corea e Coreani*(1910), 서울학연구소 역, 『꼬레아 꼬레아니』(숲과 나무, 1996) p.90.

왜냐하면 역사서를 통해서 자국의 역사를 비롯한 고금의 치란, 흥망성쇠의 궤적을 상세히 알게 되었다는 사실은 요컨대 민본사상이나 천인합일설과 같은 이상주의적 신념과는 달리, 기나긴 역사적 흥망성쇠의 되새김을 통해 현재의 상황을 끊임없이 역사적으로 반추하게 함으로써 보다 신중하면서도 객관적이고 현실적 사고를 가능하게 할 뿐만 아니라 자신의 아이덴티티를 역사적이고 통시적으로 설정하는 근거가 될 수 있기 때문이다. 청년기를 맞이한 고종의 역사서에 대한 관심은 고종이 이후 조선 안팎의 상황변화에 '민감'하면서도 상대적으로 '신중'하게 반응하게 되는 빼놓을 수 없는 사상적 기반이 된다는 점에서 주목할 만하다.

한편 신미양요에 이르기까지만 해도 고종은 서양세계를 전통적인 화이관념에 근거해 문명세계와는 상극적인 이미지로 인식하고 있었다.[15] 그것은 조선에서 전통적으로 내려오던 문명관(文明觀)과 문화적 자존의식, 그리고 즉위 이후 형성된 고종의 유교적 정치성향, 그리고 아울러 당시 조선 전체를 위기의식에 휩싸이게 했던 병인년(1866) 프랑스 함대와의 격전을 비롯하여, 오페르트 도굴사건(1868), 신미년(1871)의 미국함대와의 격돌 등 서양과의 폭력적이고 적대적인 만남과 충돌의 상황을 종합적으로 고려해볼 때 지극히 자연스러운 것이라고 해야 할 것이다.

이는 환언하면 고종이 자기 정체성을 갖추어가는 과정에서 가지게 된 서양세계의 이미지가, '예의지방(禮義之邦)으로서 조선'이라는 일종의 '자기 정의(self-definition)'를 정합적으로 만들어가는 소재가 되고 있

15) 이러한 사례로서 『승정원일기』 고종 7년 3월 7일; 『일성록』 고종 8년 4월 17일; 8년 4월 20일; 『고종실록』 8년 4월 25일 등을 지적할 수 있을 것이다.

으며, 아울러 자신이 속해 있으며, 그리고 자신이 수호하지 않으면 안 될 문명세계에 대한 '역상(逆像, inverse image)'에 가까운 모습이었음을 의미한다. 이것은 단지 고종에 국한된 것이 아니라 동시대를 살아갔던 조선유자들의 거의 대다수가 공유하고 있던 '자기에 대한 인식'인 동시에 '타자(他者)로서의 서양에 대한 인식'이기도 했다.

그러나 국내외의 각종 사건과 정보에 접하게 되면서 고종은 보다 적극적이고 구체적으로 대외상황을 이해하려는 태도를 보이기 시작한다. 여기서 상기시켜두고 싶은 사실은 당시 조선의 폐쇄적인 정치적 사상적 여건하에서 비교적 풍부한 정보를 지속적으로 접할 수 있는, 거의 가장 유리한 위치에 있었던 존재가 바로 다름 아닌 국왕이었다는 점이다.

고종에게서 전통적인 화이관념의 전환이 나타나는 과정을 당시의 정치적, 제도적 맥락에서 이해하려면 우선 다음의 두 가지 사실을 지적해 둘 필요가 있을 것이다. 첫째, 고종이 즉위 후 조선의 '개화사상의 선구자'로 일컬어지는 박규수(1807~1876)와 인맥적으로나 사상적으로 긴밀한 영향관계에 있었다는 점이다.[16] 그리고 두 번째는 대외정보의 통로와

16) 박규수는 조대비의 남편, 곧 효명세자(익종)와 개인적으로 매우 절친한 관계였다. 그런데 순조 때 대리청정(1827년 2월~1830년 5월)을 하던 효명세자가 갑자기 죽자, 실의에 빠진 박규수는 관직에 진출할 것을 포기하고 칩거하며 독서에만 전념하게 된다. 그 후 박규수는 1848년에 과거를 치르고 뒤늦게 관직생활을 시작하게 되는데, 조대비가 이러한 박규수를 얼마나 마음에 담아두고 있었지는 고종 원년(1864년) 1월 1일, 그녀가 가장 먼저 내린 특별 지시가 '익종과 절친했던 박규수의 직위를 특별히 올려주라'는 것이었다는 데서 명백하게 드러난다. 이에 관해서는, 『고종실록』 원년 1월 1일 ; 『박규수전집』(1978) p.15; 어린 고종에게 있어, 왕통상 자신의 부친인 익종이 가장 신뢰했던 박규수라는 인물이 남달리 각별한 존재였으리라는 것은 두말

국왕과의 관계다. 동아시아 질서가 동요하는 상황에서 조선이 청국 이외의 정보망을 확보해 나가기 이전까지 대외정세에 관해 실질적으로 거의 독보적이라고 할 만큼 중요한 정보원이 되었던 것은 다름 아닌 조선이 청에 보낸 사행단의 보고(召見, 聞見別單) 그리고 이들이 가지고 들어온 관련서적 등과 청의 예부로부터 조선의 예조로 보내온 서한 등이었다.[17)]

[표 4-1] 친정 선언 이전 청년 고종의 대외관의 전환을 드러내주는 견청사절단

사절 출발일	사절단 명칭	정사	부사	서장관	수역	도착보고일
1871.10.22.	冬至兼謝恩行 (定例使行)	민치상	이건필	박봉빈	이응삼	1872. 4. 4. 1872. 4.30.
1872. 7. 2.	進賀兼奏請行 (同治帝 結婚祝賀)	박규수	성이호	강문형	오경석	1872.12.26.
1872.11.10.	冬至兼謝恩行 (定例使行)	김수현	남정익	민영목	윤하정	1873. 4. 9.
1873. 3.11.	進賀兼奏請行 (皇帝親政及び皇太后稱慶)	이근필	한경원	조우희		1873. 8.13.

출처: 승정원일기

할 나위가 없다. 실제로 박규수는 평안감사 시절(1866년2월~1869년3월)과 제2차 연행 기간(1872년7월~12월) 등을 제외하면, 고종 즉위 이후 고종10년에 이르기까지 대부분의 기간 동안 고종의 경연관으로 참가하게 된다. 이후 고종이 대원군에 의한 '사실상의 섭정'을 거부하고 스스로 친정할 것임을 선언한 직후, 박규수를 우의정으로 임명하는 과정에서(『고종실록』 10년 12월 2일부터 10일까지) 고종의 박규수에 대한 신뢰는 더욱 분명히 드러나고 있다. 고종과 박규수의 정치적 사상적 영향관계는 지금까지 본격적으로 논의된 바 없다. 이에 관해서는 별도의 논문을 준비 중에 있다.

17) 이에 관해서는 한우근, 「개항당시의 위기의식과 개화사상」, 『한국사연구』 2(한국사연구회, 1968); 原田環, 「19世紀の朝鮮における對外的危機意識」, 『朝鮮史硏究會論文集』 No.21(1984); 안외순, 「고종의 초기 대외인식 변화와 친정: 견청회견사 소견을 중심으로」, 『한국정치학회보』 30집 2호(1996) 등을 참조.

당시의 소견(召見) 내용을 검토한 안외순의 연구(1996)에서 지적된 바와 같이, 고종이 대외적 상황에 대해서 구체적인 관심과 흥미를 표명하기 시작한 것은, 신미양요 이후 연행사절로 다녀온 민치상(閔致庠, 1825~1888) 등이 고종에게 귀국보고를 하면서부터였다. 고종이 친정을 선언하기 이전 대외정보의 통로라는 관점에서 청년 군주의 대외관에 변화가 나타나는 것을 확인할 수 있는 사절단을 표로 나타내면 [표 4-1]과 같다.

> 고종: 황제를 뵈었는가?
>
> 민치상: 서너 차례 연회가 있을 때에 뵈었습니다. [……] 근래에는 강학(講學)에 더욱 힘쓰면서 국무에 마음을 쓰고 계시니, 모든 정사를 친히 주관하실 것을 모두가 우러러 바라고 있습니다. 이에 황제에 대한 백성들의 바람과 존경심을 가히 알 수 있었습니다…….[18]
>
> 고종: 떠날 때 이미 언급한 대로 과연 상세히 사정을 살피고 돌아왔는가?
>
> 정사 민치상: 다른 사정이 있는지는 제가 잘 모르겠습니다만, 지난 가을에 양이(洋夷)들이 왜인(倭人)들을 꾀어 와서 중국과 더불어 교역할 것을 요구하여 이미 문서로 약속했으며, 장차 교역을 행하게 된다고 합니다.
>
> 고종: 그렇다면 중국은 장차 왜인들을 어떻게 접대하게 되는가?
>
> 민치상: (倭는) 이미 신하로서 복종하는 나라가 아니므로 왜인들을 신하라고 일컫지 않을 것이라고 합니다.
>
> [……]

18) 『일성록』 고종 9년 4월 4일.
"予曰, 獲瞻皇上乎? (閔)致庠曰, 三四次宴禮時, 獲近皇上而擧止, [……] 近又篤勤講學留心事務, 親總萬機擧皆顒仰, 可見其愛戴期望之群情矣. 予曰, 去時已諭之, 而果詳探事情而來乎? (閔)致庠曰, 有他事情無以詳知, 而聞去秋洋夷利誘倭人, 而來要與中國通貨, 已有約書, 將行交易云矣. 予曰, 然則中國將何以接待倭人乎? (閔)致庠曰, 旣非臣服之國, 則倭人似不稱臣云矣."

요컨대 여기에는 주로 청과 일본 간의 청일수호조약의 체결이라는 사건과 아울러 청의 동치제(同治帝)가 친정을 할 것이라는 소식 등이 담겨 있다고 할 수 있다. 그런데 이 대화 내용에 따르면, 고종은 청일 간의 교역이 이루어지게 되었다는 사건이 사대교린으로 상징되는 중화질서에서 대체 무엇을 의미하는 것인지 궁금해 하고 있으며, '제국으로서 중국'인 청국의 현실적인 권위와 물리력에 대해 다소 회의감을 품고 있음을 느낄 수 있다. 아울러 어린 황제가 공친왕을 대신하여 친정하게 될 것이라는 점 등도 흥미를 끄는 대목이었던 것으로 보인다. 적어도 이러한 문제들에 대하여 고종이 적극적인 관심을 가지기 시작하였다는 것은 이로부터 4주일 남짓한 시간이 흐른 뒤 고종이 서장관(書狀官) 박봉빈(朴鳳彬)을 따로 불러 위의 사항과 관련된 질문을 보다 구체적으로 다시 반복 확인하고 있는 것을 통해서도 확인해 볼 수 있다.[19] 이때 이루어진 고종의 질문

19) 『일성록』 고종 9년(1872) 4월 30일.
"황제가 총명하고 배움을 좋아하여 庶政을 친히 다룸으로써 백성들의 기대에 부응한다는데 과연 그러하던가? [……] 洋夷가 倭人들을 끌어들여 중국과 더불어 장차 교역을 하리라고들 하던데 과연 그러하던가? [……] 倭가 본래 중국에 신하로서 복종하는 나라가 아니어서, 淸은 倭와 교역을 하겠다는 약속을 금지, 통제하거나 반대하지 않는 것인가? [……] 洋夷의 중국침범이 恭親王이 내응하여 그렇다고들 하던데 과연 그러하던가? [……] 恭親王이 洋夷를 끌어들여 국가를 해치는 것에 대해서 臣民들은 혹시 분통해하는 마음을 지니고 있지는 않던가? [……] 大國의 민심은 이전에 비해 어떠하던가? [……] 대국의 법령이 전에 비해 해이하다고들하던데, 이전의 道光이나 咸豊때와 비교하면 어떻던가? [……] 중국조정의 신하가운데 혹 재능있는 인물은 있던가?("予曰, 皇上聰明好學, 親總庶政以副民望云, 果然乎? [……] 予曰, 洋夷招入倭人, 與中國將有通貨之說云, 果然乎? [……] 予曰, 倭國本非臣服於中國, 則胡不禁制乃反以通貨爲約耶. [……] 予曰, 洋夷之侵犯中國, 恭親王爲內應而然云, 果然乎? [……] 予曰, 恭親

들은 아직 피상적이고 초보적인 수준이기는 하지만 당시 동아시아에서 진행 중이던 물리적 권력관계의 변동과 이에 따른 정치적 무질서의 증가라는 중화질서 동요의 하나의 핵심적 측면과 긴밀히 맞물려 있을 뿐만 아니라, 동치제와 중국의 실권자인 공친왕의 긴장관계가 고종 자신과 조선의 실권자인 대원군 간의 정치적 관계로 오버랩될 수 있다는 점에서도 대단히 흥미로운 내용이라고 할 수 있을 것이다.

고종은 서장관 박봉빈을 접견한 바로 그날(1872년 4월 30일) 차기 연행사절의 정사로서 당시 최고의 대외관계 전문가일 뿐만 아니라 자신이 가장 신뢰하던 박규수를 결정한다.[20] 그리고 후일 박규수의 귀국보고를 받는 자리(1872년 12월 26일)에서 고종은 자신의 주요 관심사와 관련해 대략 40여 개에 달하는 질문을 던지게 되는데, 박규수의 답변에는 대단히 중요한 정치적 함의와 무게가 실려 있었다.

박규수가 보고한 내용을 요약하면, 현재가 더할 나위없는 '난세'이며 이것이 이미 거부할 수 없는 시대적 대세라는 것, 이러한 와중에서 중국의 경우에는 다소의 혼란에도 불구하고 예컨대 대포, 화륜선 등으로 대표되는 강력한 서양국가의 기술(用＝器＝才)들을 배척하지 않고 오히려 적극적으로 활용하려 하는 자세를 취함으로써 내실을 기해나가고 있다는 것, 그리고 이러한 상황에서 청국 황제의 친정이 시작됨을 모두가 바라고 있다는 것 등이었다.[21] 박규수의 구두보고는 비록 완곡하게 표현되고

王招入洋夷内蠹國家臣民, 或不無憤惋之心乎? [……] 予曰, 大國民心比前何如? [……] 予曰, 大國法令比前解弛云矣, 比諸道光咸豐時則何如? [……] 予曰, 中原朝臣中或有才能之人乎?"

20)『승정원일기』고종 9년 4월 30일.

21)『승정원일기』고종 9년 12월 26일.

있기는 하지만, 그 내용은 결국 조선이 현재 시대적 대세를 외면함으로써 고립되는 국면으로 치달리고 있으며 이러한 조선 조정의 입장이 도리어 중·장기적으로는 나라를 보다 심각한 위기상황으로 몰고 갈 것이라는 대단히 무거운 메시지를 담고 있었던 것이다. 이것은 당시의 국내외적 위기상황을 통감하고 안타까워하던 박규수의 현실적인 위기의식을 그대로 반영하고 있음과 동시에 아울러 청년 국왕 고종에게 '새로운 사고(New Thinking)'를 촉구하는 강력한 정치적 암시이기도 했다.[22)]

이후 고종은 여러 차례의 보고를 거치는 동안,[23)] 다양하고 적극적인 질문을 통해 서양제국과 서양화한 일본이 세력을 확산시켜가고 있음을 분명하게 인식하게 된다. 또한 중국이 조선으로서는 여전히 가장 중요한 나라이기는 하지만 이미 현실적으로 세계의 중심이 아니라는 사실을 인식하게 된다. 이러한 사실은 고종이 청에 대해 갖고 있던 '제국으로서의

22) 박규수의 비교적 완곡한 형식의 보고에 담긴 행간을 읽어내기 위해서는 다음과 같은 사실을 상기해 둘 필요가 있을 것이다. 박규수는 고종의 즉위 이후 줄곧 경연관에 참여하고 있어서 고종의 정치의식이나 성향을 어느 누구보다 잘 알고 있었다. 실제로 고종의 유교적 인군(仁君)의식의 많은 부분이 박규수의 지적 영향하에 이루어졌다고 해도 과언이 아닐 것이다. 하지만 박규수가 경연이라는 공식적인 자리를 통해 고종에게 자신의 정치적 견해를 피력하는 데는 어떤 식으로든 한계가 존재하지 않을 수 없었다. 공공성을 중시하는 조선의 정치적 전통에 따라 국왕과 개별적인 신하와의 이른바 '독대'가 허락되지 않았던 사정과 아울러 당시 조정을 비롯한 조선 전국에 팽배해 있던 배타적 대외정서 등을 종합적으로 고려해보면, 이미 노년에 접어든 박규수가 연행사절의 정사로서 고종에게 객관적인 정세보고의 형식을 빌어 자신의 정견을 전하기 위해 얼마나 많은 생각과 고민을 했을 것인가를 헤아릴 수 있다.

23) 『승정원일기』 고종 10년 4월 9일; 10년 8월 13일.

중화'라는 이미지가 근본부터 흔들리고 있음을 의미하는 것이었다. 요컨대 고종은 대원군이 주도하고 있는 조선의 배외(排外)정책이 시대적인 대세를 무시한 것으로서 현실적으로 조선의 상황이 점점 고립되는 방향으로 가고 있다는 위기의식과 불만을 동시에 갖게 되었고, 고종의 이러한 상황판단은 대외정책의 새로운 방향전환과 아울러 스스로 친정할 것임을 선언하게 되는 중요한 계기들이 되었다.[24)]

24) 『고종실록』 10년 10월 25일~11월 5일.
주지하는 바와 같이, 1866년 2월 대왕대비가 수렴청정을 거둔 후 조선왕조는 형식적으로는 고종의 친정에 들어갔다. 그러나 대외적인 상황의 급박한 전개로 말미암아 강력한 지도력이 요청되는 정치적 상황이 계속되면서 현실적으로 대원군이 내외정을 주도해 나갔음은 본서의 다른 장에서 이미 살펴본 바 있다. 하지만 왕실의 권위를 회복하고 중앙집권적 왕조질서를 재구축하려는 대원군의 집정(執政)이 지속되면 될수록 국가권력의 구심축은 점차 이원화(二元化)되는 양상을 띠게 되었고, 이에 따른 왕실내부의 긴장관계가 심화되어 나타나는 것은 피하기 어려운 것이었다. 더욱이 왕실내부의 긴장관계가 심화되는 것과 관련해서 주목되는 사실은 대원군이 자신에게 집중되어 있던 권력을 고종에게 돌려주겠다는 어떠한 합의도 정치적 언질도 존재하지 않았다는 점이다. 이러한 상황하에서 어린 고종이 형식적인 군주의 권위에 머무르는 데 만족할 때에는 이같은 양두정치(兩頭政治, diarchy)가 가능했다. 그러나 고종의 정치적 성장과 더불어 정치적 견해차가 눈에 띄게 확대되면서, 고종은 대원군에 대한 명시적 혹은 묵시적으로 이루어지던 지지를 철회하고 자신이 국정을 운영해갈 것임을 선언하게 된다. 이러한 고종의 친정선언이 현실적으로 가능할 수 있었던 것은 대원군의 강력한 실질 권력이 사적인 권력이라는 데서 취약성(vulnerability)을 갖고 있었기 때문이며 대원군은 이를 거부할 어떠한 공식적인 명분도 갖고 있지 못했다. 고종의 친정의 구체적인 계기가 되는 최익현의 1차 상소(1873년 10월 25일)와 2차 상소(동년 11월 3일), 그리고 이를 둘러싼 군신 간의 팽팽한 의견대립과 정치적 갈등관계의 전개에 관해서는 다양한 관점에서 연구가 진행되고 있다.
이와 관련해서는 Palais, James B., *Politics and Policy in*

하지만 고종이 정치적 정통성의 현실적 근거가 되는 왕권의 위상을 이용하여 일단 친정을 선언하였다고 하여, 자신의 생부인 대원군의 광범위한 정치적 영향력을 배제할 수 있었던 것은 아니었다. 이것은 단순히 대원군이라는 개인의 직접적인 정치참여 여부를 떠나, 기왕에 대원군이 장악하고 있던 광범위한 인적, 물리적 권력기반과 고종이 '동거'하면서 국정을 운영하게 되었음을 의미한다.[25]

친정을 선언(1873년 11월)한 이후의 정치적 상황 하에서 고종이 어떠한 의식을 갖고 어떠한 정책을 펴려고 했는지, 그리고 이 과정에서 어떠한 정치적 제약에 휩싸여 있었는지를 1874년과 75년에 이루어진 박규수와 대원군 간의 서신 논쟁은 잘 보여준다. 왜냐하면 고종과 대원군의 미묘하고 불편한 정치적 관계와 당대의 정서 등을 고려해볼 때, 이 서한을 통한 논쟁은 비록 형식적으로는 박규수와 대원군 간에 이루어진 것이었지만 사실상 고종과 대원군의 대리전의 성격을 지니고 있었기 때문이다. 이를 통해 당대의 핵심적인 이슈가 되던 대외정책을 둘러싼 양자 간의 입장과 명분의 차이를 분명하게 확인해 볼 수 있다.[26]

Traditional Korea(Cambridge: Harvard Univ. Press, 1975) ch. 9; Deuchler, Martina, *Confucian Gentlemen and Barbarian Envoys: The Opening of Korea, 1875~1885*(Seattle and London: Univ. of Washington Press, 1977) pp.11-13; 김영수, 「대원군의 하야와 고종의 정치적 역할」, 『한국정치사상사』(박영사, 1991); 최병옥, 「대원군의 하야에 대하여」(1992), 이후 최병옥, 『개화기의 군사정책연구』(경인문화사, 2000)에 수록; 안외순, 「대원군집정기 권력구조에 관한 연구」(이화여자대학교 박사논문, 1996); 김병우, 「고종의 친정체제 형성기 정치세력의 동향」, 『대구사학』 63(2001) 등을 함께 참고할 것.

25) 이에 관해서는 본서의 3장을 참고할 것.

3. 만국공법 질서에의 진입 모색과 새로운 위기

이후 여러 가지 우여곡절 끝에 일본과의 수호조규가 맺어지게 되는데, 이때 이에 따른 반대 여론이 강력하게 일어나자, 고종은 결국 이에

26) 이때 박규수가 대원군에게 서한을 보낸 것은 대원군을 설득함으로써 조정의 반대 분위기를 돌파하기 위한 것이었다. 후일 조일(朝日) 간에 교섭이 진행되는 동안에, 오경석이 일본 측의 미야모토 고이치(宮本小一)와 모리야마 시게루(森山茂)에게 "현재 대원군은 물러나 있으나 거의 모든 대신들이 비밀리에 정사를 대원군에게 알리고 그의 결정에 따르고 있다"고 한 것이나, "나라의 모든 사람들이 화합하려는 마음이 없는 것은 아니지만 모두 대원군을 두려워하여 감히 드러내고 말하지 못하고 있다"고 언급한 사실은 당시의 정황을 잘 보여준다고 할 수 있을 것이다. 『日本外交文書』 明治年間, 9卷; 金正明, 『日韓外交資料集成』 1卷(東京: 巖南堂書店, 1966); 「朝鮮國政府內部ノ和戰兩派ニ關スル件」(明治九年二月十三日).
이와 관련하여 미국의 한국학 권위자인 제임스 팔레는 박규수의 위의 서한에 대해 필자의 입장과는 정반대의 해석을 내리고 있음을 지적해둔다. "박규수는 고종이 너무나도 용기가 모자라는 것에 대하여 타격을 받은 나머지, 국왕을 향한 신뢰를 상실하고 자신의 정강(政綱)에 대한 성공을 보장할 수 있는 남아있는 유일한 사람인 대원군에게로 돌아갔다. [……] 다시 말해서 박규수는, 기존에는 자신이 결코 인정하지 않았으며 늘 반대해왔던, 대원군이 정책의 주도권을 장악하기를 간청한 것이다. 박규수는 고종의 영도력을 거의 믿지 않았기 때문에 고종을 지도자로 만드는 것보다는 대원군에게 그의 견해를 바꾸도록 설득하는 것이 더 쉽다고 결정했다". Palais, James B., 앞의 책, pp.260-261. 이러한 팔레의 해석이 이루어진 것은 다음과 같은 팔레의 관점 때문이었다. 팔레는 당시의 정치적 상황을 '유교가치를 함양하는 엄격한 성왕(聖王) 교육을 받은 고지식한 학생'에 가까운 고종이 자신과는 달리 '활동적이며 결단력이 월등하고' '전통적이면서도 실용적인 개혁가'인 그의 부친 대원군을 밀어낸 것으로 간주한다. 따라서 박규수가 지도력이 부족하고 유약한 고종을 포기하고 대원군에게 돌아가게 되었다는 것이다.

대한 더 이상의 논의가 이미 소모적일 뿐이며 현실적으로 도움이 되지 않는다는 입장을 견지하게 된다.[27] 그리고 '구교(舊交)회복론'의 입장에서,[28] 윤치현(尹致賢)의 상소에서 거론된 바 있는 '일본과의 수교는 그동안 잠시 끊겼던 교린관계의 복구이며 반면에 서양에 대해서는 척사적 입장을 고수한다'[29]는 논리에 따라 당시의 반대여론을 돌파한다.[30] 이러한 상황에서 일본과의 우의를 다진다는 명분하에 메이지 일본을 처음으로 직접 견문하고 돌아온 수신사 김기수(1832~1894)가 고종에게 보고서(聞見別單)를 올리게 된다.[31] 고종의 입장에서 보면 청국이라는 필터를 통해서 걸러진 일본에 관한 기왕의 보고와는 달리 직접 일본을 견문한 김기수의 보고는 여러 가지 면에서 대단히 실감나는 것이 아닐 수 없었다. 재야세력은 물론이고 조정 내에서도 외세를 배척하는 분위기가 팽배해 있던 상황에서, 김기수의 문견별단이 보고하고 있는 바와 같이, 실제로

27) "왜(倭=일본)를 억제하는 것과 서양을 배척하는 것은 별개의 사안이다. 이번에 왜선(倭船)이 온 것이 서양과 연합한 것이라고 어떻게 단언할 수 있는가. 그리고 설사 왜(倭)가 서양의 앞잡이가 되어온다 하더라도 역시 이에 대한 각각 대응하는 방도가 있을 것이다." 『일성록』 고종 13년 1월 23일.

28) "이번 일은 일본과의 과거의 우호관계를 회복한 것에 지나지 않는다(上曰, 今番事卽不過修舊好)". 『일성록』 고종 13년 2월 5일.

29) 『고종실록』 13년 1월 28일(庚申條).

30) 이와 같은 논리는 기존에 국내적으로 막강한 기반을 가지고 있던 '일본과 서양은 하나'라는 논리(倭洋一體論)를 다분히 의식한 것이었다.
이에 관해서는, 한우근, 『한국개항기의 상업연구』(일조각, 1970) pp.330-331; Deuchler, Martina, 앞의 책(1977) p.44; 주진오, 「한국근대 집권관료세력의 민족문제 인식과 대응」, 『歷史와 現實』 창간호(한울, 1989) p.36 등을 참조.

31) 김기수의 보고내용의 주요부분은 본서의 1장 3절을 참고.

일본이 서양으로부터 부지런히 배워 청국보다 더욱 부국(富國)이 되었으며, 그 강병(强兵)의 수준은 이미 조선과는 현격한 지경에 이르렀다는 것을 재삼 확인할 수 있었기 때문이다.

한편 수신사 김기수가 남긴 기록 가운데 간과해서 안 될 사실은 단편적이기는 하지만 만국공법이라는 용어에 대한 설명이 등장하고 있다는 점이다.[32] 즉 '소위 만국공법이란 여러 국가들이 맹약을 맺는 것으로서 마치 전국시대(戰國時代)의 합종연횡의 법과 같은 것'이라고 소개하고 있다. '그리하여 맹약(盟約)을 맺은 어느 한 나라가 어려움에 처하면 만국이 그를 구하고, 또 어떤 나라가 맹약을 어기게 되면 만국이 그를 공격하는 것이니, 애증에 편벽됨이 없고 공격하는데도 편벽됨이 없다. 이것은 서양인들의 법이어서 바야흐로 이를 잘 지키고 받들어 행하므로 감히 맹약을 어기지 못한다'는 것이다.[33] 김기수가 『만국공법』의 서문을 직접 읽고

32) "其所謂萬國公法者, 諸國締盟, 如六國連衡之法, 而一國有艱, 萬國救之, 一國有失, 萬國攻之, 無偏愛憎, 無偏攻擊, 此西人之法, 而方規規奉行, 不敢有失". 김기수, 『일동기유』 권3, 「政法」, 『修信使記錄』(국사편찬위원회, 1971) p.70.

33)마틴이 번역한 『만국공법』이 조선에 정확하게 언제 유래되었는지에 관해서는 아직 명확한 정설이 없다. 공공문헌에 나타난 것으로는 1877년 12월 일본의 대리공사 하나부사 요시모토(花房義質, 1842~1917)가 당시의 예조판서 조영하(1845~1884)에게 외교지침서인 『성초지장』과 함께 기증해주었다는 기록이 최초인 것으로 일반적으로 알려져 왔다. 『倭使問答』 메이지(明治) 10년 12월; 田保橋潔, 앞의 책, 上(1940), p.623.
그런데 최근의 연구에 의하면, 조일수호조규가 맺어질 때 조선 측이 『만국공법』을 이미 가지고 있었다는 기록이 있어 흥미롭다. 즉 주일 영국공사인 팍스(Harry Parkes, 巴夏禮, 1828~1885)가 조선과의 조약 체결에 참여한 모리야마와의 대담을 바탕으로 1876년 3월 27일 본국 정부에 다음과 같이 보고하고 있다.
"타국이 조선에 와서 일본이 한 것과 유사한 요구를 할 가능성을

만국공법에 관한 개요를 쓴 것인지 누군가의 설명을 듣고 쓴 것인지는 확인하기 어려우나, 크게 보면 일본과의 새로운 관계수립을 의미하는 '조약' 체결을 전후하여 조선에 주권국가(sovereign state)라는 '새로운 국가형식'과 함께 조약체제(treaty system)라는 '새로운 국가 간의 교제 및 교섭방식'을 다루는 만국공법에 관한 관심이 정계의 일각에서 아주 한정된 범위에서나마 생겨나기 시작하고 있었음을 반영하는 것이다.[34]

그(=조선대표)들은 충분히 내다보고 있으며, 어느 정도 이에 대해 준비가 되어 있다. 그들은 중국과 외국이 체결한 모든 조약의 사본을 갖고 있으며 휘튼 국제법의 베이징 번역본(=『만국공법』)을 갖고 있다. 모리야마가 만난 한 관료(=오경석)는 20년 동안 계속 베이징을 방문했으며 홍콩에도 다녀왔기 때문에 그(=조선 대표)들은 유럽과 미국의 여러 다른 나라들을 알고 있다(The possibility of other nations coming to Corea and making similar demands to those made by Japan is fully foreseen by them, and they are in some measure prepared for it. They have copies of all the treaties concluded between China and foreign Powers, and possess the Peking translation of Wheaton's International Law. One of the officers met by Moriyama had been a constant visitor at Peking for twenty years, and had also been to Hong Kong, so that they are not uninformed as to the different nationalities of Europe and America)". Parkes to Derby, Park Il-Keun(ed.), *Anglo-American Diplomatic Materials Relating to Korea* 上(Mar. 27, 1876), pp.45-47, 김용구, 『세계관 충돌과 한말외교사, 1866~1882』(문학과 지성사, 2001) pp.235-236.

34) 오쿠무라 엔신(奧村圓心)의 『朝鮮國布敎日誌』중 [東仁日本漫遊事情]을 보면, 승려 이동인(李東仁)이 당시 혁신적인 사고를 하던 김옥균, 박영효의 경제적 후원과 일본 히가시 혼간지(東本願寺)의 부산별원 원주(院主)인 오쿠무라 엔신의 협력을 통해 일본에 밀입국(1879년 9월)하게 되는 경위가 간략히 기록되어 있다. 그런데 이에 따르면 일본에 건너가는 가장 중요한 이유가 '열국(列國)의 공법(公法)' 곧 만국공법을 배우기 위해서라고 되어있어, 일본과의 조약을 전후하여 세계의 변화에 주목한

이러한 상황에서 조선이 만국공법이라는 새로운 방식에 어떤 식으로든 노출될 수밖에 없음을 고종이 직시하게 되는 계기로서 아마도 조일간의 수호조규에 관한 협상이 한창 진행되는 과정(1876년 1월)에서 시작되어 1881년 2월까지 17회에 걸쳐 오고간 조선의 이유원(1814~1891)과 청의 이홍장(李鴻章) 간의 서신 교환을 빼놓을 수 없을 것으로 생각된다.[35] 그러나 고종은 수년전 조일 수호조규 이래 비판 여론에 둘러싸여

소수의 개혁지향 세력들이 가장 주목한 것 중의 하나가 기존의 중국적 세계질서와는 구별되는 새로운 세계질서를 다루는 만국공법이었음을 엿보게 해준다.

"東仁ハ元來僧侶ナレトモ, 居常愛國護法ノ神經家ニテ, 挽近朝鮮國々運日々ニ衰頹シ, 宗教ハ旣ニ地ヲ拂ントス. 此時革命黨朴泳孝・金玉均等國家ノ衰運ヲ奮慨シ, 大ニ刷新セントス. 又東仁モ意見符節セシユエ, 朴泳孝・金玉均兩氏ヨリ東仁ヲ引見シ, 重用スルニ至レリ. 故ニ**列國ノ公法等ヲ知ラン爲メニ**我宗門ニ歸入シテ, 日本ヘ渡ン事ヲ以テセリ. 東仁ハ朴泳孝ヨリ送レル純金ノ丸棒四本, 餘レニ示シ, 是レヲ路費トシテ渡ント云ヘリ. [……] 是レ卽チ韓國改革黨日本ヘ渡海スル始トス". 조동걸, 「奧村의 朝鮮國布敎日誌」, 『한국학논총』 7(서울: 국민대학교, 1985) p.270; 萩原延壽, 『遠い崖: アーネスト・サトウ日記抄, 14卷＝離日』(東京: 岩波書店, 2001) pp.82-83.

35) 사실상 조선 정부와 청의 실력자 李鴻章이, 私的인 書信교환이라는 비공식적인 형식과 루트를 통해, 조선의 대외정책에 관해 의견을 교환한 것은, 기존의 朝淸관계에 있어서 조선의 內外政에 간섭하지 않았던 慣例 때문이라고 할 수 있다. 李鴻章과 李裕元의 서신교환에 관해서는, 原田環, "朝・中 '兩截體制' 成立前史: 李裕元と李鴻章の書簡を通して"(1981), 『朝鮮の開國と近代化』(1997)를 참고할 수 있다.

이홍장은 유구병합(1879년 4월) 직후에 이유원에게 보낸 서한을 통해 화이론적 명분론이 아닌 '만국공법'에 의거하여 서양국가와의 조약관계를 강력히 권유하게 된다. 그러나 그렇다고 해서 이홍장이 조선이 만국공법 질서로 완전히 귀속되기를 바란 것은 아니었다. 왜냐하면 청국의 입장에서 볼 때 국가 평등 관념

기존의 배외정책을 본격적으로 돌파할 수 있을 만큼의 설득력 있는 논리와 정치적 계기를 발견하지 못하고 있었다.

기존의 배외정책에 대한 고종의 변화 의지가 조선의 현실정치의 장에서 구체적인 일련의 개혁적인 정책의 형태로 가시적으로 드러나기 시작한 것은 『조선책략』이 전래된 직후인 1880년 9월부터라고 할 수 있다. 『조선책략』의 전략적 가치에 주목한 고종은 한편으로는 『조선책략』을 공론의 장으로 끌어내어 정책전환의 불가피성을 설득하면서, 다른 한편으로는 대미수교 방침을 확정하고 비밀리에 이를 추진해 나가게 된다.[36]

에 기반한 만국공법 질서의 전면적인 수용이란 결국 기왕의 중국적 세계질서의 해체를 의미하는 사태로 이어지는 것이기 때문이다. 따라서 이홍장의 의도는 전략적 요충지인 조선의 위정자들에게 어디까지나 이이제이(以夷制夷)에 의한 '현상유지책'의 차원에서 만국공법을 활용할 것을 권유함으로써 중화질서와 만국공법 질서의 절충과 동거를 모색하였다고 할 수 있다. 이로부터 일 년 후 조선에 전해진 『조선책략』에서 '친중국'과 만국공법에 의거한 미국과의 조약체결의 필요성이 강조된 데는 바로 이러한 정치적 사상적 맥락이 배경으로 존재하고 있었다.
이에 관해서는 강상규, 『19세기 동아시아의 패러다임 변환과 제국 일본』(논형, 2007)과 본서의 5장을 참고할 것.

36) 『조선책략』에서 만국공법에 관한 논의는 단연 주목할 만하다. 『조선책략』을 통해 황준헌은 서구 열강 간에는 '이른바 균세(=오늘날의 세력균형)의 원칙이 지켜지고' 있을 뿐 아니라, '서양의 공법(公法)은 남의 나라를 완전히 멸망시키지 못하게 되어 있다'고 하면서 '조약'체결의 필요성을 강조하고 있다. 따라서 '미국과의 조약을 통해 만국공법을 적용할 수 있으며 [……] 조선이 무사할 때 조약을 맺어야 공평한 조약을 체결할 수 있다'는 말을 역설하면서 만국공법의 효과에 대해 거론하고 있다. 뿐만 아니라 만국공법에 관한 중요성은 김홍집이 가지고 온 또 다른 책 『이언(易言)』에서도 강조되고 있다. 『이언』의 제1편인 「공법을 논함(論公法)」에는 유럽제국들의 관계를 규제하고 화목케 하는 것이 만국공법 때문이며, 중국도 여러 국가 중 하나에 불과하며

1880년 12월 조선 정부는 '사대, 교린, 군무, 변정 등과 관련된 일을 전담할 새로운 아문(衙門)'을 마련하라는 고종의 지시에 따라 새로운 국가기관으로서 통리기무아문(이하 통리아문으로 약칭)을 설치한다. 따라서 통리아문은 고종의 주도하에 조선 정부가 '배외(排外)'와 '척사(斥邪)'정책을 기조로 하던 기왕의 방침을 전환하고 외국과의 교섭 및 통상, 군사력의 강구에 관한 일을 전담하도록 하기 위해 설치했다는 점에서 획기적인 의미를 지닌 기구인 동시에 고종의 정치적 구상이 깊이 반영된 것이라고 할 수 있을 것이다.

당시 고종은 조선이 대내외적으로 직면한 정치적 위기를 돌파하기 위해서는 어떤 식으로든 '친중국(親中國)'의 입장을 전략적으로 활용할 필요가 있다고 느끼고 있었다. 따라서 이홍장의 서한 등의 사례에서도 드러나는 바와 같이,[37] 청국이 조선의 내치와 외교를 존중하는 입장[貴國

이들과 대국하려면 만국공법을 익혀야만 한다고 강조하고 있다. 강상규, 「고종의 대외인식과 외교정책」, 『한국사 시민강좌』 19집(1996).

하지만 당시의 현실정치의 장에서 '조선책략'이 가지는 정치적 함의를 이해하기 위해서는 『조선책략』의 내용 분석만으로는 설명이 불가능해 보인다. 왜냐하면 그 이전에도 연행사절을 통해 수많은 외국서적들이 유입되고 있었지만, 당시의 전국적인 배외적 분위기로 말미암아 사상적 통제가 이루어짐으로써 정치적인 소통의 여지가 거의 차단되고 있었던 점을 감안해보면, 『조선책략』이 불러일으킨 파문은 단순히 서적의 파격적인 내용만으로 설명할 수 있는 문제가 아닐 것이기 때문이다. 그러면 『조선책략』은 어떻게 그렇게 광범위한 정치적 파문을 불러일으킬 수 있었던 것일까. 이러한 상황이 가능할 수 있었던 데는 오히려 『조선책략』의 전략적 가치를 발견한 고종이 이를 현실정치 공간에서 적극적으로 쟁점화 시켜 긍정적인 방향으로 공론화시킴으로써 기존의 배외정책 전환의 하나의 구체적 계기로 삼으려 했던 측면을 간과한 채로는 설명하기 어려워 보인다.

政敎禁令悉由自主 此等大事豈我輩所可干預]을 견지하면서 호혜적인 관계강화를 강조하는 한, 고종은 이것이 한편으로 청국의 전략적 태도임을 의식하면서도,[38] 현실적으로 청국을 일종의 후원자로 삼아 최대한 활용하면서 미국을 비롯한 서양국가들과의 조약체결을 추진하고 청국과의 관계도 만국공법적 질서에 따라 재정립해나가며 대내적으로 시급한 개화 자강정책에 착수하려고 하였다. 고종은 대체로 지금까지 언급한 인식론적 기반위에서 대내적으로는 정치적 구심력을 확보하려는 의지를 보이면서 개화 자강정책을 추진하기 위해 새로운 정치기구인 통리아문을 설치하고, 대외적으로는 전통적 중화질서의 틀을 넘어서려는 '자주적' 외교를 추진하는 데 노력을 기울이게 되었던 것이다.

앞 장에서 다룬 [표 3-2]에서 드러나는 바와 같이, 7사로 개편된 통리아문에서 기존의 '사대사'와 '교린사'를 '동문사'로 통합하고 있는 것을 알 수 있는데, 이것은 중국과의 관계까지도 만국공법 질서에 맞추어 재정립해가려는 고종의 의도에서 비롯된 것이었다. 또한 '통상사'와 '군무사'의 비중이 두드러지게 크며 이들 부서에 시찰단의 인원이 집중적으로 배치

37) 『고종실록』16년 7월 9일(辛巳條); 『용호한록』4권, 23책, 「直隷總督文淵閣大學士 李鴻章抵橘山李相國書」; 『淸季中日韓關係史料』2, p.368, 문서번호 309-2.

38) 이러한 관점에서 김홍집의 귀국보고시의 대화를 곰곰히 음미해 볼 필요가 있을 것이다(『승정원일기』 고종 17년 8월 28일, 酉時). 고종: 청사(淸使)가 러시아 문제로 근심하며, 우리나라 일에 힘써 서로 도와나가려는 의지가 있던가? 김홍집: 신이 청사를 만났을 때 몇 차례 말한 바가 모두 러시아에 관한 문제였으며, 우리나라를 위해서 간곡하고 간곡해 마지않았습니다. 고종: 저들(=중국인)이 비록 우리나라와 더불어 마음을 함께하고 힘을 합하자고 하지만, 이를 어찌 깊이 믿을 수 있겠는가. 곧 우리도 또한 부강지술(富强之術)을 시행하는 것이 요구될 따름이다.

되고 있다는 점도 확인할 수 있다. 이와 관련해서는 고종이 대외정세에 구체적인 관심을 가지게 되면서부터 줄곧 대외적으로 고립된 조선의 형세에 대해 위기감을 가지고 있었다는 점, 러시아와 일본을 경계할 것을 권고한 이홍장의 서한 등에 자극받아 조정의 신중론에도 불구하고 청국에 무기구입 등에 관한 의뢰를 한 사실 등을 상기해볼 필요가 있을 것이다.[39] 따라서 '통상사'와 '군무사'를 고종이 이처럼 중시하고 있다는 사실은 그가 이른바 '부국'과 '강병'의 필요성을 강하게 의식하고 있었으며,[40] 아울러 개혁 정책을 추진하는 데 가장 큰 현실적 장애 중에 하나였던 부족한 재원을 마련하기 위해 노심초사하고 있었음을 보여준다고 할 수 있다.

한편 고종은 'Good office' 조항을 채택하는 등 적극적이고 호의적인 태도를 보이는 미국과의 조미수호조약 체결과 비준 등을 계기로 대외적으로 조선의 '자주권(自主權)'이 보호받을 수 있으리라는 기대를 가지게 되었다.[41] 당시 미국 대통령의 비준서는 다음과 같은 내용을 담고 있었다.

39) 『고종실록』 17년 7월 9일(乙亥條); 『승정원일기』 『일성록』 同日條; 『同文彙考』 4권, p.3733; 「請講究武備咨」.

40) 일본시찰단의 귀국 보고가 이루어진지 얼마 후, 고종은 무기제조 기술을 배우기 위해 예정되어 있던 대로 청국에 영선사 일행(유학생 38명을 포함하여 69명)을 파견하였다. 이때도 고종은 떠나는 영선사 김윤식에게 "천하의 대세를 두고 볼 때 옛 도리만을 지킬 수 없다"고 하면서 군사력의 중요성을 강조하고 맡겨진 임무의 중요성을 강조하고 있다. 『승정원일기』 고종 18년 9월 26일조.

41) 여기서 '주권'이라고 하지 않고 '자주권'이라고 표현한 것에 관해서는 약간의 설명이 필요할 것이다. 오늘날 사용하는 의미의 주권(Sovereignty)이라는 신생어는 마틴(William Alexander Parsons Martin)의 『만국공법』(1864)에서 처음 사용된 것이었다. 휘튼(Wheaton Henry)의 저작 *The Elements of International Law*와 마틴의 번역본 목차 등을 검토해보면, Sovereignty의 번

우리는 **대군주께서 조선은 대내 대외적인 정치문제는 자주적으로 처리하고 있다고 말씀하신 데 대해 만족하고 있습니다.** 국제적 교섭의 대의를 위해서도 자치권(self-control)이 있는 **조선은 독립국가**(independent state)로서의 여러 권리와 여러 의무가 부여되어 있습니다. 이제 미국 상원의 충고와 동의를 얻어서 본인은 본조약이 제3국과 미국과의 협상을 통해서가 아니라 우리 **주권국가**(sovereign nations) **간의 협약에 의해 체결된 조약이라고 인준하는 바입니다.**[42] (강조는 필자)

역어는 마틴의 번역본에서 주권(主權), 자치자주지권(自治自主之權), 자주지권(自主之權), 관할지권(管轄之權), 국권(國權) 등 문맥에 따라 다양하게 번역되고 있었다. 당시의 독자들이 『만국공법』을 보게 되면 요컨대 공법이란 국가의 '자치자주지권'을 비롯한 다양한 국가의 권리를 논하는 것으로 이해되었을 가능성이 크다. 따라서 공법질서하에서의 국가의 권리를 '주권'이라는 생소한 용어보다는 당대 독자들에게 훨씬 익숙한 '자치자주지권' 혹은 '자주지권'이라는 용어를 통해 이해했던 것으로 생각된다. 예컨대 유명한 조일수호조규의 제1조에서 역시 '조선은 자주국이며 일본과 평등한 권리를 보유한다(朝鮮國自主之邦保有與日本國平等之權)'고 되어 있었음을 함께 상기해볼 필요가 있다. 실제 이 시기에 사용되었던 용어로 자주지권(自主之權), 자치지권(自治之權) 등의 용어는 많이 눈에 띄지만 주권이라는 용어가 등장하기 시작한 것은, 「한성순보」(1883년 10월~1884년 10월까지 발행), 「한성주보」(1886년1월~1888년 7월까지 발행) 정도고, 본격적으로 사용되는 것은, 박영효의 '내정개혁을 위한 건백서'(1888), 유길준의 『서유견문』(1895)에서 정도다. 고종은 기왕의 화이론적 명분론에 입각한 대외관에서 벗어나면서 점차 '자주'라는 용어를 사용하게 되었는데, 이것은 대체로 전통적인 의미에서의 '자주자(自主者)'라는 개념, 즉 "자기생각대로 행하여 자기행동이 다른 사람에 의해 좌우되지 않는 것"(『大漢和辭典』 卷9)의 연장선상에서 고종이 공법을 이해하고, 이를 만국공법 질서에 참여한 국가의 고유한 권리로서 믿게 되었기 때문이라고 할 수 있을 것이다.

42) *Diplomatic Documents*, National Archives, Chester A. Arthur, President of the United States of America to His Majesty, The King of Chosen, March 14, 1883, 김원모, 『한미수교사: 조

그러나 가능한 한 정치적 갈등을 최소화하면서 개혁을 추진하려는 고종의 정치적 의도와는 상관없이, 조야에 팽배한 뿌리 깊은 화이론적 명분론, 조선의 유교적 정치지형에서 내려오던 강력한 왕권견제의 전통, 대원군 세력의 정치적 영향력 등으로 인해 조선의 개화 자강정책은 끊임없는 내부적 비판과 저항에 부딪히게 된다. 이른바 '공론'의 이름으로 이루어진 당시의 비판여론은 고종과 그를 보좌하는 세력이 추진하는 정책을 문명인을 야만인으로 만들고 5백 년 된 국가를 뒤엎는 행위로 간주하고 있었다.

뿐만 아니라 중국을 활용하면서 동시에 조청 간의 사대관계를 새로운 만국공법적 질서에 따라 재정립해 가려 했던 고종의 의도는 구미국가와의 조약체결 직후 임오군란이 발생하면서 보류된다. 한편 고종의 정책에 대한 국내 비판세력의 반격은 임오군란을 분수령으로 하여 현실정치 공간에서 다소 수그러드는 경향을 보이게 되지만, 조선의 정치에서 오랜 기간 동안에 걸쳐 견지되어 오던 왕권에 대한 견제의 전통이나 화이론적 명분론까지 사라진 것은 물론 아니었다.

그런데 이러한 와중에서 고종이 내린 교서 중에는 기존의 정책을 전환하여 혁신적으로 정치를 수행해 나가겠다는 내용이 자주 등장한다. 특히 흥미로운 사실은 고종이 조선의 대외관계를 만국공법체제로 끌고 가겠다는 자신의 구상을 공개적이고 정합적으로 천명하고 있다는 사실이다. 임오군란 직후(1882년 8월 5일자)의 교서는 지금까지 논의

선보빙사의 미국사행편』(철학과 현실사, 1999)에서 재인용; 미국 측 비준서의 한문 번역본은 『구한국외교문서』 10권(고려대학 아세아문제연구소)에 수록되어 있다.

해 온 고종의 구상을 집약해서 밝히고 있을 뿐 아니라 국내의 전반적인 반대여론을 설득하면서 돌파해나가려는 의지가 확연히 드러난다.[43] 이를 통해 고종은 한편으로는 '만국공법'의 원리 등에 근거하여 기존의 대외정책을 전환할 필요성을 호소하고 다른 한편으로는 '동도서기(東道西器)'[44]와 같은 절충적인 논리를 새로운 정책전환의 기본원칙으로 제시함으로써, '문명국으로서의 자부심'을 살리는 동시에 '이용후생(利用厚生)의 원칙 등에 입각한 부강책'을 절충하여 수용해 갈 것임을 재차 강조하고 있었다. 이러한 고종의 적극적인 정치적 태도에 힘입어 고종을 보좌하던 개화세력도 괄목할 만큼 정치적으로 부상하고 있었다. 임오군란 이후 고종이 개화 자강정책에 더욱 박차를 가하게 되면서, 이에 동참하려는 아래로부터의 움직임도 조금씩 활성화되는 경향을 보이게 되지만, 임오군란을 무력으로 진압한 청의 내정간섭이 가시화되어 나

43) 『고종실록』 19년 8월 5일(戊午條), 金允植, 『雲養集』권5, 綸音布諭, 「曉諭國內大小民人 壬午」. 이에 관해서는 본서의 1장 4절을 참고할 것.

44) 이른바 '동도서기'의 논리는 전통적인 본말론(本末論) 혹은 체용론(體用論)에 근거하여, 세계를 만고불변의 성격을 지닌 본질적인 것과 시세에 따라 변화하는 유동적 가변적인 것으로 나누어, 전자를 도(道), 후자를 기(器)로서 파악한다. 이러한 논리가 구체적인 정치적 맥락에 따라 현실적으로 '변화'를 강조할 수도 혹은 부정할 수도 있는 논리라는 것은 두 말할 나위가 없을 것이다. 흔히 일컬어지는 것처럼, '동도서기'의 논리가 단순히 '진보를 가장한 보수적 지배세력이 내놓은 권력유지책의 하나'라고 이해하는 것은 너무도 단순한 역사 해석이라고 하지 않을 수 없다. '동도서기'의 논리가 제창되었을 무렵, 조정에서 이미 통리아문 등을 설치하여 운영하는 등 '제도'의 변화(=變法)까지 모색하고 있었던 사실을 상기해 본다면, 당시의 절충적 논리는 '동교서법(東敎西法)'의 성격을 동시에 내포하고 있었다고 해야 할 것이다.

타나게 되면서[45] 고종 측근의 개화 세력 내부에서 청국을 둘러싼 견해 차이가 쟁점화하게 되었고, 견미(遣美)사절단인 보빙사의 귀국 이후 이들은 서로 타협할 수 없는 정치세력이 되어 대립하는 양상을 보이기 시작한다.

이 과정에서 나타난 고종의 의복제도 변경을 둘러싼 두 달 이상의 논란은 당시 고종의 실사구시적 태도와 강경한 개혁에의 의지, 그리고 가급적 기존의 전통주의자들과의 정치적 갈등을 최소화하면서 개혁을 추진하려는 의식을 구체적으로 보여준다. 이때 고종은 세계의 대세가 변화하는 오늘날의 상황에서 지금 필요한 것은 '실사구시'적 태도라는 것을 강조하는 교서(1884년 6월 15일)를 내리기도 한다.[46]

그러나 의복제도의 변경을 둘러싼 논란과정은 당시 조선의 정치공간이 이른바 '공론(公論)의 존중'이라는 명분하에 정치적 선택의 폭을 얼마나 심각하게 제한받고 있었는지, 그리고 왕권에 대한 정치적 견제가 얼마나 집요한 것이었는지도 함께 잘 보여준다. 갑신정변은 이러한 상황

45) 임오군란 이후의 정치적 상황에서 미국공사 푸트에게 한 고종의 다음 발언은 청의 간섭을 배제하는 것이 바로 조선의 자주권 확립에 직결되는 문제라고 인식하고 있었음을 다음과 같이 압축적으로 전해준다. "저지난해 난리(=임오군란)때 청군이 이곳에 있어서 그 협력을 받아 진평(鎭平)하였으므로 고맙지 않은 것은 아니다. 그러나 지금에 와서는 우리나라가 그 도움을 필요로 하지 않을 뿐 아니라 도리어 자주국체(自主國體)를 손상시키고 있는 것이다. 그런데 우리 정부에서는 그들의 철수를 청할 수가 없다. 만약 귀국(=미국)에서 이의를 제기하여 철수케 한다면 어찌 고맙고 좋지 않겠는가". 『윤치호일기』 1권(탐구당, 1973) 1884년 4월 23일.

46) 『고종실록』 21년 6월 15일. 의복제도의 개혁을 둘러싼 공방과 아울러 이 교서의 내용에 관해서는 본서의 3장 4절을 참조할 것.

에서 일어났으며, 고종 측근 개화세력 내부의 주도권 다툼의 성격을 강하게 내포하고 있었다.

갑신정변의 실패로 인한 정치적 파장은 가히 상상을 초월하는 것이었다. 갑신정변이 초래한 국내정치적 파장을 이해하기 위해서는, 무엇보다 사건을 주도한 세력이 당시의 열악한 정치 환경에도 불구하고 개화자강정책의 중심에 서있었던 국왕을 보좌하던 최측근의 인물이었다는 점을 고려하지 않으면 안 된다. 지금까지 언급해 온 바와 같이, 개화 세력을 열악한 정치적 악조건 속에서 중용하고 비호함으로써 현실정치의 장에서 활약할 수 있게 만든 장본인이 바로 국왕 고종이었을 뿐만 아니라, 김옥균 등이 내걸었던 반청자주와 내정개혁을 골자로 하는 혁신정강의 개혁프로그램은 사실상 고종의 정치적 구상의 연장선상에 놓인 것이었다. 주지하는 바와 같이 정변이 끝난 이후 정치적 책임의 문제가 대두되는 것은 불가피한 것이었고, 그 정변의 사실상의 원인은 모두 국왕인 고종의 잘못된 국정운영에서 기인한 것으로 결론지어졌다. 결국 반청(反淸) - 자주 - 개혁의 이름으로 추진된 갑신정변의 실패는 이른바 급진개화파 세력의 정치적 퇴장이라는 의미를 넘어, 친정 이래 우여곡절을 겪으며 국왕을 정점으로 하여 어렵게 추진되어가던 조선의 새로운 질서의 모색과 개혁의 시도가 대내외적인 압박하에서 사실상 형해화하게 되는 돌이킬 수 없는 결과로 역설적으로 배태된 것이라고 할 수 있을 것이다.

임오군란이 주로 외래와 고유의 제요소, 새로운 것과 낡은 것을 둘러싼 갈등 속에서 전통주의자들이 주도하여 일으킨 사건이었다고 한다면, 갑신정변은 당시 조선의 협소한 정치공간에서 급진적인 방식으로 보다 철저하게 개혁을 추진하고 싶어 한 진보주의자들이 주도한 사건이었다. 이 두 개의 사건은 문명사적 전환기라는 시점에서 국왕이 주도하던 개화 자강정책의 속도와 변화의 폭을 너무도 과격한 것으로 받아들이는 층과 너무도 온건한 것으로 받아들이는 층이 동시에 존재하고 있었음을 극명하게 보여준다. 객관적인 '속도'와 사람들이 주관적으로 느끼는 '속도감'이 대단히 다르다는 점을 고려해 볼 때, 문제는 당시의 개혁속도의 완급(緩急) 여부라기보다는 조선 후기 이래 축적되어 온 조선의 사상적 경직성과 무책임한 정치적 관행, 그리고 그것을 자각적으로 인식하고 대처하지 못한 정치엘리트와 지식인들의 의식과 태도에 있다고 해야 할 것이다.

이 두 개의 사건은 서로 정반대되는 방향을 지향하는 세력들이 주도한 사건들이었지만, 타협과 조정 능력을 보여주지 못한 채 급격한 방식으로 일어났다는 그 과정상의 특징이나, 동아시아 질서가 변동하면서 '조선문제'가 첨예한 국제정치적 이슈로 부상하던 와중에 발생하여 주도세력의 주관적인 의도와는 달리 결과적으로 공히 외세의 간섭을 불러들이고 그 간섭을 질적으로 심화시켜 놓았다는 점에서 유사한 경향을 띠고 있었다.

지금까지 언급한 사태의 전개 과정은 문명사적 전환기의 조선이 주권국가 간의 근대국제질서라는 새로운 패러다임에 자주적이고 능동적으로 참여할 수 있는 선택의 여지가 급격하게 봉쇄되어가는 양상을 보여준다고 할 수 있을 것이다. 이후 갑신정변의 여파로 청의 종주권 획책과 친청세력의 득세, 왕권에 대한 강력한 견제와 이로 인한 정치적 구심축의 균열이 더욱 진행되는 가운데 고종은 외교를 통한 자주국, 독립국의 확인에 연연

하지 않을 수 없었고,47) 이러한 사태의 전개는 주지하는 바와 같이 동학을

47) 다음은 이른바 제2차 한러 밀약사건 때 고종이 통리아문의 후신인 내무부의 심순택(1824~1906)의 명의로 러시아의 웨베르공사에게 보내려다 발각된 밀서중의 일부인데 그 내용이 대단히 시사적이다. "밀서를 보냅니다. (조선은) [……] 비록 독립, 자주하다고 하지만, 종국에는 타국의 단속을 받게 될 염려가 있어 우리 대군주께서는 이를 심히 부끄럽게 여기고 계십니다. 이제 힘써 진흥하고자 하시어 이전의 제도를 모두 개혁함으로써 영원히 타국에게 단속받지 않으려 하시지만 근심을 떨칠 수가 없습니다. 조선은 귀국(=러시아)과 더불어 육지를 접하고 우의가 특히 돈독하며, 치아와 입술(脣齒)과 같은 형세를 띠고 있어 다른 나라와의 관계와는 자연히 구별됩니다. 귀 대신은 귀 정부에 이를 보고하여 힘껏 협력하고 보호하여 영원히 어김이 없기를 바라마지 않습니다. 저희 대군주께서는 천하의 각국과 하나같이 평등하게 지내려 하나, 간혹 타국이 화합하지 못하는 바가 있으니, 귀국이 군함을 보내어 서로 도울 것을 기약함으로써 마땅히 그 덕을 깊이 사모하여 우러르게 되기를 바랍니다". 『李文忠公全集』(海軍函稿) 卷2, 袁道來電, 光緖 12年 7月 14日. 즉 고종은 청국의 억압이 심화되는 와중에서 조선이 고립되어 자주·독립국으로서의 위상이 심각하게 훼손되고 있다고 인식하였고, 조선의 내정개혁과 함께 새로운 국제관계에 동등한 일원으로서 참여하기 위해서는, 국내외적인 위기를 타파할 수 있는 어떤 강력한 계기가 필요하다고 느끼고 있었음을 알 수 있다. 요컨대 고종이 러시아와의 관계를 통하여 이러한 계기를 만들어내려고 하면서 발생한 사건이 이른바 '한러밀약사건'이라고 할 수 있을 것이다. 이 사건을 빌미로 '고종의 폐위기도'가 추진되었음은 알려진 바와 같다. 다음은 주차조선총리교섭통상사의(駐箚朝鮮總理交涉通商事宜)라는 직함으로 조선에 대한 내정간섭을 일상적으로 자행하던 원세개가 이홍장에게 '혼군(昏君)'인 고종을 폐위시키자고 건의하는 서한내용이다. "조선국왕은 서양제국의 보호로 만국과 평등하게 교제하기를 원하며 삼천리 강토가 청국에 신복(臣服)하는 것을 부끄럽게 여깁니다. 소인배들이 이런 뜻에 부화하여 미혹됨이 날로 깊어 갑니다. 甲申事(=갑신정변)는 일본을 끌어들여 청국을 거부하고자 한데서 나온 오류였는데, 근년에는 러시아를 끌어들여 청국을 배척하려는 잘못을 범했습니다. (친청파인) 김윤식을 쫓아낸 뒤에 러시아를 끌어들이려는 결정이

[표 4-2] 조선(대한제국을 포함)이 체결한 근대적 조약 일람

구분	조약 체결일	비준 교환일	전권대신	
			조선	상대국
일본(日)	1876.2.26.	1876.2.26.	신헌(申櫶)	黑田淸隆
미국(美)	1882.5.22.	1883.5.19.	신헌(申櫶)	R. W. Shufeldt
영국(英)	1882.6.6.	비준 보류	조영하(趙寧夏)	G. Willis
	1883.11.26.	1884.4.28.	민영목(閔泳穆)	Harry Parkes
독일(獨)	1882.6.30.	비준 보류	조영하(趙寧夏)	M. von Brandt
	1883.11.26.	1884.11.18.	민영목(閔泳穆)	Ed. Zappe
러시아(露)	1884.7.7.	1885.10.4.	김병시(金炳始)	Cod. Waeber
이태리(伊)	1884.6.26.	1886.7.24.	김병시(金炳始)	Ferd de Luca
프랑스(佛)	1886.6.4.	1887.5.31.	김만식(金晩植)	F. G. Cogordan
오스트리아(奧)	1892.6.23	1893.10.5.	권재형(權在衡)	Roger de Biegeleben
청(淸)	1899.9.11.	1899.12.14.	박제순(朴齊純)	徐壽朋
벨기에(白)	1901.3.23.	1901.10.17.	박제순(朴齊純)	Leon Vincart
덴마크(丁)	1902.7.15.		유기환(兪箕煥)	A. Pavlow

『구한말조약휘찬』『구한국외교문서』를 참조하여 작성(날짜는 양력)

이루어졌습니다. 조선 국왕이 이 의견을 주도하고 있으며 소인배들이 이에 따르고 있습니다. [……] 조선에서 비록 러시아에 국서를 발송했다 하더라도 러시아병이 그처럼 속히 오지는 못할 것입니다. 그러므로 [……] 이 어리석은 군주(昏君=고종)를 폐위시켜 버리고 따로 이씨 중의 현자를 왕으로 세우게 한 후 [……] 이러한 취지를 대원군 이하응에게 전해서 서로 돕는다면 3일에서 5일 정도로 결정할 수도 있는데, 만약 러시아 병사들이 먼저 들어오기를 기다리게 된다면 중국은 착수하기가 어려워질 것입니다". 『李文忠公全集』(海軍函稿) 卷2, 袁道來電, 光緖 12年 7月 7日. 원세개는 이홍장에게 보내는 또 다른 서한에서 다음과 같이 보고하고 있다. "韓王(=고종)은 자주에 잘못 빠져들어, (이로 인해) 죽음에 이를지라도 후회하지 않을 것입니다(韓王之謬於自主, 至死不悔)". 『淸季中日韓關係史料』 4(臺灣中央硏究院近代史硏究所, 1972).

중심으로 하는 아래로부터의 개혁 요구와 조선을 둘러싼 외세 간의 전쟁(=청일전쟁)으로 귀결되어지게 된다. 조선이 취할 수 있는 이른바 '선택의 깔때기(the funnel of choices)'가 급격하게 좁아져 버린 것이다.

여기에서는 지면관계상 구체적인 내용을 소개하지 않았지만, '문명사적 전환기'의 조선이 체결한 각각의 근대적인 의미의 조약(treaty)은 거의 예외를 찾아보기 어려울 정도로 '안과 밖'의 다양한 압력하에서 맺어진 것들이었다. [표 4-2]는 고종이 국내외의 다양한 압력하에서 체결한 외국과의 수호통상조약을 표로 간략히 정리한 것이다.

4. 대한제국 외교의 정치적 사상적 배경: 만국공법과 구본신참

조선의 개화정책 이후 청일전쟁까지의 시기가 기왕의 조선의 전통적인 사대교린외교와 명분상의 평등권에 입각한 근대적 외교관계가 착종되어 진행되면서 이중적인 질곡의 고통을 겪었던 시기였다고 하면, 청일전쟁 이후 나타난 삼국간섭은 한반도를 둘러싼 열강 간의 세력균형이 질적, 구조적으로 변화하는 계기를 이루었다고 할 수 있다. 즉 일본과 청국의 대립을 중심축으로 전개되던 세력 균형 구조가 일본과 러시아의 갈등을 주축으로 하는 대립구조로 전환하면서, 청국과 러시아가 접근하게 되고 연쇄적으로 열강 간의 견제구조가 변화하고 있었다고 할 수 있다.

삼국간섭으로 청국에게 요동반도를 반환하는 등의 외교적 수모를 겪은 일본은, 이러한 정세를 활용하여 러시아를 끌어다 일본에 대항하려는 전략(引俄拒日策)을 추진하려는 조선에서 잃어버린 세력을 만회하기 위한 방안으로서 러시아와 조선의 연결고리를 단절시키려는 음모를 꾸미게 된다. 이것이 이른바 '명성왕후 시해사건'(乙未事變, 1895년 10월 8일)이다. 이로 인해 조선은 그대로 일본의 수중으로 전락하고 마는 것 같은 위기에 이르기도 했으나, 러시아의 개입과 조선의 정동파(貞洞派)의 활약 등에 의한 아관파천(1896년 2월)으로 인해 상황이 극적으로 반전되면서 김홍집 친일내각이 순식간에 와해되는 상황이 벌어지게 된다.

이러한 상황에서 국제적 여론의 지탄의 대상이 된 일본으로서는 고종이 러시아 공사관에 오래도록 체류할수록 자국에 불리할 수밖에 없다는 계산하에 고종의 환궁을 위한 대책 마련에 부심하지 않을 수 없었다. 이러한 배경에서 러일 양국 간에는 웨베르-고무라협정(한성의정서, 1896년 5월 14일)과 로바노프-야마가타의정서(모스크바의정서, 1896년 6월 9일)가 합의되는 등 조선에서의 이권획득을 위한 열강의 각축은 어느 때 보다 치열하게 진행된다.

고종이 일찍부터 만국공법적 인식을 확고하게 가지고 있었음은 앞에서 비교적 자세히 언급한 바 있다. 그런데 이러한 공법에 입각한 사고가 대내외적으로 청일전쟁과 갑오경장을 겪으면서 사회적으로 눈에 띄게 확산되는 경향을 보여주는 것으로서 최익현, 유인석 등의 위정척사적 경향을 보이던 전통주의자들 가운데서도 만국공법에 입각하여 세계를 인식하게 되었다는 사실을 들 수 있을 것이다. 이러한 변화는 자기보호를 위해서 부득이하게 서양을 인정한 것이지만 서양이나 일본을 하나의 국가로 인정하고 동등한 세계의 일원으로 간주하게 된 것은 커다란 변화가 아닐 수 없었다. 또한 1895년 4월에는 유길준의 『서유견문』이 도쿄에서 발간되었는데 이 책의 3장은 만국공법 하에서의 주권국가의 기본권리를 구체적으로 다루고 있었다. 한편 조정에서는 1896년 5월, 마틴이 번역한 블룬칠리(Johann C. Bluntschli, 1808~1881)의 국제법 서적, 『공법회통』을 출간하였는데, 이러한 만국공법류의 서적을 조선에서 정식으로 발간한 것은 청국과의 조공관계를 청산한 상황에서 본격적이고 구체적으로 '공법시대'를 준비하겠다는 고종의 의지가 반영되어 있었다고 할 수 있을 것이다. 이와 관련하여 당시 이경직은 『공법회통』을 출간하면서 서문에 다음과 같이 쓰고 있다.

> 지금 이 공법 한 권의 책은 천하의 여러 나라들이 서로 사귈 때의 일을 모았고, 그 처리가 잘된 것과 잘못된 것, 논의가 공정한지 편향되어 있는지를 명확히 드러내어, 그 정수를 모아 절충하였으며, 그 훌륭한 법을 본보기로 하여 수록함으로써 사사로움이 없으니 온 세계가 서로 친하게 될 방법에 이보다 나은 것이 없을 것이다. 이제 마침내 우리 군주(=고종)께서는 제왕의 징표를 지니시고 정신을 떨쳐 일으키며 이치를 헤아려 자주의 기틀을 확립하시어, 장차 오주(五洲)의 사이에 있는 여러 나라들과 교분을 맺으려 하신다. 이때 위로는 조정의 관리들에서부터 아래로는 일반 백성에 이르기까지 날로 개명해가면서, 한 분이신 군주가 치세를 이루도록 도와 완성해가려 한다면, 이 책을 버려두고 무엇으로써 할 것인가.[48]

고종이 러시아 공사관으로부터 환궁할 무렵 아관파천 이후의 열세를 만회하고 일본은 러시아에 대한 조선 조정의 불신을 확대시키기 위해 일 년 전 러시아와 일본 사이에 맺어졌던 협정인 한성의정서와 모스크바 의정서를 1897년 2월에 공포해 버렸고 왕이 환궁한 직후 일본 외상은

48) 「公法會通序(李庚稙序)」.

[표 4-3] 1897년 9월 하순 이후에 나타난 칭제 상소 및 상주

날짜	상소 및 상주자	칭제의 논거
9. 25.	권재형(權在衡)	『공법회통』 제86장 자주국, 84장 러시아 황제
9. 26.	유기환(兪箕煥)	유럽의 사례와 비교, 전통적인 정통론에 입각
9. 26.	심노문(沈魯文)	자주권에 입각
9. 28.	김두병(金斗秉)	전통적인 정통론에 입각
9. 29.	김재현(金在顯) 외 716명	국가 간 평등한 왕래, 『만국공법』에 근거, 전통적인 언설 병행
9. 30.	이수병(李秀丙)	전통적인 정통론에 입각, 『춘추』의 의리 강조
9. 30	심순택 등 조정대신의 상주	각국 평등, 독립과 자주의 권리, 전통적인 정통론 병행
10. 1.	심순택 등 조정대신 세 차례 상주	『만국공법』과 전통적인 언설 병행
10. 2.	심순택 등 조정대신 다섯 차례 상주	독립과 자주권 주장
10. 3.	김선주(金善柱)	전통적인 정통론
10. 3.	곽선곤(郭善坤)	전통적인 정통론
10. 3.	정재승(丁載昇)	『만국공법』과 세계의 대세론, 전통적인 언설 병행
10. 3.	심순택 등 조정대신 두 차례 상주	만민의 공론, 유신의 적기임을 강조, 『만국공법』의 자주권 주장과 전통적인 언설 병행 —고종의 裁可

『고종실록』; 한영우, 「대한제국성립과정과 '대례의궤(大禮儀軌)'」;
『한국사론』 45집(2001)을 참고하여 작성.

비밀조항도 삭제하지 않은 모스크바의정서를 조선 정부에 통고한다. 이 소식이 정계에 퍼지면서 '전쟁 위기설'과 함께 몇몇 열강에 의한 '한반도 분할기도설'이 나돌게 되면서 '위기의식'은 더욱 고조되게 된다.

이처럼 위기의식이 고조되는 가운데, 국내에서는 칭제건원—즉 황제를 칭하고 독자적인 연호를 사용할 것—을 건의하는 상소가 나타나기 시작했다. 이처럼 존호를 사용하자는 논의가 위축된 왕권의 회복을 모색하고 있던 고종의 적극적인 관심을 불러일으키게 된다. 조정에서는 칭제를 바라는 여론과 고종의 의지를 반영하여 그해 8월에 연호를 광무(光武)로 확정, 반포하고 황제 즉위식을 거행할 환구단을 축조하는 공사를 시작

하면서 9월 말부터 칭제논의를 적극적으로 수렴하였다. 이때 칭제논의를 연 것은 농상공부협판인 권재형(權在衡, 1854~1934)이었다. 그는 『공법회통』의 84, 85, 86장을 인용하면서 국가의 원수(元首)는 반드시 제호(帝號)를 가지는 것은 아니며 제국이건 왕국이건 모두 평등한 것이다, 자주의 왕국을 가리켜 제국이라고 하는 것이고, 황제의 칭호는 반드시 여러 국가를 겸병하거나 영토가 광대한 나라에서만 사용되는 것이 아니며 각국이 자주적으로 결정할 문제라고 상소하였다.[49] [표 4-3]은 이때 나타난 칭제 상소들을 간략하게 도표화한 것이다.

이처럼 다시 칭제논의가 일단 공론화되면서 이에 대한 상소가 쏟아지기 시작한 것은 이전의 경우와 동일하지만, 이때의 논의들은 과거의 경우처럼 원심력의 방향으로 작동하는 것이 아니라 오히려 정치적 구심력을 지향하는 방향으로 전개되고 있다는 점에서 달랐다. 당시의 국가적 위기상황 아래서 저항적 성격을 지니는 내셔널리즘이 자각적으로 성장하게 되면서 왕조국가의 정치적 정통성을 상징하는 국왕 고종의 정치적 위상이 극적으로 부상하고 있었음을 알 수 있다. 고종은 이러한 분위기를 통해 조정대신들과 재야세력들이 칭제의 논의를 더욱 공론화하도록 함으로써, 가능한 한 광범위하게 자주독립국에 대한 자각과 칭제에 대한 동의를 끌어내는 계기로 삼으려 했던 것으로 보인다.

한편 이처럼 위기의식이 고조되어가던 상황과 아울러 만국공법에 관한 인식이 확대되는 상황을 종합적으로 고려해 볼 때, 앞서 살펴본 바와 같이 칭제건원 상소가 '주권국가라는 새로운 국가형식과 함께 조약체제

49) 『고종실록』 광무원년 9월 25일.

라는 새로운 국가 간의 교제 및 교섭방식'을 다룬 『만국공법』이나 『공법회통』 등의 저서를 인용하는 것은 자연스러운 것이라고 할 수 있을 것이다. 오래도록 국정 전반에 걸쳐 자신의 정치적 구상을 펼쳐보지 못했던 고종으로서 강력한 정치적 추진력을 확보하기 위해서는, 어떤 뚜렷한 대의명분이 필요했을 것이고 이러한 명분체계로서 만국공법을 끌어들였다는 것은, 바꿔 말하면 만국공법에 고종이 원용할 만한 내용들이 담겨 있다는 말이 될 것이다.

따라서 앞으로의 논의를 위해서 만국공법이 대체 어떠한 내용을 담고 있는지를 당대의 시대적 맥락에서 구체적으로 고찰해 볼 필요가 있을 것으로 생각된다. 여기서는 공법에서 가장 기본적인 문제라고 할 수 있는 '주권', '국가와 군주와의 관계', '승인'의 문제에 관해서 『만국공법』의 제1권 제2장 「나라의 자치와 자주권에 관해 논함(論邦國自治自主之權)」에서 어떻게 다루고 있는지 살펴보기로 하자.[50)]

우선 주권에 관해서는 다음과 같이 설명하고 있다.

> 나라를 다스리는 상위 권력을 일컬어 주권이라고 하고 있다. 이 상위 권력인 주권은 국내외적으로 행사되어지는데, 국내에서 행해지면 그 나라의 법과 제도에 따라 백성(民)에 속하거나, 군주에 속하거나 한다. 이에 관해 논하고 있는 것을 일찍이 내공법(內公法)이라고 하였는데 국법이라고 칭하는 것이 더 나을 것이다. 주권이 외부인 국외에서 행해지면, 실로 본국 스스로가 주체가 되어 타국으로부터 명령을 받지 않는다. 각국의 전쟁과 평화, 혹은 교류하는 것이 모두 이 권리에 의거하는 것이며, 이에 관해서 일찍이 외공법(外公法)이라고 하였는데, 이것이 흔히 말하는 공법이다.[51)]

50) 이에 관해서는 강상규, 「고종의 대외인식과 외교정책」, 『한국사 시민강좌』 19집(1996) pp.217-219 참조.

한편 국가와 군주의 관계에 대해서는,

만일 군주권에 제한이 없다면 군주와 국가의 구별도 없게 된다. 프랑스 루이 14세가 이른바 '국가가 곧 朕(我)이다'라고 했는데, 이는 공법에서 군주와 국가를 동일시하는 예이다. 이것은 법과 제도에 관계없이, 즉 그 나라가 군주제이든 민주제이든, 그 군권이 제한이 있건 없건 간에 모두 군주의 이름을 빌어 국가를 대신 한다.[52)]

51) "「主權分內外」治國之上權, 謂之主權, 此上權, 或行於內, 或行於外, 行於內, 則依各國之法度, 或寓於民, 或歸於君, 論此者, 嘗名之爲內公法, 但不如稱之爲國法也, 主權行於外者, 卽本國自主, 而不聽命於他國也, 各國平戰, 交際, 皆憑此權, 論此者, 嘗名之爲外公法, 俗稱公法, 卽此也". Martin, W. A. P. 譯, 『萬國公法』(亞細亞版) 第一卷 二章 五節, p.92. 여기 나온 주권에 관한 정의는 데니의 *China & Korea*에서 그대로 인용된 바 있으므로 특별히 중요하다. Wheaton의 原文은 다음과 같이 되어 있다. "「Sovereignty defined」 Sovereignty is the supreme power by which any State is governed. This supreme power may be exercised either internally or externally. (Internal sovereignty) Internal sovereignty is that which is inherent in the people of any state, or vested in its ruler, by its municipal constitution or fundamental laws. This is the object of what has been called internal public law, droit public interne, but which may more properly be termed constitutional law. (External sovereignty) External sovereignty consists in the independence of one political society, in respect to all other political societies. It is by the exercise of this branch of sovereignty that the international relations of one political society are maintained, in peace and in war, with all other political societies. The law by which it is regulated has, therefore, been called external public law, droit public externe, but may more properly be termed international law".

52) "「君國通用」若君權無限, 則君身與國體, 無別, 法國路易十四, 所謂國者, 我也, 此公法之所以君國通用也, 然此二字之通用, 不拘於法度, 蓋無論其國, 係君主之, 係民主之, 無論其君權之有

라고 함으로써, 군주와 국가가 동일한 것 내지는 '군주'와 '국가'가 서로 통용될 수 있는 것으로 규정하고 있다는 점에서 주목된다. 이는 주권국가에서 군주의 중요성에 대해 밝히는 부분이다. 이와 아울러 주권국가의 '승인(recognition)'에 관해서는,

> 만일 새로 성립된 국가가 여러 국가의 승인을 얻으려는 경우,—이른바 승인이란 그 나라가 자립, 자주국임을 인정받고 서로 더불어 왕래하는 것을 의미한다—이에 대한 판정여부는 여러 국가의 의지에 의해 그 내국법이나 군주 등이 어떤가에 따라서 결정될 수 있다. 만약 일단 국가로 승인되면 그 내국법이나 집권자 등에 관해서 간섭받지 아니하고, 민간에 분쟁이 있을지라도 공법은 내란이 극히 심해지거나 외적이 정복하여 그 나라의 주권이 전멸될 때까지 그 나라가 아직 존재하는 것으로 간주한다.[53]

限, 無限者, 皆借君以代國也". Martin, W. A. P. 譯, 같은 책, 第一卷 二章 四節, pp.91-92.

이에 대한 Wheaton의 원문은 다음과 같다.

"「The terms sovereign and State used synonymously, or the former used metaphorically for the latter」 But the peculiar objects of international law are these direct relations which exist between nations and states. Wherever, indeed, the absolute or unlimited monarchical form of government prevails in any State, the person of the prince is necessarily identified with the State itself: L'Etat c'est moi. Hence the public jurists frequently use the terms sovereign and State as synonymous. So also the term sovereign is sometimes used in a metaphorical sense merely to denote a State, whatever may be the form of its government, whether monarchical, or republican, or mixed."

53) "「主權未失國未亡」 若新立之國, 蒙諸國相認, 所謂認者認其爲自立自主之國而與之往來也 入大宗與否, 悉由諸國情願, 或視其在內國法, 或視其國之君上而定, 可也, 至於舊國, 則其在內之國法, 無論何如, 執權者不拘何人, 卽民間有紛爭, 公法視其國猶

라고 밝힘으로써 '승인'의 창조적 효과설에 관하여 설명하고 있다.

이러한 내용들을 면밀히 종합해 보면 '국제관계는 공법에 의거하여 이루어지며 국가는 군주의 이름으로 대표되는 것이고, 만일 일단 국가로서 승인받기만 하면 그 이후에는 주권이 전멸하여 나라가 망하는 상황이 올 때까지 국가가 존재하는 것으로 간주한다'라고 해석할 수가 있게 된다. 만국공법의 이러한 논의체계는 고종으로 하여금 일단 국가가 외교적으로 한번 승인되면 극한 상황에 이르기까지는 국권이 존재하는 것으로 간주되는 것을 의미하며, 이와 관련하여 '군권 혹은 제권'을 공고히 하는 것이 '주권'을 수호하는 '최소한의 요건'이자 '최후의 비책'이라고 고종이 판단할 소지를 제공하고 있다고 생각된다. 이러한 고종의 인식은 실제로 이후 「대한국국제」의 선포(1899년 8월 17일)와 밀사외교를 추진하는 과정 등에서 그대로 반영되어 나타나게 되는데, 여기서는 「대한국국제」와 만국공법의 관계가 갖는 정치적 함의에 관해서만 간단히 언급해 두기로 하겠다.

存, 必待內亂旣甚, 或外敵征服, 而致其主權全滅, 始視其國爲亡矣". Martin, W. A. P.譯, 같은 책, 第一卷 二章 五節, pp.92-93. 이에 대한 Wheaton의 원문은 다음과 같다.
"The recognition of any State by other States, and its admission into the general society of nations, may depend, or may be made to depend, at the will of those other States, upon its internal constitution or form of government, or the choice it may make of its rulers. But whatever be its internal constitution, or form of government, or whoever may be its rulers, or even if it be distracted with anarchy, through a violent contest for the government between different parties among the people, the State still subsists in contemplation of law, until its sovereignty is completely extinguished by the final dissolution of the social tie, or by some other cause which puts an end to the being of the State."

「대한국국제」가 만국공법, 그 중에서도 『공법회통』에 의거하여 만들어진 것임은 이미 여러 연구를 통해서 명백히 밝혀진 바 있다. 다만 기존의 연구경향을 고려할 때 여기서 한 가지 지적해두고 싶은 사실은, 고종황제가 「대한국국제」를 발표한 의도가 국내적 차원에서만 협소하게 해석되어서는 안 된다는 점이다. 왜냐하면 고종황제는 제국의 헌법적 성격을 갖는 「대한국국제」에 새로 성립한 대한제국이 만국공법 곧 국제법에 의거하고 있다는 사실을 최초로 명시함으로써, 대내적으로는 대한제국이 '중화질서의 내부에 존재하던 조선'과는 달리 자주독립국가이며 황제인 자신은 대한제국의 정치적 구심축임을 천명하고, 대외적으로는 '새로운 문명기준'에 입각한 대한제국이 만국공법에 의거한 국제질서 곧 근대국제질서에 자주적으로 참여할 정당성을 지닌 행위주체임을 동시에 강조하고 있음을 간과해서는 안 될 것이기 때문이다. 「대한국국제」의 제1조에서 "대한국(大韓國)은 세계 만방에 공인(公認)되어 온 바 자주독립(自主獨立)ᄒᆞ온 제국(帝國)이니라"라고 하고 있는 점이나, 『공법회통』의 68장에 있는 '방국의 기본적 권리 다섯 가지'[54]를 적극적으로 수용하면서 「대한국국제」가 '공법'이라는 레퍼런스에 의거하고 있음을 「대한국국제」의 전면에 계속하여 강조(3조, 6조, 7조, 8조, 9조)하고 있는

54) 『公法會通』의 68장에 따르면, "邦國之主權有五, 自立政體, 一也, 自定律例, 二也, 自行治理, 三也, 自選臣工, 四也, 自遣使臣, 五也, 凡此五者若行之不偉公法, 則他國不得擅預"이라 하여 '주권국가는 자립정체(自立政體), 자정율례(自定律例), 자행치리(自行治理), 자선신공(自選臣工), 자견사신(自遣使臣)의 다섯 가지 권리를 가지며 무릇 이러한 여러 권리를 행하고 공법을 위반하지 않으면 타국이 함부로 이에 관여할 수 없다'고 규정하고 있다.

점은 대한제국이 '새로운 문명기준에 의거한 자주 독립 국가'라는 사실을 대내외적으로 부각시킴으로써 조선이 자주독립국가 곧 주권국가라는 점을 새로이 환기시키고 확고히 인정받으려는 의도를 지니고 있었음을 분명히 드러내준다.

끝으로, 대한제국의 선포를 전후하여 고종이 '구본신참(舊本新參)' 혹은 신구절충(新舊折衷)의 원칙에 입각하여 개혁을 추진할 것임을 빈번하게 천명한 바 있는데, 이것은 기존의 동도서기(東道西器), 혹은 동교서법(東敎西法)과 어떠한 연관관계를 가지는 것일까. 앞에서 이미 지적한 바와 같이, 고종은 개화 자강 정책을 추진하던 때부터 '동도서기' 혹은 '동교서법'과 같이 절충적이면서 실용적인 태도를 중시해왔다. 동도서기론은 '문명사적 전환기' 조선의 협소한 정치공간에서 정치적 마찰을 줄이고 실용적이고 절충적으로 개화 자강정책을 추진하려는 의도에서 비롯된 것이라고 할 수 있다. 하지만 동도서기론은 중국의 중체서용(中體西用)이나 일본의 화혼양재(和魂洋才)의 경우와 유사한 사유방식을 보이고 있었음에도 불구하고, 이러한 사유방식은 내셔널리즘으로 이어지는 데는 상대적으로 취약한 사유구조를 가지고 있다고 할 수 있다. 왜냐하면 '문명사적 전환기'에 나타난 중체서용이나 화혼양재의 사유방식은, 각각 '중체(中體)' 및 '화혼(和魂)'이라는 독자적인 국가의 이미지를 중심으로 하여, '중화문명 대서양' 혹은 '대화혼(大和魂=일본정신) 대 서양'이라는 이분법적 의식을 자연스럽게 고취시킴으로써 스스로를 국제관계에서 '배타적'인 권리를 갖는 독자적 주체로서 인식하기 쉬운 반면, 동도서기론은 조선이라는 일국적 범위를 넘어선 동양과 서양이라는 대비 위에서 사유방식이 구성되고 있어 조선의 근대국가로서의 배타적이고 독자적인 성격을 드러내기 어려운 사상적 딜레마를 내포한다고 생각되기 때문이다.

물론 중화질서 내에서 조선이 흔히 동국(東國)으로 불려 온 점, 그리고 17세기 후반 이래 중화문명의 정수를 오로지 조선이 승계하고 있다는 조선중화사상이 19세기 후반에도 이어지고 있었다는 점 등을 고려해 볼 때, 당시 조선의 유자들에게 동도(東道)란 사실상 중화문명을 정통으로 승계하고 있는 조선의 문명을 의미하는 것으로 인식될 수도 있었을 것이다. 하지만 어떤 식으로든 동도(東道)는 중화문명 혹은 동양문명으로 등치될 수 있다는 점에서 당시의 '제국으로서 중화'인 청국에 대해 친화적인 감정을 부여하고 현실적으로 이에 편승하려는 의식으로 이어지기 쉬웠으며, 이후에는 아시아주의 혹은 아시아 연대론으로 휩쓸리기 쉬운 사상적 취약성을 안고 있었음은 부인하기 어려운 것으로 생각된다. 더욱이 당시의 '문명개화'의 논리가 일반적으로 서양을 새로운 문명기준으로 인정하고 있었음을 고려할 때, 동도서기론의 심층에 깔려있는 동양과 서양의 이항대립적 사유방식은 자기비하와 열등감에 빠진 지식인들을 일종의 '서도서기(西道西器)' 곧 문명개화론으로 전향하기 쉽게 만드는 인식론적 매개고리로서의 역할을 담당하게 되었다는 점도 간과되어서는 안 될 것이다.

이러한 측면을 고려해볼 때 갑신정변을 비롯하여 동학농민봉기와 청일전쟁, 갑오개혁과 을미사변 등 여러 차례의 정치적 좌절을 겪게 되면서, 고종이 강조하는 절충적 통합원리의 내용에 중요한 변화가 나타나는 점이 간과되어서는 안 될 것으로 생각된다. 그것은 요컨대 개혁이나 진보를 중시하는 사고가 '조선의 전통에 입각한 주체적 시각'과 결합하지 못할 경우 오히려 국정운영에 혼란만을 초래하여 국가적인 위기로 이어질 수 있다는 것을 고종이 확고하게 의식하게 되었던 데에서 비롯된 변화일 것이다.

고종이 아관파천을 단행한 당일에 조칙을 통해, "왕후시해사건과 관련해 내린 그 동안의 조칙이 모두 (개혁을 가장한) 역적의 무리들이 위조한 것이므로 이를 취소한다"고 발표한 것이나,[55] 그 이틀 뒤 내린 윤음을 통해, "개국 503년 6월(=갑오개혁) 이후로 국가가 문명과 진보라는 이름만 있고 그 실속이 없어졌다"[56]고 통렬히 비판한 것은 이러한 고종의 정치의식을 극명하게 보여주는 사례라고 할 수 있을 것이다.

이러한 사실들을 종합적으로 고려해볼 때 고종이 대한제국의 선포를 전후해서부터 '신구절충' 혹은 '구본신참'의 원리를 강조한 데는, 기존의 동도서기 혹은 동교서법에서 나타나는 공시적(共時的, synchronic) 사유에 새로이 통시적(通時的, diachronic) 사유를 절충하여 보완함으로써, 자칫 '동과 서'라는 이원론적 공간적 사유에서 나타날 수 있는 자기소외의 공허함을 장구한 시간의 축을 따라 역사 속에서 축적되어 온 스스로의 정체성을 자각하고 존중함으로써 극복해가려는 일종의 '내적 구심력'을 확보해내려는 의식이 담겨 있었던 것으로 판단된다. 이를 당시의 정치적 컨텍스트에서 환언하면, 요컨대 대한제국 창건을 전후로 고종이 제시한 '구본신참'이라는 통합언어(unitary language)에는 갑신정변이나 갑오개혁 등에서 나타났던 급진적이고 외세의존적인 입장과의 차별성을 부각시키면서 주체적인 입장을 강조하는 것인 동시에 한반도에 깊

55) 『고종실록』 33년 2월 11일.

56) 『고종실록』 33년 2월 13일.

게 내장되어 있는 유교적 정서를 존중하면서 새로운 사상과 제도를 절충하여 수용하겠다는 의지가 담겨 있었다고 할 수 있을 것이다.

고종황제가 갑오개혁의 방식을 강하게 비판하면서도 개혁의 중요한 성과를 수용한 것은 이러한 이유에서였다.[57] '대한제국 정권은 갑오정권의 개혁관료들에 대한 탄압을 진행했음에도 불구하고, 갑오개혁의 제도개혁 성과를 대부분 폐기하지 않고 거의 그대로 준수하며 유지'하고 있었던 것이다.[58] 즉 문제가 된 것은 개혁 자체의 여부가 아니라 오히려 개혁의 '주체'와 '방법'을 둘러싼 것이었으며, 고종이 구질서의 회복을 추구하지 않았던 것은 개혁의 필요성을 깊이 자각하고 있었기 때문이었다.

5. 이분법적 사고를 경계하며

20세기는 '근대'가 극단적으로 추구되었던 시기였다. 에릭 홉스봄은 20세기를 '극단의 시대'라고 부르면서 20세기가 한편으로는 인류가 여태껏 경험하지 못했던 풍요로움을 구가하면서 다른 한편으로는 전쟁과 내란, 혁명과 살육을 경험하였음을 지적한 바 있다.[59] 역사가 '현재와 과거

57) 대한제국이 갑오개혁의 성과를 계승하고 있음을 보여주는 최근의 논의로서는, 서인한, 『대한제국의 군사제도』(혜안, 2000); 玄光浩, 『대한제국의 대외정책』(신서원, 2002); 왕현종, 『한국 근대국가의 형성과 갑오개혁』(역사비평사, 2003); 서영희, 『대한제국 정치사연구』(서울대학교, 2003) 등을 참고할 수 있다.

58) 왕현종, 앞의 책, p.424.

59) Eric Hobsbawm, *Age of Extremes: The Short Twentieth Century 1914~1991*(London: Michael Joseph, 1994).

와의 대화'라고 한다면, 주권국가로 상징되는 근대국제질서가 변화하는 조짐을 드러내고 있는 21세기 현재의 시점에서, 우리는 이제 20세기에 압축적으로 체험했던 근대의 모습을 상대화하여 한반도의 '안과 밖'의 정황들을 보다 다양한 시각에서 다루어 나갈 필요가 있지 않나 싶다. 환언하면, 근대가 상대화되는 21세기적 시점에서 역사에 대한 해석은 근대의 주술(呪術)로부터 풀려날 필요가 있다는 것이다.

앞에서 19세기 후반의 상황을 '문명사적 전환기'라는 용어로서 표현한 데는 이러한 고민이 숨어있다. 즉 19세기 후반을 '중세에서 근대로의 이행이자 발전'이라고 파악하기 이전에, 당시의 상황을 '이질적인 문명 간의 긴장된 만남'이라고 해석함으로써 기존의 방식으로는 드러나기 어려웠던 당대의 정치적 사유방식이나 정치적 모색들이 조선 '자신'의 정치사적 맥락에서 보다 생동감 있게 모습을 드러낼 수 있다고 생각되기 때문이다.

우리는 필요 이상의 단순한 역사적 모델과 이분법적 사고들을 경계해야 한다. 우리가 선택적으로 취하는 모델이 역사적 사실과 맞는지, 현재의 시점에서 광범위하게 반추하고 검토해 볼 필요가 있는 것이다. 조선왕조가 망국에 이르게 된 원인에도 주목해야 하겠지만, 그에 못지않게 아니 어쩌면 그 이상으로, 조선이 어떠한 정치적 사회적 문화적 삶을 영위했으며 그것의 생명력이 어떻게 그토록 오래도록 지속될 수 있었는가에 대한 현장감 있고 균형 있는 설명을 함께 찾아가지 않으면 안 된다. 왜냐하면 삶(=조선의 생명력)에 대한 이해 없이 죽음(=조선의 망국)에 대한 논의가 가능하지 않을 뿐 아니라, 그렇게 확보될 수 있는 설명력이라고 하는 것은 하나의 거대한 도그마에 불과할 수도 있을 것이기 때문이다.

19세기 후반 조선의 대외관계를 다루는 대부분의 연구는 '부국강병을 일구지 못한 채 이루어진 고종의 어떠한 외교적 노력도 실패할 수밖에 없는 것'임을 공통적으로 지적한다. 그러나 이러한 분석들은 현상에 대한 설명이라고는 할 수 있지만 고종의 정치적 대응이 '역사의 역동적인 시대적 맥락 속에서 왜 그러한 경향으로 나아가게 되었는가'를 구체적으로 설명하려고 하지 않았다. 뿐만 아니라 고종이 만국공법 질서에 진입하려고 어렵게 체결했던 각종 조약들이 조선을 동아시아의 예적 질서, 곧 조공질서체계에서 탈피하고 비록 제한적이나마 조선이 자주독립국 곧 주권국가임을 승인받게 한 중요한 근거가 됨을 흔히 간과하는 경향을 보이기도 한다.

과정에 대한 진지한 이해가 없는 역사의 교훈은 도그마로 전락하기 쉽다. 결론만이 난무하고 결과만이 소중하게 논의되는 곳에서 의미 있는 가치와 창조적 상상력은 피어나기 어렵다. 우리의 전통을 철저히 '근대'와 단절시켜 해석하는 것은 역사 속에서 진지하고 치열하게 살아온 인물들의 의미 있는 가치와 신념, 그리고 모색들을 근대에 미달된 미숙한 것으로 섣불리 낙인찍기 쉽다. 21세기의 학문이 자기 소외의 학문으로 전락하지 않기 위해서도 이제 역사적인 사실에 대한 천착 위에서 '전통 대 근대'라는 이분법적 사고를 넘어서야 한다고 지적하는 것은 이러한 이유에서다.

참고문헌

『고종실록(高宗実録)』

『승정원일기(承政院日記)』

『왜사문답(倭使問答)』

『용호한록(龍湖閒録)』

『조선책략(朝鮮策略)』

「한성순보(漢城旬報)」 1883~1884(동방미디어, 1983)

『한성주보(漢城週報)』 1886~1888(동방미디어, 1983)

고려대학교 아세아문제연구소 편, 『旧韓国外交文書』(고려대학교, 1965~73)

김윤식, 『雲養集』

김정명, 『日韓外交資料集成』(東京: 巖南堂書店, 1966)

大築拙蔵, 『恵頓氏万国公法』 洋装1冊(1882)

呉汝綸 編, 『李文忠公全集』(台北:文海出版社, 1962)

유길준, 『西遊見聞』(景仁文化社, 1969)

윤치호, 『尹致昊日記』 国史編纂委員会 6巻(探求堂, 1973~1989)

日本外務省 編, 『日本外交文書: 明治年間』(東京: 日本国際連合協会刊, 1947年~)

鄭観応, 『易言』(奎章閣 所蔵本, 奎中4626)

諸橋轍次, 『大漢和辞典』 全15巻(東京: 大修館書店, 1980)

中央研究院近代史研究会 編, 『清季中日韓関係史料』(台北: 1972)

重野安繹和 訳, 『和訳万国公法』(鹿児島藩刊, 1870)

萩原延寿, 『遠い崖: アーネスト・サトウ日記抄, 14巻=離日』(東京: 朝日新聞社, 2001)

Wheaton, Henry, *Elements of International Law*(London & Philadelphia의 6th edition, 1836)(Boston: Little, Brown & Company, 1855); Martin, W.A.P.(丁韙良) 漢訳, 『萬国公法』(北京: 1864)(아세아문화사, 1981)

강상규, 「朝鮮の儒教的政治地形と文明史的転換期の危機」(도쿄대학교 박사논문, 2005)

______, 「조선시대 왕권의 공간과 유교적 정치지형의 탄생」, 『애산학보』(애산학회, 2003)

______, 「고종의 대외인식과 외교정책」, 『한국사 시민강좌』 19집(일조각, 1996)

강만길, 『고쳐 쓴 한국근대사』(창작과 비평사, 1994)

김세은, 「고종초기(1864년~1873년)의 경연」, 『진단학보』 89집(진단학회, 2000)

김원모, 『한미수교사: 조선보빙사의 미국사행편』(철학과 현실사, 1999)

서영희, 『대한제국 정치사연구』(서울대학교 출판부, 2003)
서인한, 『대한제국의 군사제도』(혜안, 2000)
신용하, 「개화파의 형성과 개화사상의 발전」, 『한국사 38권: 개화와 수구의 갈등』(국사편찬위원회, 1999)
왕현종, 『한국근대국가의 형성과 갑오개혁』(역사비평사, 2003)
조동걸, 「奥村의 朝鮮国布教日誌」, 『한국학논총』(국민대학교 한국학연구소, 1985)
한영우, 「대한제국성립과정과 『大礼儀軌』」, 『한국사론』 45집(2001)
현광호, 『대한제국의 대외정책』(신서원, 2002)
Bluntschli, Johann Kaspar, *Das moderne Volkerrecht der civilisirten Staaten als Rechtsbuch dargestelt*(1868), Martin, W.A.P.(丁韙良) 漢訳, 『公法会通』(北京: 1880)(아세아문화사, 1981)
Cohen, Paul, *Discovering History in China: American Historical Writing on the Recent Chinese Past*(New York: Columbia Univ. Press, 1984), 이남희 역, 『학문의 제국주의』(산해, 2003)
Dawson, Raymond, *The Chinese Chameleon: An Analysis of European Conceptions of Chinese Civilization*(Oxford Univ. Press, 1967)
Hobsbawm, Eric, *Age of Extremes: The Short Twentieth Century 1914~1991* (London: Michael Joseph, 1994)
Park, Il-Geun(ed.), *Anglo-American Materials Relating to Korea: 1866~1886*(부산: 부산대학교 중국문제연구소, 1982)
Schwartz, Benjamin, "The Limits of 'Tradition Versus Modernity' as Categories of Explanation: The Case of the Chinese Intellectuals", *Daedalus*(Spring 1972)
Tanaka, Stefan, *Japan's Orient: Rendering Pasts into History*(Univ. of California Press, 1993), 박영재 · 함동주 역, 『일본 동양학의 구조』(문학과 지성사, 2004)

강상중, 『オリエンタリズムの彼方へ—近代文化批判』(東京: 岩波書店, 1995), 임승모 · 이경덕 역, 『오리엔탈리즘을 넘어서』(이산, 1997)
子安宣邦, 「近代知と中国認識: 「支那学」の成立をめぐって」, 『岩波講座: 現代思想 14＝近代 · 反近代』(東京: 岩波書店, 1994)
田保橋潔, 『近代日鮮関係の研究』(朝鮮総督府, 1940)
坂元ひろこ, 「欧米の中国認識」, 『岩波講座: 現代思想 14＝近代 · 反近代』(東京: 岩波書店, 1994)
丸山真男, 『日本政治思想史研究』(東京: 東京大学, 1952, 1983)

V. 일본의 유구병합과 '조선문제'의 부상

1. 잊혀진 왕국 유구

오키나와는 동아시아의 동남쪽에 위치한 유구열도 가운데 가장 큰 섬으로서 현재 일본의 가장 남단에 위치한 현(沖縄県)의 명칭이다. 하지만 오키나와지역에는 19세기 후반까지만 해도 중국적 세계질서(=천하질서=중화질서=화이질서)에 적극적으로 참여하면서 '비무장의 섬'으로서 독특한 정체성을 간직해오던 유구왕국(琉球王國)이 존재하고 있었다. 유구왕국은 서세동점(西勢東漸)의 위기상황 속에서 부국강병과 문명개화를 표방하던 일본의 메이지 정부에 의해 강제로 병합—유구병합, 일본에서는 이를 '유구처분'이라고 일컫는다—되고 말았고, 이후 유구왕국은 동아시아 역사의 아련한 기억 속으로 영영 사라지게 된다. 통시적으로 유구왕국이라는 역사 속의 기억과 일본의 한 행정구역으로서의 오키나와현이 겹쳐지는 것은 이러한 사연에서 연유하는 것이다.

19세기 동아시아의 국제관계에서 일본의 유구병합은 대단히 중요한 의미를 가지는 사건이었다. 그럼에도 불구하고 유구병합에 관한 본격적인 국내연구는 거의 찾아볼 수 없다. 양수지(2002), 박훈(2005)의 논문은 가히 예외적이라고 할만하다.[1] 하지만 전자는 유구병합이 이루어지게 되는 정치적 외교적 상황의 경과에 관해 비교적 소략하게 다루고 있을 뿐이며, 후자는 병합에 대한 유구 지배층 내부의 저항과 아이덴티티 문제 등에 관한 논의가 주를 이루고 있어 당시의 국제정치적 역학관계에 대한 고찰이라고 하기는 어렵다.

반면 유구병합에 관한 일본 측 연구는 상당히 많이 축적되어 있다. 다만 일본 측의 연구는 불가불 일본의 유구병합이 갖는 국내적인 의미에 논의가 집중되어 있어 상대적으로 국제정치적 접근이 취약하다는 느낌을 받게 된다. 한편 오키나와 측에서 나온 연구들을 보면 일본의 유구병합에 관해 보다 비판적 관점을 견지하고 있을 뿐 아니라, 국제정치적 시각이 상대적으로 강조되고 있다는 점에서 흥미롭지만, 한반도 정황과의 상관관계에 주목하는 시각은 거의 찾아볼 수 없다는 점에서 아쉬움을 남긴다. 최근의 연구 중에 예외적으로 유구병합의 국제정치적 의미를 본격적으로 조명하려는 작업도 나오고 있지만, 중국과 일본, 유구왕국의 삼자 간의 관계에 관한 고찰에 머무르고 있다는 점에서 기존의 틀을 크게 벗어나지는 않는 것으로 생각된다.[2]

하지만 흔히 간과되는 것과는 달리 일본에 의한 유구왕국의 병합은 거대한 전환기의 동아시아 상황 그리고 당대의 한반도 정황을 이해하는

1) 양수지, 「류큐왕국의 멸망: 왕국에서 오키나와 현으로」, 『근대 동아시아 국제관계의 변모』(혜안, 2002); 박훈, 「琉球處分期 琉球지배층의 自國認識과 國際觀」, 『역사학보』 186집(역사학회, 2005).

2) 西里喜行, 『清末中琉日關係史の研究』(京都大學出版會, 2005).

데에도 대단히 중요한 의미를 갖는 국제정치적 사건이었다. 왜냐하면 일본이 유구왕국을 병합하는 일련의 과정이 진행되었던 1870년대의 상황은 다름 아닌 사대교린(事大交隣)의 전통적인 중화질서가 조약체제(treaty system)라는 '새로운 국가 간의 교제 및 교섭방식'에 따라 내부적으로 재편되는 과정—1871년의 청일수호조규 체결, 1873년의 '정한론(征韓論)' 논쟁, 1874년 일본의 대만 출병, 1876년 조일수호조규의 체결, 1879년의 일본의 유구병합 완료—과 겹쳐질 뿐 아니라 1880년을 전후한 한반도 정치적 상황의 격변, 요컨대 1880년과 81년 조선 정부의 개화정책 추진, 즉 2차 수신사 김홍집의 파견, 『조선책략』의 전래, 통리기무아문 설치, 미국과의 조약체결 추진, 조사시찰단의 파견, 영선사 파견과 그에 따른 위정척사론의 전개와 임오군란(1882년 6월), 그리고 다시 진행되는 개혁 조치와 여러 우여곡절 끝에 나타난 갑신정변(1884년 10월) 등과도 시기적으로나 내용적으로 긴밀히 맞물려 있다고 생각되기 때문이다.

일찍이 도야마 시게키(遠山茂樹, 1914~) 등은 한·중·일 삼국의 양극 분해 현상을 근대의 세계와 동아시아 그리고 동아시아 삼국 간의 상호관계로 설명하면서, 제국주의 전야에 '조선문제'야말로 국내 모순의 배출구이자 동아시아 국제관계의 핵심이었으며, '조선문제'를 축으로 하여 동아시아상의 통일적 파악이 가능하다는 흥미로운 관점을 제시한 바 있다.[3)]

3) 이에 관해서는, 遠山茂樹, 「東アジアの歴史像の檢討— 近現代史の立場から」, 『歷史學硏究』 281號(1963); Nish, Ian H., "Korea, Focus of Russo-Japanese Diplomacy, 1898~1903", *Asian Studies,* Vol.IV, No.1(1966); 尹健次, 「戰後歷史學のアジア觀」, 岩波講座日本通史別卷, 『歷史意識の現在』(東京: 岩波書店, 1995) 참조.

이러한 지적이 타당한 것이라면, 유구병합의 국제정치적 의미를 이해하는 것과 '조선문제'의 부상(浮上)이라는 국제정치적 사건 간의 깊은 연관관계가 논의되지 않는 것은 기존의 일본 측 연구의 간과하기 어려운 한계라고 하지 않을 수 없을 것이다. 뿐만 아니라, 한국 외교사라는 관점에서 보더라도 19세기 후반 동아시아 국제관계가 변동하는 과정에서 이른바 '조선문제'가 핵심적인 이슈로 부상하게 되는 경위를 이해하기 위해서는, 다름 아닌 유구병합이 이루어지게 되는 정치적 경위 및 맥락 등과 함께 그것의 국제정치적 파장에 관한 이해가 불가피하다고 해야 할 것이다.

여기에서는 이러한 문제의식에 입각하여 당시 동아시아에서 나타났던 주요한 사건들을 하나하나 개별적으로 이해하기 보다는 상호 간에 서로 연동되어 진행되었던 측면에 주목하면서 유구병합의 한반도에서의 정치적 파장을 고찰해 보려고 한다. 논의 순서는 우선 국내외의 기존연구에 입각하여 유구왕국의 중화질서 내부에서의 위상을 간략하게 살펴보고, 메이지유신 이후 유구병합이 진행되는 과정을 검토해 볼 것이다. 그리고 이러한 기반 위에서 유구왕국의 해체가 동아시아 질서의 변동과정에서 특히 한반도 '안과 밖'의 정치적 상황 변화와 어떻게 맞물리게 되었는지 이와 관련된 일차 자료들을 이용하여 분석해 보겠다.

2. 전통적인 중화질서와 유구왕국의 위상

유구열도와 한반도가 속해 있는 동아시아 지역은 오랜 세월에 걸쳐 역사적으로 구성된 독특한 정치적, 사회적 경험과 문명의식을 공유하고 있었다. 그런 만큼 동아시아 지역을 구성해 온 질서는 오늘날 우리에게 친숙한 서구의 근대국제질서와는 대단히 다른 성격을 갖고 있었다. 국가 '간'의 관계도, 그리고 중화질서에서 하나의 행위주체로서 국가가 갖는 의미도, 그리고 국가와 개인의 관계라고 하는 것도 근대국제질서의 그것과는 차이가 있었던 것이다.

천하질서 혹은 중화질서란 기본적으로 개인 간의 관계를 규율하는 예(禮)에 기반한 위계적 원리를, 천하를 구성하는 복합적 행위주체 간의 관계로까지 확대하여 적용한 일종의 이념적으로 상상되어진 세계라고 할 수 있다. 여기서 예라고 하는 것은 사람이 반드시 지켜야 할 행동규범이라는 좁은 의미에서 시작하여 귀천이나 상하의 구별, 나라의 법제, 나라 사이의 관계, 모든 사물의 통일된 법칙 등을 지칭하는 매우 넓은 의미를 함축하는 개념이다. 이러한 이념체계로서의 중화주의는 춘추전국시대에 성립된 이래 각 지역의 국가들에 의해 편의적으로 활용되다 이민족의 지배를 탈피하고 한족(漢族)에 의해 명이 성립(1368)된 이후 보다 체계적으로 확립되어 가는 양상을 보이게 되며, 막강한 중국의 정치적 문화적 권위와 군사력에 의해 보호되고 유지 지속되어 나가게 된다.

전통적인 중화질서의 국가 '간' 관계에서 사대나 사대자소(事大字小, 큰 것을 섬기고 작은 것을 품어준다), 혹은 일시동인(一視同仁, 편벽되지 않게 모든 이들을 한결같은 인의 마음으로 돌본다)의 원리가 강조되었던 것도 이처럼 예를 중시하는 중화질서의 성격에서 비롯되는 것이었다. 한반도의 대외관계의 원리가 흔히 '사대교린'으로 표현되었던 것이나 중화질서 내부에 근대국제질서처럼 외교를 전담하는 부서가 없고 사실상의 외교업무를 중국의 예부(禮部)나 조선의 예조(禮曹)가 담당한 것도 이러한 이유에서였다. 중화질서의 이념은 현실정치 공간에서 군사적 기반에 의해 지탱될 수 있었던 것임에도 불구하고 기본적으로는 문화주의적 성격이 강한 것이었다. 거기에는 예치(禮治)나 덕치(德治)라고 불리는 보편적인 통치이념이 추구되고 있었고, 이러한 통치이념에 기초한 천하관념이 중화 외의 세계의 이질적인 요소를 포섭하고 있었다.

한편 조공(朝貢)과 책봉(冊封)은 중화질서를 현실적으로 지탱하는 주요한 제도가 되었다. 주변국은 정해진 때에 문명과 문화의 중심으로 간주되는 중국에 조공을 드렸으며, 이에 대해 중국은 우수한 문물과 아울러 이른바 '문명 표준(standard of civilization)'을 제공하며 주변국의 군주를 책봉하였다. 이러한 제도는 대체로 중국과 주변국 양측 모두에게 정치적 권위와 체제의 정당성을 강화시켜주는 효과를 갖는 것이었을 뿐만 아니라, 일정한 한계 내에서 국가 간의 교역관계를 가능케 하는 기능을 하기도 했던 것이다.[4]

유구가 중국에 처음으로 조공을 바치기 시작한 것은 1372년의 일로 이때 유구는 세 개의 구역으로 나뉘어 있었다. 이 세 곳의 지배자들을 중산왕, 남산왕, 북산왕(中山王, 南山王, 北山王)이라 불렀는데, 이를 통합하여 유구왕국이라는 하나의 통일왕국이 성립된 것이 바로 1429년의 일이었다. 한반도의 이른바 여말선초(麗末鮮初)의 시대에 해당한다. 유구는 명(明)에게 조공을 바치고 책봉을 받게 되면서 그 권위를 배경으로 하여 동아시아의 중계무역국으로서 약 150여 년에 걸쳐 이른바 유구의 '대교역(大交易)시대'로 일컬어지는 번영기를 맞이하게 된다. 이처럼 유

4) 이에 관해서는, 김한규, 『천하국가: 전통시대 동아시아 세계질서』(소나무, 2005)와 아울러 본서의 1장 등을 참고할 것.

구왕국의 번영이 가능할 수 있었던 데는 동아시아와 동남아시아 지역을 연결하는 유구의 독특한 지정학적 위상이 큰 역할을 했기 때문일 것이다.[5] 한편 이때 명으로부터 받은 문화적 영향은 유구의 사상과 습속, 문화 등에 지대한 영향을 주었고 명에서 유학하고 돌아온 유학생들은 유구 사회의 중추적 역할을 담당하였다.[6]

이러한 유구의 번영은 당시 중화질서의 주변에 머물러 있던 일본열도의 권력자들에게 강한 관심과 간섭을 초래하게 만들었다. 그중에서도 지리적으로 가장 가까운 곳에 위치하던 일본 규슈(九州) 남부 사쓰마번(薩摩藩)의 간섭이 특히 심했는데, 이들은 1609년 마침내 에도막부의 허락을 얻어 유구를 침공하기에 이르렀다. 사쓰마번의 삼천 명의 병사를 태운 백여 척의 배가 유구를 공격하면서 왕을 비롯한 주요 가신들이 사쓰마에 인질로 끌려가는 사태가 벌어졌고 이로 인해 사쓰마번의 지배하에 놓인 유구왕국은 중국과 일본 양쪽에 조공을 드리는 이른바 '양속(兩屬) 체제'로 불리는 독특한 상황에 놓이게 된 것이다.[7]

이때부터 유구왕국에서는 상업적, 문화적인 중국의 영향력은 지속되면서도 일상적인 정치적 영향력은 일본 쪽으로 크게 기울어지게 되는 일종의 '기묘한 균형' 상황이 전개되게 된다. 주목해야 할 사실은 이 시기의

5) 赤嶺誠紀, 『大航海時代の琉球』(沖縄タイムス社, 1988); 浜下武志, 『沖縄入門: アジアをつなぐ海域構想』(ちくま新書, 2000).

6) 外間守善, 『沖縄の歴史と文化』(中公新書, 1986).

7) Robert K. Sakai, "The Ryukyu islands as a fief of Satsuma", in Fairbank, J. K.(ed.), *The Chinese World Order: Traditional China's Foreign Relations*(Cambridge: Harvard Univ. Press, 1968).

일본이 유구왕국에 대한 실질적인 영향력을 강화하려 하면서도 밖으로는 유구가 일본과는 다른 나라(異國)라는 점을 기회가 있을 때마다 강조하려 했다는 점이며, 중국에서도 유구가 중국황제의 권위에 복종하고 중화세계를 지탱하는 위계제도와 격식을 존중하는 한 유구와 일본의 관계에 개입하려고 하지 않았다는 점이다. 사쓰마가 유구왕국에 대해 이런 특수한 관계를 바랐던 것은 중국무역을 행하기 위한 탈출구로서 유구를 이용하기 위한 실리적인 이유에서였으며 그런 만큼 유구와의 특수한 관계가 중국측에 알려지지 못하도록 정치적으로 세심한 주의를 기울였다.[8]

한편 전통적인 중화질서의 변동은, 주지하는 것처럼 서구 제국주의의 물리적 공세가 시작된 아편전쟁(1839~1842)으로부터 시작되었다고 할 수 있을 것이다. 아편전쟁으로 인해 체결한 남경조약(1842)은 서구제국과의 불평등조약의 원형이 되었으며, 이후 거듭되는 전쟁에 따라 천진조약(1858)과 북경조약(1860) 등으로 이어지면서 중국은 조약체제라는 국가 간의 새로운 패러다임 속으로 발을 디디게 된다.

이 무렵 네덜란드 국왕 윌리엄 2세(1792~1849, 재위기간 1840~1849)의 서한과 관련된 에피소드는 본 장의 주제와 관련하여 매우 흥미로운 사실을 전해준다. 내용인즉 다음과 같다. 나가사키(長崎)를 통해 그 동안 일본과 각별한 관계에 있던 네덜란드 국왕은 아편전쟁이 일어나고 얼마 후인 1844년, 당시 쇄국을 고집하고 있던 일본의 미래를 걱정하여 막부에 서한을 보낸다. 네덜란드 국왕은 서한에서 산업혁명 이후의 유럽 정세의 변화와 아시아에의 진출 상황을 설명하고 아편전쟁의 정황 등을

8) Ta-tuan Ch'en, "Investiture of Liu-Chiu Kings in the Ch'ing Period", 앞의 책(1968).

설명하면서 개국의 결단을 내릴 것을 권유하게 된다.[9] 이에 대해 막부에서는 네덜란드 국왕의 개국 권고를 거절하게 되는데, 그 명분은 요컨대, '선조들로부터 전해오는 법(祖法)에 따르면, 일본은 통신국(通信國)과 통상국(通商國)을 두게 되어 있는데, 이미 통신국으로서 조선과 유구국이, 통상국으로서 네덜란드와 중국이 존재하고 있기 때문'이라는 것이었다.[10] 아베 마사히로(阿部正弘, 1819~1858)의 이러한 논의는 중화질서의 주변에서 조선과 유구국, 중국과 네덜란드를 바라보는 일본 정계의 시각이 명료하게 반영된 것이어서 주목된다.

아편전쟁을 전후하여 유구국에 접근하는 구미열강의 함선도 점차 증가하고 있었다. 그중에서도 프랑스는 가장 먼저 유구국에 개국할 것을 요구해왔고, 유구 당국에서는 가능한 한 문제를 일으키지 않으려는 의도로 소극적인 답변으로 일관하였다. 이러한 와중에 1853년 5월 조약체결을 목적으로 일본으로 향하던 페리(Matthew Perry, 1794~1858)가 유구의 나하(那覇)항에 들어왔는데, 그는 일본과의 교섭이 실패할 경우에는 유구국을 점령할 계획을 세우고 있었다. 1854년 일본과의 조약 체결에 임하는 미국 측의 조약 초안에는 유구국의 나하항도 개항 예정지의 하나로 거론되었는데, 일본 막부 측에서는 유구가 멀리 떨어져 있어 자국이 다룰 수 없는 나라라고 하면서 이를 거부하였다. 하지만 미일조약교섭을 계기로 막부로서는 외국과의 외교교섭에서 유구의 '소속'을 어떻게 설명

9) 丸山眞男 外篇, 『日本近代思想大系 1: 開國』(東京: 岩波書店, 1990) pp.3-10.

10) 田中彰, 「黑船來航から岩倉使節団へ」, 『日本近代思想大系1: 開国』(東京: 岩波, 1990).

해야 할 지 이를 더 이상 회피할 수 없는 외교적 문제임을 인식하게 된다. 한편 미일화친조약 체결에 성공한 페리는 유구와도 교섭을 진행하여 1854년 7월 11일 수호조약을 맺었으며 이후 유구국은 프랑스(1855), 네덜란드(1859)와도 차례로 조약을 체결함으로써 구미 근대국제질서 체제와도 인연을 맺게 되었다.[11]

3. 동아시아 국제관계의 변동과 일본의 유구왕국 해체의 정치과정

중화질서의 변동이 아편전쟁이라는 외부로부터의 충격에서 시작되었다면, 동아시아 삼국 간의 관계 변동은 메이지유신이라는 일본 국내의 정치변동을 기점으로 본격적으로 진행되기 시작했다고 할 수 있다. 그리고 그 변동이 심상치 않은 파문을 일으킬 것임은 메이지 신 정부가 조선과의 양국 관계를 개편하려는 방침을 결정하고 이를 조선 측에 전달하는 과정에서부터 드러났다. 일본 측이 지참한 국서에는 예를 중시하던 기존의 교린관계에서 엄격하게 통용되던 방식들을 크게 수정하는 내용들이 담겨 있었고 조선 측에서는 일본의 이러한 자의적 변경이 지금까지의 방식과는 다른 것인 만큼 수용할 수 없다고 하여 이를 거부하였다. 조선은 교린관계가 작동하기 어려워진 시대적 맥락을 제대로 인식하지 못한 채 기존의 중화질서의 패러다임 속에서 상황을 판단하여 대응하였던 것이었고, 일본은 새로운 근대국제질서의 패러다임을 임의로 해석하여 자신

11) 西里喜行, 앞의 책, pp.146-152.

의 논리를 막무가내로 과도하게 밀어 붙였다고 할 수 있다. 결국 양국의 입장은 합일점을 찾지 못하고 평행선을 달리게 되었고 이는 양국 간의 깊은 갈등의 씨앗이 되었다. 이 사건은 얼마 후 일본에서 이른바 '정한론(征韓論)'이 비등하게 되는 하나의 중요한 빌미가 되었는가 하면, 조선에서는 일본과 서양 오랑캐가 한통속이라는 '왜양일체론(倭洋一體論)'의 이미지가 생기는 중요한 계기로 작용하게 된다.[12]

반면 일본과 중국관계는 외형상으로는 비교적 순탄하게 새로운 패러다임으로 갈아타는듯 했다. 이를 보여주는 것이 바로 1871년 일본과 중국의 수호조약(청일수호조규) 체결이었다. 이것은 중화문명권 내부의 국가 간 관계가 기존의 패러다임과는 분명히 다른 형식으로 전개될 것임을 가시적으로 드러낸 사건이었으나, 양국 간의 조약체결은 별다른 문제를 야기하지 않고 비교적 원만하게 진행되었다. 여기에는 대체로 다음과 같은 배경이 존재하고 있었다. 청대 이후 동아시아 질서에서 조선은 중국과 사대관계, 일본과 교린관계로 이어져있었던 반면, 중국은 일본과 공식적인 국가관계가 존재하지 않았고 양국 간에는 일본의 나가사키에 체류하던 중국 상인을 통한 사적인 통상관계만이 존재할 뿐이었다. 따라서 일본은 교린관계에 있던 조선과, 중국 및 일본 양국에 조공을 드리는 유구왕국과의 관련 속에서 중화질서의 주변부에 존재하고 있었던 것이다. 그러므로 일본과 조선 간에는 교린관계의 제도나 관례가 엄격히 확립되어 있어 이를 해체하는 것이 어려운 반면, 일본과 중국 양국 간에는 기존의 심리적이고 문화적인 틀 외에는 어떠한 제도적인 구속도 존재하

12) 김용구, 『세계관 충돌과 한말외교사 1866~1882』(문학과 지성사, 2001).

지 않았고 더욱이 양국 모두 서구 열강들과 이미 조약관계를 맺고 있었으므로 현실적인 필요에 따라서는 '조약'관계라는 새로운 방식의 교섭이 상대적으로 쉽게 가능할 수 있었던 것이다.

하지만 이러한 양국 관계의 변화는 동아시아 국제질서 전체에 파문을 일으켰다.[13] 그중에서도 기존의 중화질서하에서 여전히 중·일 양국

13) 청국과 일본 간의 수호조규체결은 당시 조선에도 그 내용이 알려지게 된다. 당시의 분위기를 이해하기 위해서 우선 연행사절이 이에 관해 귀국하여 국왕에게 보고하는 장면을 소개하면 다음과 같다. 『일성록』 고종 9년(1872) 4월 4일.
"고종: 떠날 때 이미 언급한 대로 과연 상세히 사정을 살피고 돌아왔는가? 정사 민치상(閔致庠, 1825~1888): 다른 사정이 있는지는 제가 잘 모르겠습니다만, 지난 가을에 양이(洋夷)들이 왜인(倭人)들을 꾀어 와서 중국과 더불어 교역할 것을 요구하여 이미 문서로 약속했으며, 장차 교역을 행하게 된다고 합니다. 고종: 그렇다면 중국은 장차 왜인들을 어떻게 접대하게 되는가? 민치상: (왜는) 이미 신하로서 복종하는 나라가 아니므로 왜인들을 신하라고 일컫지 않을 것이라고 합니다……."
이 보고가 있은 후 국왕은 이 문제에 관해 관심을 갖게 되고 서장관으로 중국에 다녀온 박봉빈(朴鳳彬)을 따로 불러 이와 관련된 질문을 보다 구체적으로 다시 반복 확인하게 된다. 『일성록』고종9년4월30일.
"고종: "양이가 왜인들을 끌어들여 중국과 더불어 장차 교역을 하리라고들 하던데 과연 그러하던가? [……] 왜가 본래 중국에 신하로서 복종하는 나라가 아니어서, 청은 왜와 교역을 하겠다는 약속을 금지나 통제, 혹은 반대하지 않는 것인가?……."
조선 국왕 고종은 서장관 박봉빈을 접견한 바로 그날(1872년 4월 30일), 당시 조선 최고의 대외관계 전문가일 뿐만 아니라 자신이 가장 신뢰하던 신하 박규수(朴珪壽, 1807~1876)를 차기 연행사절의 정사(正使)로서 임명하여 중국의 상황을 살피고 돌아오도록 지시를 내린다. 이후 고종은 여러 차례의 연행사절단의 보고를 거치는 동안 다양하고 적극적인 질문을 통해 서양열강, 그리고 서양화한 일본이 세력을 확산시켜가고 있음을 강하게 의식하게 되었고, 또한 중국이 조선으로서는 여전히 가장 중요한 나라

에 양속체제를 견지하고 있던 유구왕국의 위상설정이 재고되는 것은 불가피한 상황이었고, 그런 점에서 유구왕국은 동아시아 질서변동의 바로미터와 같은 것이었다. 이때 메이지 정부는 기회를 놓치지 않고 유구왕국을 일본에 배타적으로 귀속시키려는 조치를 취하게 된다. 그러나 처음부터 메이지 정부가 유구에 대한 하나의 완결된 구상을 가지고 있었던 것은 아니었다. 그러면 일본 정부에 의해 유구왕국이 해체되는 과정을 좀 더 자세히 살펴보도록 하자.

1867년 10월, 주지하는 바와 같이, 15대 쇼군이던 도쿠가와 요시노부(德川慶喜, 1837~1913)가 대정봉환(大政奉還)을 행함으로써 도쿠가와 막부는 붕괴된다. 이후 메이지 신정부는 이른바 '왕정복고의 대호령'을 발표하였고 여러 저항에도 불구하고 1869년 6월에는 판적봉환(版籍奉還)을, 그리고 71년 7월에는 폐번치현(廃藩置県)을 단행함으로써 각 지역의 번주들에 의해 여전히 장악되어 있던 지배력을 실질적으로 해체하고 명실 공히 중앙집권적인 국가체제를 형성하게 되었다. 이처럼 폐번치현 조치를 통해 기존의 사쓰마번은 가고시마현(鹿児島県)이 되었고, 이로 인해 유구국은 자연히 가고시마현의 지배하에 놓이게 된다. 일본이 폐번치현을 단행하는 과정에서 이처럼 유구국을 폐번치현의 대상으로

이기는 하지만 이미 현실적으로 세계의 중심이 아니라는 사실을 인식하게 된다. 이로 인해 고종은 당시 대원군이 주도하는 조선의 배외(排外)정책이 시대적인 대세를 무시한 것으로서 현실적으로 조선이 점점 고립되는 방향으로 대외정세가 전개되어가고 있다는 위기의식과 불만을 동시에 갖게 되었고, 고종의 이러한 상황판단은 대외정책의 새로운 방향전환과 아울러 친정(親政)의 필요성을 강하게 느끼게 하는 중요한 계기들이 되었다. 이에 관해서는 본서의 4장 참조.

삼지 않은 데는 앞에서 살펴본 바와 같이 유구국이 중국과 조공-책봉관계에 놓여 있을 뿐만 아니라 1850년대에 일부 구미국가들과 이미 조약관계를 수립하고 있었던 사정 등으로 인해 일본 측의 판단이 조심스러울 수밖에 없었던 정황과 관련된다.[14] 이러한 와중에서 앞서 언급한 중국과의 수호조약의 체결(1871년 9월 13일, 비준은 1873년 4월 30일)은 동아시아 질서가 내부에서 조용하지만 분명하게 변동하고 있음을 보여주는 사건이 아닐 수 없었고, 이는 전통적인 중화질서하에서 중·일 양국에 대하여 양속체제를 견지하던 유구왕국의 위상설정에 불가피하게 변동이 있을 수밖에 없음을 의미하는 것이기도 했다.

그런데 이때 마침 대만 동남부에 표착한 유구국의 미야코지마(宮古島) 사람들이 대만 현지인들에 의해 54명이 살해되는 대만사건(1871년 11월)이 발생하게 되면서, 메이지 정부 내에서는 이 사건을 계기로 유구의 중·일 양국에 대한 양속 상태를 해소하고 일본에 전적으로 귀속시켜야 한다는 논의가 일어나기 시작한다. 이에 따라 메이지 정부는 이에 관한 해결방안으로 외무성의 건의안을 수용하여 유구 정부에 유신을 축하하는 사절단을 파견할 것을 요구하였고, 1872년 9월 유구왕국의 유신 경하사(慶賀使)가 도쿄에 도착하게 된다. 그러자 메이지 정부는 9월 14일에 곧장 유구'국'을 폐지하고 그 대신에 유구'번'을 설치하였으며 유구국왕 쇼타이(尙泰, 1843~1901, 재위기간 1848~1879)를 유구'번'의 왕으로 삼으면서 일본의 화족(華族)으로 임명하는 조치를 취했다. 또한 유구왕국의 주요 관직에 대한 임명권도 메이지 정부가 장악하고 말았다. 이것은

14) 『沖縄県史』 1卷, p.135.

유구왕국이 예전처럼 사쓰마번(폐번치현 이후에는 가고시마현)의 관할하에 놓여 있는 것이 아니라, 사실상 메이지 정부의 직할령이 된 것을 의미하는 것이었다. 그리하여 메이지 정부는 1850년대에 유구왕국이 구미제국(미국, 프랑스, 네덜란드)과 체결한 조약을 인계하였고, 부지불식중에 유구국은 일본 외무성의 관할하에 놓이게 되었던 것이다.

그러면 1871년 이후의 유구국에 대한 일본 측 조치에 대해 유구 당국은 어떠한 반응을 보였을까. 의외로 유구는 사태의 심각함을 느끼지 못하고 있었다. 사쓰마번에서 빌린 돈에 대한 변제가 면제되었는가하면, 메이지 정부로부터 지원금도 유구로 들어왔다. 그리고 청국과의 조공무역에 대한 사쓰마번의 간섭이 없어져 유구당국은 과거와는 달리 이익을 독점할 수 있게 되었다는 낙관적인 계산을 했던 것이다.

한편 메이지 정부는 유구가 일본의 영토라는 국내적 조치를 취한 이후 청국 측에 대만사건의 책임을 추궁하게 되었는데 이에 대해 청국이 '대만은 중국의 정령과 교화가 미치지 않는 화외(化外)의 지역'이라고 답하자 1874년 5월, 메이지 정부는 대만에 군대를 출병하게 된다. 여기에는 대외적으로 청에 대한 외교적 주도권을 확보하면서 유구귀속문제를 해결하려는 의도와 아울러 대내적으로 메이지 정부의 탄생 이래 일본 정부에 심각한 위협이 되고 있던 불평사족(不平士族)의 관심을 해외로 돌리려는 정치적 의도가 담겨 있었다. 즉 일본의 대만침공은 유구 귀속문제에 대한 외교적 주도권을 선점하려는 시도인 동시에 전년도에 일본 정계를 팽팽한 대립국면으로 몰고 갔던 '정한론' 논쟁의 연장선상에 위치하는 사건으로서 메이지 정부가 국내외의 중첩된 문제를 동시에 해결하려는 전략적 의도하에 이루어진 국제정치적 사건이었던 것이다.[15]

메이지 정부는 청국이 대만출병에 대해 항의하자 앞서 소개한 '대만은 중국의 정령과 교화가 미치지 않는 화외(化外)의 지역'이라는 청국의 대만에 대한 언급을 상기시키며 강경한 태도를 보이게 된다. 결국 영국의 조정하에 청국은 50만 냥의 배상금과 함께, '대만의 선주민들이 일본국의 속민(屬民)을 살해하였으므로 일본국 정부는 이 죄를 묻기 위해 이들을 정벌하였으며, 이는 인민을 보호하기 위한 정당한 행위였다'는 조문을 교환하게 된다. 이로써 메이지 정부는 청국이, 유구민을 일본인으로 인정한 것이며, 이는 유구가 일본의 영토임을 청국도 인정한 것이라는 근거로 해석하였다.[16] 이처럼 유구문제는 거대한 문명사적 전환기 동아시아 국가 '간' 관계의 패러다임이 전환하는 과정에서 발생한 대만사건이라는 불행한 사건을 빌미로 메이지 신정부가 국내외 문제를 정치적으로 해결하려는 과정에서 구체적으로 부상하게 되었던 것이다.

1874년 메이지 정부는 청국과의 대만출병교섭에 앞서 유구번을 외무성 관할에서 내무성 관할로 이관시켰다. 이것이 유구문제를 국제적 문제가 아닌 사실상 국내문제로 치환하려는 의도에서 비롯된 것임은 주목해 볼 필요가 있을 것이다. 메이지 정부는 1875년 내무대승(內務大丞)에 발탁된 마쓰다 미치유키(松田道之, 1839~1882)를 유구처분관의 자격으로 유구에 파견하여 청과의 조공, 책봉관계의 정지 및 일본 연호의 사용 등 일본의 제도를 도입하도록 밀어붙였다. 이에 대해 유구 측에서는 뒤늦게 국가존망에 관련된 문제로 인식하고 반발하는 움직임이 나타나

15) 金城正篤, 『琉球処分論』(沖縄タイムス, 1978) pp.321-325.

16) 我部政男, 「日本の近代化と沖縄」, 『近代日本と植民地』1권(岩波, 1992).

게 되는데 일본은 종래의 양속 체제하의 왕국의 정체(政體)를 바꾸는 일은 영원히 없으리라는 언질을 주면서, 재판권과 경찰권을 차례로 접수하였고, 1879년에는 마쓰다 미치유키를 군, 경관등과 함께 유구에 파견하여 3월 27일 '유구번'을 폐하고 '오키나와현'을 세우게 된다. 이처럼 450여 년간 지속되던 유구왕국은 메이지 정부의 폐번치현의 단행이라는 형식으로 붕괴되었던 것이다.[17]

일본의 유구병합은 이처럼 1879년의 어느 날 갑자기 감행된 사태가 아니었다. 일본에 의한 유구왕국의 해체 과정은 몇 차례의 단계를 거치면서 치밀하게 진행되었으며, 예측 가능한 반발과 갈등의 소지는 가급적 사전에 봉쇄되는 양상을 띠고 있었다. 예컨대 대만사건 발생 이후 일본이 중·일 양국에 조공을 행하던 유구왕국을 배타적으로 통합하려는 입장을 견지하게 되면서 1872년 갑자기 유구국에 '시대착오적'인 느낌을 주는 '번(藩)'이라는 명칭을 부여했다. 여기서 '시대착오적'이라는 표현을 쓴 것은 71년도에 이미 '번을 폐하고 새로 현을 세운' 폐번치현 조치가 취해졌는데도 불구하고, 메이지 정부가 유구왕국에 대해 뒤늦게 유구'번'을 설치한 것은 유구가 바야흐로 중앙집권화되어가던 일본의 명실상부한 영토라고 명확히 규정되었을 때 나타날 수 있는 중국 측과의 갈등과 유구왕국 내부의 저항 등을 사전에 차단하려는 치밀한 계획 없이는 생각하기 어려운 것이다. 즉 메이지 정부는 '국제적' 분쟁으로 비화할 수밖에 없는 유구 문제를 교묘하게 '내정' 개혁의 문제 혹은 '지방' 제도의 개혁문제로 환원시켜 가면서 애매하게 분쟁의 여지를 흐리게 하는 방식으로 유구를 병합

17) 金城正篤, 앞의 책(1978); 紙屋敦之, 『琉球と日本, 中国』(山川出版社, 2003).

해 나갔던 것인데, 이러한 일본의 의도가 오늘날까지 사용되고 있는 '유구처분'이라는 용어 안에 그대로 배어있음을 간과해서는 안 될 것이다.[18]

하지만 유구병합이 일본 측이 의도한대로 순조롭게 완료된 것만은 아니었다. 이러한 사태를 청은 중화질서체제의 중대한 위기라고 간주하고 있었고 유구당국의 관계자들 중에는 일본에의 귀속에 대해 저항하며 청국에 밀항하여 중국의 보호를 요청하는 인물들도 계속해서 나오고 있었다. 일본의 행위에 대한 국제적 시선도 우호적인 것은 아니었다. 이 문제는 결국 미국의 전 대통령 그랜트(Ulysses S. Grant, 1822~1885, 재임기간 1869~1877)가 조정에 나서게 되면서 유구열도를 분할하는 방향으로 진전되는 듯 보였다. 이때 일본은 유구열도 중에서 대만에 가까운 미야코(宮古)와 야에야마(八重山) 두 섬을 청국에 할양하는 대신에 1871년의 중일수호조규를 개정 혹은 거기에 추가하는 형태로 최혜국대우의 규정을 넣음으로써 구미국가처럼 중국 내륙에의 통상권을 획득하려는 입장을 드러냈다. 요컨대 일본 측은 이른바 '분도(分島)' 문제와 개약(改約) 문제를 하나의 세트로 연동시킴으로써 유구문제를 중국 내지에서의 통상권 획득의 발판으로 삼으려는 태도를 견지하였던 것이다. 이에 대해 청국 측은 유구열도를 세 개로 분할하려는 입장을 가지고 교섭에 임하게 되었는데 일본 측의 희망대로 교섭이 타결되는 듯 하다가 청국 내에 일본 측의 의도를 경계하는 분위기가 강화되면서 결국 조약의 정식 조인은 이루어지지 않고 더 이상의 진전 없이 지지부진한 양상을 띠게 되었다.[19]

18) 森宣雄, 「琉球は「処分」されたか」, 『歴史評論』(2000).

19) 이에 관해서는, 西里喜行, 「日清両国の琉球分割交渉とその周辺」, 『清末中琉日關係史の研究』(2005)에서 특히 상세하게

4. 중국 측의 태도변화와 '조선 문제'의 부상

1870년대에 나타난 청일수호조규, 일본 내부의 '정한론' 논쟁과 조일수호조규의 체결, 그리고 '유구문제'의 대두와 일본의 일방적인 병합 등의 일련의 사건은 동아시아의 정치변동이 본격적으로 시작되었으며, 중화질서의 주변부에 위치하던 일본이 이러한 정치변동을 주도할 것임을 강력하게 시사해주는 것이었다. 그리고 그것은 일본의 근대국가 형성과정이 단순히 하나의 민족국가의 탄생을 의미하는 것이 아니라 제국건설의 형태를 띠고 배타적이면서도 팽창적으로 진행되고 있음을 예고하는 것이기도 했다.

한편 전쟁과 내란 등으로 '안과 밖'의 위기에 몰려있던 중국은 1860년대 이래 '자강(自强)'의 기치아래 양무운동을 전개하면서, 전통적인 방식대로 조선의 내정과 외교문제에 간여하려 하지 않았다. 하지만 1870년대 이래 중국은 러시아와 일리 문제, 프랑스와 월남 문제, 일본과 유구 및 대만, 조선 문제로 긴장관계에 놓이게 되었고, 유구와의 관계가 단절되면서 중국의 위기의식은 보다 가시화된 형태로 첨예하게 드러나기 시작한다. 이러한 중국의 위기감의 심화는 조선에 대한 간섭과 압박의 심화, 곧 기존의 조청관계가 변질되어 나타날 가능성을 강하게 내포한 것이었다. 그러면 중국 측 위정자들의 위기의식이란 대체로 어떠한 내용을 담고 있었을까. 유구병합으로 인한 중국 측 위정자들의 위기의식의 심화와 그로 인한 조선에 대한 압박정책으로의 전환은 매우 중요하므로 그 내용을 구체적으로 살펴보자.

논의되고 있다.

일본의 유구병합 이후 중국 측의 위기의식이 반영된 것으로서 특별히 주목되는 문서가 다름 아닌 북양대신 이홍장(李鴻章, 1823~1901)이 일본의 유구병합 직후 조선 측 고위관리 이유원(李裕元, 1814~1891)에게 보낸 서신이다. 주지하는 것처럼, 1876년 조일수호조규가 체결되는 시점을 전후해서부터 이홍장은 이유원에게 여러 차례 서한을 보내, 조선의 배외(排外)정책이 일본 및 서양열강과의 대립을 격화시킬 수 있음을 경고하고 조선이 새롭게 대외관계를 정립해 나갈 것을 권고하고 있었다.[20] 좀 더 부언하면 이홍장의 서한은, 대체로 일본 측의 유구병합(1879년 4월)을 전후하여, 그 이전까지는 반러시아 - 연일본(反露連日)의 관점에서 조선이 일본과의 수호조규를 준수하면서 일본과의 관계를 긍정적이고 적극적으로 강화해갈 것을 권고해 온 반면, 그 이후로는 일본에 대한 경계심이 증폭되어 반(反)러일과 연(連)구미론의 관점에서 서양국가들과 동맹관계를 맺어나갈 것을 화이론적 명분론이 아닌 새로운 패러다임, 즉 '만국공법'에 근거하여 설득하려 하고 있다.[21] 유구병합 직후에 날아온 이홍장의 서

20) 사실상 조선 정부와 청의 실력자 이홍장이, 사적인 서신 교환이라는 비공식적인 형식과 경로를 통해, 조선의 대외정책에 관해 의견을 교환한 것은, 기존의 조청관계에 있어서 조선의 내정과 외정에 간섭하지 않았던 관례 때문이었다. 이홍장과 이유원의 서신교환에 관해서는, 原田環,「朝・中'兩截體制'成立前史: 李裕元と李鴻章の書簡を通して」(1981), 『朝鮮の開國と近代化』(廣島: 溪水社, 1997)가 참고가 된다.

21) 이홍장의 조선에 대한 인식과 그것이 정책화되어 변화되어 가는 사정에 관해서는, Lin, T.C., "Li Hung-chang: His Korea Policies, 1870~1885", *Chinese Social and Political Science Review,* Vol.19, No.2(1935); 권석봉,「이홍장의 對朝鮮列國立約勸導策에 대하여」(1963),「壬午軍亂時 淸側 介入의 背景」(1971),『淸末 對朝鮮政策史硏究』(서울: 一潮閣, 1986); 宋炳基,

한은 유구병합으로 드러난 일본의 침략성을 다음과 같이 강조하고 있다.

> 일본은 근래 서양제도를 숭상하여 허다한 것을 새로 만들면서 벌써 부강해질 방도를 얻었다고 스스로 말합니다. [……] 그 강토가 서로 바라보이는 곳이 북쪽으로는 귀국(=조선)이고 남쪽으로는 중국의 대만이니 더욱 주의해야 할 것입니다. 유구국도 역시 수백 년의 오랜 나라며 일본에 죄를 지었다는 소리를 들어본 적이 없는데도 올봄에 갑자기 병선을 출동시켜 그 나라 왕을 몰아내고 영토를 먹어버리고 말았습니다. [……] 저 일본이 사기와 폭력을 믿고 고래처럼 들이키고 누에처럼 먹어들어 갈 것만 생각하고 있다는 것은 유구국을 멸망시킨 한 가지 사실만으로도 명확하게 드러납니다…….[22]

이홍장 서한의 전체적인 논지는 기존에 존재하던 러시아의 영토침탈의 위험뿐 아니라, 이제 일본이 강력한 위협적 존재로 부상했다는 것을 기본 전제로 하면서, 요컨대 다음과 같은 논리하에 구성되어 있었다.

'작금의 세계정세는 역사상 초유의 위기상황으로서 조일조약의 체

「19世紀末 連美論序說: 李鴻章의 密函을 中心으로」(1975),『近代韓中關係史硏究:19世紀末의 聯美論과 朝淸交涉』(서울:檀國大學, 1985); 金正起,「淸의 朝鮮政策(1876~1894)」,『1894年 農民戰爭硏究: 농민전쟁의 정치·사상적 배경』(서울: 역사비평사, 1993); Kim, Key-Hiuk, "The Aims of Li Hung-chang's Policies toward Japan and Korea, 1870~1882", Samuel C. Chu & Kwang-Ching Liu(eds.), Li Hung-chang and China's Early Modernization(New York: Armonk, 1994); 茂木敏夫,「李鴻章の屬國支配觀: 1880年前後の琉球·朝鮮をめぐって」,『中國: 社會と文化』2號(1997) 등이 참고가 된다.

22)『승정원일기』고종 16년 7월 9일(辛巳條);『용호한록』4권, 23책,「直隷總督文淵閣大學士 李鴻章抵橘山李相國書」;『淸季中日韓關係史料』2, p.368, 문서번호 309-2.

결은 조선이 이러한 세계적 대세로부터 결코 자유로울 수 없음을 반영한 것이다. 이러한 위기에 대비하려면 군사력을 구비해야 하는데 문화를 숭상해온 반면 경제력이 취약한 조선으로서는 빠른 시일 내 이를 성취하기가 현실적으로 어렵다. 따라서 이이제이(以夷制夷)적 관점에서 구미제국을 활용하지 않으면 안 된다. 서양의 만국공법 질서에 의하면 조약을 통해 강대국과 약소국들은 서로 공존(强弱相維)한다. 조약을 체결한 국가들은 만일의 사태가 발생하면, 질서를 깨는 존재를 함께 응징하기 때문에 이러한 공존이 가능한 것이다. 이는 터키나 벨기에, 덴마크 등의 경우를 통해 명백히 확인할 수 있다. 따라서 조선이 더 이상의 위기에 노출되기 전에 신속하게 구미국가와 '조약'관계를 맺은 다음 통상도 하고 점차 군사력도 정비해나가면 일본이나 러시아의 위협으로부터 조선의 안전을 확보할 수 있다. 조선은 정사와 법령을 집행하는 데 있어 스스로 주관하는 나라이므로 중국이 이처럼 중대한 문제에 관여할 수 있는 입장은 아니지만, 중국과 조선은 한 가족과 같은 사이이고 조선의 안전이 곧 중국의 안전에 직결되므로 이러한 계책을 권유하는 것이니, 국왕과 조정의 신하들이 이에 대해 깊이 논의하고 대책을 강구해야 한다'는 것이었다.

그러나 이처럼 이홍장이 화이론적 명분론이 아닌 만국공법에 의거하여 서양제국과의 조약관계를 권유하였다고 해서, 조선이 만국공법 질서로 완전히 귀속되는 것을 의도한 것은 아니었음에 특별히 주목하지 않으면 안 된다. 왜냐하면 중국의 만국공법 수용상의 특징을 고찰하는 다른 연구에서 이미 지적한 바와 같이, 요컨대 청국의 입장에서 국가평등 관념에 입각한 만국공법 질서의 전면적인 수용이란 결국 기왕의 중국적 세계질서의 해체를 의미하는 사태로 이어지는 것이기 때문이다.[23] 따라서 이홍장의 의도는 전략적 요충지인 조선의 위정자들에게 어디까지나 이이제이에 의한 '현상유지책'의 차원에서 만국공법을 활용할 것을 권유함으로써 중화질서와 공법질서의 절충과 동거를 모색하였다고 할 수 있다. 잘 알려진 바와 같이, 이로부터 일 년 후 조선에 전해진 『조선책략』에서 '친(親)중국'이 강조된 데는 바로 이러한 정치적 사상적 맥락이 배경으로 존재했던 것이다.

유구병합으로 인한 중국 측 위정자들의 위기감이 역으로 조선에 대한 압박정책으로 나타날 수 있음은 초대 주일공사 하여장(何如璋, 1838~1891)의 「삼책(三策)」(1880년 5월경)과 「주지조선외교의(主持朝鮮外交議)」(1880년 12월경)에서 보다 분명하게 드러난다. 하여장이 총리아문에 건의하기 위해 황준헌(黃遵憲, 1842~1905)을 시켜 작성하게 한 삼책의 요지는 이런 것이었다. 즉 '조선을 청의 군현(郡縣)으로 삼는 것이 최선의 상책(上策)이며, 조선에 대신을 파견하여 내정과 외교를 주관하도록 하는 것이 중책(中策)이다. 그리고 조선이 외국과 조약을 체결하도록 하면서 조약문에 청의 지시에 의한 것임을 밝혀 조선이 청의 '속국'임을 분명히 하여 유사시 간섭할 소지를 만드는 것이 하책(下策)'이라는 것이다.[24] 여기서 청의 군현을 운운하는 대목은 다분히 일본의 유구병합 방식을 의식한 것으로 생각되며, 그 전체적인 내용이 일본의 유구 '처분' 방식을 모방한, 말하자면 청의 '조선처분'의 전략 모색이라는 느낌을 준다.

23) 강상규, 『19세기 동아시아의 패러다임 변환과 제국 일본』(논형, 2007) pp.44-47.

24) 송병기 편역, 「해제」, 『개방과 예속: 대미수교관련 수신사기록(1880)초』(단국대학교, 2000) 참조.

일단 「삼책」은 총리아문에 의해 수용되지 않았다. 하지만 하여장은 조선의 밀사 이동인(1849~1881)을 통해 조선국왕이 미국과 수교할 뜻을 갖고 있음을 연락 받게 되자 이를 총리아문과 이홍장에게 보고하고 「삼책」의 내용을 좀 더 완곡하게 수정 보완하여 「주지조선외교의」를 작성, 이를 다시 건의하게 된다. 그 내용은 대체로 다음과 같은 것이었다.

'조선 일국은 아시아의 요충에 위치하고 있어 조선이 위태로우면 중국의 형세는 날로 급해지게 된다. 아시아에 있어 조선은 유럽에서의 터키와 같아 반드시 다투게 마련인 지역인 것이다. 조선은 중국의 거의 군현과 다름없는 곳이었다. 따라서 조선에 주차판사대신(駐箚辦事大臣)을 설치하여 무른 내정과 외국과의 조약을 모두 중국에서 주재하는 것이 가장 상책이라 할 수 있다. 하지만 그것이 지금 용이하지 않으므로 조선이 서구국가들과 통상하게 하는 것은 불가피하다. 그러나 지금 조선이 스스로 조약을 체결하도록 허락하면 다른 나라들이 조선이 자주국임을 인정하는 것이 되어 중국의 속국이란 이름은 사라지고 말 것이다. 따라서 외교에 능한 자를 조선에 보내 대신 조약을 체결하는 것을 주재하고 조선이 중국의 속국이라는 것을 분명히 하면서 조약의 내용이 훗날 문제가 되지 않도록 조종하는 것이 중요하다. 만일 그것이 용이치 않다면 조선이 중국 정부의 명을 받아 조약을 체결한다는 것을 조약 앞부분에 표기하도록 하는 것도 방법이다. 조선은 청의 국기를 사용하고 양국 간의 왕래무역을 허가하며 조선이 유학생을 중국에 보내 새 문물을 익히게 해야 한다. 오늘날 시국이 바뀌어 사태가 변하였으므로 중국이 조선을 대하는 데도 옛 제도를 바꾸어야만 한다'.[25]

여기에는 앞으로 동아시아 국제관계의 핵심이 '조선문제'가 될 것임이 분명히 드러나고 있다. 유구병합으로 인한 중국 위정자들의 위기의식이 역으로 중국으로 하여금 조선을 압박하게 하였을 뿐만 아니라 가능하다면 '유구처분'의 청국판이라고 할 수 있는 일종의 '조선처분' 즉 만국공법적 의미에서 조선의 중국에 대한 속국화를 진지하게 고려하게 하였던 것이라고 할 수 있다. 「주지조선외교의」는 이홍장과 총리아문에 의해 정책으로 바로 채택되지 않았다. 하지만 이러한 하여장의 제안들이 이후 청이 대조선 정책을 추진하는 과정에서 실질적으로 크게 반영되고 있었음은 임오군란 이후 조선을 둘러싼 동아시아 국제관계의 전개 과정을 조금만 깊이 살펴보더라도 쉽게 드러나는 일이다.

5. 유구왕국의 해체와 조선 정치의 상관관계

1870년대 동아시아 질서가 안으로부터 변동하고 있을 무렵, 조선 조정에서도 유구의 상황에 대해 아주 초보적인 수준에서나마 조금씩 관심을 보이기 시작하고 있었다. 예컨대 연행사절의 구두보고를 청취하면서 국왕 고종(1852~1919, 재위기간 1863~1907)이 던지는 다음과 같은 질문들은 앞서 언급한 이홍장의 서신이 조선 조정에 전달되기 이전 조선 측의 유구상황에 대한 이해수준을 짐작케 해준다.

(가) 상(=고종)께서 이르기를, "서양 오랑캐가 작년에 유구국에 갔으나 뜻을

25) 中央硏究院近代史硏究所 編, 『淸季中日韓關係史料』 2(1972) pp.439-442; 송병기 편역, 「主持朝鮮外交議」, 앞의 책 (2000) pp.111-116.

이루지 못하고 돌아갔다고 하는데 과연 그러한가?"[26]

(나) 상께서 이르기를, "유구국 사신이 4월에 북경에 도착해서 6월에 돌아갔다고 하였는데, 인물과 복색이 우리나라와 거의 같다고 하였다. 과연 그러하던가? [……] 상께서 이르기를, "유구국은 본시 우리나라가 개국한 초기에 조공을 바쳤던 나라다. 지리적으로 어느 나라와 가까운 것인가?"[27]

(다) 상께서 이르기를, "안남과 유구도 (중국에) 들어와 조공을 드리던가?"[28]

(라) 상께서 이르기를, "유구국이 지금은 중국을 섬기지 않고 왜국(倭國)을 섬긴다고 하는데, 과연 그러한가?" 하니 조익영(正使)이 아뢰기를, "들은 바로는 과연 그러합니다" 하였다. 상께서 이르기를, "유구국이 중국을 섬기지 않는 것은, 전적으로 서양과 왜국이 교활하게 속임수를 쓰기 때문으로 그들의 침노를 견디지 못하여 그런 것인데, 중국도 거두지 아니하고 방치해 둠으로 해서 이 지경이 되었으니 매우 한탄스럽다" 하니 정사 조익영이 아뢰기를, "이 나라가 바다 가운데 섬나라가 되어서 왜국과는 인접해 있고 중국과는 거리가 멉니다. 그래서 이러한 일이 있는데도 (중국이) 그대로 두고 문제 삼지 않는 듯합니다" 하였다.[29]

위의 내용을 보면, 조정의 최고위층에서는 중국에 다녀온 연행사절을 통해 유구국의 상황에 관해 대체적인 내용을 접하고 있었으며, 조공체제를 비롯한 전통적인 중화질서가 서서히 동요되고 있음을 국왕이 불안

26) 『승정원일기』 고종 9년(1872) 4월 30일.

27) 『승정원일기』 고종 10년(1873) 8월 13일.

28) 『승정원일기』 고종 12년(1875) 11월 29일.

29) 『승정원일기』 고종 15년(1878) 11월 28일.

하게 지켜보고 있음이 드러난다. 이러한 사실들을 고려해 볼 때, 전술한 바 있는, 1879년의 유구병합을 계기로 북양대신 이홍장이 조선 측에 보낸 서한에 대한 이유원의 답신 내용은 무척 흥미로운 것이 아닐 수 없다. 그 내용을 확인해 보기로 하자.

> 태서공법(泰西公法)에는 이유 없이 남의 나라를 빼앗거나 멸망시키지 못하도록 되어 있기 때문에, 러시아와 같은 강국으로서도 귀국(=중국)에서 군대를 철수하였다고 하니, 혹시 우리나라가 타국의 침략을 당하는 경우에도 여러 나라에서 공동으로 규탄하여 나서겠습니까? 한 가지 의심스럽고 석연치 않은 점이 있습니다. [……] 터키를 멸망의 위기에서 건져준 것으로 보아서는 만국공법이 믿을 만하다고 하겠지만, 멸망한 유구국을 일으켜 세우는 데 만국공법이 실행되지 못하는 것은 무엇 때문입니까? 또한 일본 사람들이 횡포하고 교활하여 여러 나라를 우습게보고 방자하게 제멋대로 행동해도 만국공법을 적용하지 못하는 것은 왜 그런 것입니까? 벨기에와 덴마크는 사마귀처럼 작은 나라로서 여러 큰 나라들 사이에 끼어 있지만 강자와 약자가 서로 견제함으로써 지탱된다고 하셨는데 유구국은 수백 년 된 나라면서도 지탱하지 못하였으니, 그것은 여러 나라와 격리되어서 만국공법이 미치지 못했기 때문에 그런 것입니까?[30]

요컨대 이홍장의 권고는 조선의 조정에서 공식적으로 수용되지 못하고 있었다. 그런데 여기서 이유원이 이홍장의 권고처럼 구미국가들과 조약을 맺고 만국공법에 의지한다고 하는 것이 조선으로서 신뢰하기 어려운 방책임을 입증하는 구체적인 사례로서 일본의 '유구병합'의 경우가

30) 『승정원일기』 고종 16년(1879) 7월 9일.

반복해서 거론되고 있는 점에 특별히 주목할 필요가 있어 보인다. 이것은 유구병합이 조선의 국정책임자들에게 조선이 새로운 만국공법 질서에 적극적으로 참여하는 것이 부적절하다는 명확한 사례로 인식되고 있었음을 의미하며 그만큼 구미국가와의 조약체결에 대한 부정적 이미지와 견해를 심어 놓았다는 것을 의미하는 것으로 생각되기 때문이다. 그러나 이유원의 답서에 나오는 것처럼 조선 측에서 이홍장의 권고를 그냥 쓸데없는 논의라고 거부하고 배척하고 말았던 것은 아니었다. 국왕의 다음과 같은 발언들은 당시의 정황을 짐작하게 해준다.

> 상께서 이르기를, "지난 번 황력재자관(皇曆賫咨官)의 수본(手本)을 보니, 유구국왕이 왜에게 잡혀서 (중국의) 이홍장과 예부에 구원을 청한 일까지 있었으나 끝내 구원하지 못하였다 하니, 대국(=중국)의 유약함을 또한 알 수 있다. 그 사실을 상세히 탐지하여 오라" 하였다.[31]

> 근래 일본의 동태가 갈수록 교활하게 변해가고 있다. [……] 이는 가히 여우가 호랑이 위세를 빌린 것이라고 할만하다. 대체로 왜인(倭人)들은 양이(洋夷)의 법을 배워 그에 의지하여 위세를 부리니 실로 통탄할 일이다. [……] 중국 또한 아라사(俄羅斯=러시아)를 강국이라 하는 것을 보면 북측에 대한 근심이 남측으로부터의 근심보다 더욱 커서 마음이 놓이지 않는다.[32]

이것은 조선의 정책결정자 중 국왕을 비롯한 일부 정치세력이 이 문제를 단순히 외면하기 보다는 보다 구체적인 상황파악 위에서 진지하고 신중하게 검토하려는 입장을 갖고 있었음을 의미하는 것이다. 실제로 국왕은

31) 『승정원일기』 고종 16년(1879) 11월 7일.

32) 『승정원일기』 고종 17년(1880) 1월 23일.

이홍장의 서한에 대한 이유원의 거절 서한이 보내진 지 얼마 후 비밀리에 이용숙(李容肅, 1818~?)을 이홍장에게 보내 천진 등에서 청의 군사기술 등을 배울 수 있는지(製器鍊軍等事) 그 가능성을 타진해 보고 있었다.[33]

한편 제2차 수신사 김홍집(金弘集, 1842~1896)을 파견한 것 자체가 고종이 일본의 조선침략 가능성을 확인하기 위한 목적이 일차적으로 강했다. 김홍집이 국왕에게 하직인사를 올리고 일본으로 떠나는 장면에서 고종은 "왜와 통호한 지가 이미 삼백 년이 되었지만 정상(情狀)이 예로부터 교활하여 근일에는 비록 전과 다르다고는 하나 갈수록 헤아리기 어렵다. [……] 지난 번 수신사 김기수(金綺秀, 1832~?)가 갔을 때 왜정(倭情)을 헤아릴 수 없다고 하였는데, 지금은 더욱 심한 것 같다"면서 일본의 정세를 꼼꼼히 파악하고 돌아올 것을 거듭 당부하고 있다.[34]

이것이 유구병합을 염두에 두고 나온 것이라는 사실은 김홍집이 수신사 역할을 수행하고 돌아와서 국왕에게 구두보고 하는 자리에서 확인이 가능하다. 귀국 이후 김홍집이 보고하는 내용을 보면, 일본에 조선을 침략할 의지가 있는지 여부가 보고 내용의 핵심 중 하나임을 알 수 있다. 김홍집은 국왕에게 '일본은 조선 침략의 의지가 없는 것 같다'면서 보고를 시작한다. 이에 대해 국왕은 그러한 근거가 무엇인지를 꼬치꼬치 물으며, '정한론'에 관한 논의가 정말 진정되었는지 등에 관해서도 확인하고 '유구국이 그 사이에 나라를 회복하였는지'를 묻고 있다. 이에 대해 김홍집은 "이 일은 거리낌이 있어 한 번도 사람들에게 묻지 않았으나, 전하는 말로는 이미

33) 中央硏究院近代史硏究所 編, 『淸季中日韓關係史料』(1972) 2, 문건번호327, pp.394-396.

34) 『승정원일기』 고종 17년 5월 28일.

나라를 폐하여 (일본의) 현으로 삼았다고 한다"고 대답하고 있다.[35)]

당시의 조선의 정치적 상황은 김홍집이 제2차 수신사로 일본에 가서 하여장과 대담하는 과정(1880년 7월 21일)에서도 잘 드러난다. 즉 하여장이 앞서 언급한 이홍장의 서한에 대한 조선의 공론(公論)을 묻자, 김홍집은 "근일의 정세에 비추어 소국을 위한 계책을 주신 데 온 나라가 감송하고 있으나, 조야의 기풍이 단지 상도(常道)를 지키는 것을 바르다고 여기기 때문에 하루아침에 나라를 열 수 없는 실정"이라고 답변하고 있다.[36)] 지금까지 언급한 사례들은 당시 고종의 견해가 이유원 명의의 조선 측 거절서한과는 다른 것이었으며, 아울러 유구병합이 조선의 국정책임자들에게 어떤 식으로든 간과하기 어려운 영향을 주었음을 보여주는 사례라고 할 수 있을 것이다.

1881년 12월 4일 미국과의 조약체결 문제를 논의하기 위해 영선사(領選使)로 청국에 파견된 김윤식(金允植, 1835~1922)은 이홍장에게 전달한 밀서에 당시 조선의 정황에 관해서 보다 구체적으로 밝힌 바 있다. 그 요지는 '일본과의 조약 이후로도 모든 사람들이 교린할 필요도 없고 군사적으로 대비할 필요도 없다고 주장하고 있다. 그러나 국왕은 조선의 고립이 오래 지속되기 어렵다는 것을 알고 교린이나 병사들에 대한 훈련 같은 허다한 일들을 남몰래 시행하였으며, 통리기무아문을 설치하는가하면, 젊은 인재들에게 외국어와 병술을 익히게 하였으며 이들을 천진에 보내어 새로운

35) 황준헌, 송병기 편역, 「수신사 입사(복명)연설」 97, 『개방과 예속: 대미수교관련 수신사 기록(1880)초』(단국대학교, 2000) p.187; 『승정원일기』 고종 17년, 8월 28일.

36) 송병기 편역, 「大淸欽使筆談錄」, 앞의 책, pp.29, 131.

기술을 배우도록 하였다. 그러나 국왕의 뜻을 따르는 사람은 소수에 불과하니 국론을 주도하는 형국을 이루지 못하고 있다'는 것이었다.[37]

요컨대 1880년과 81년의 조선 정부의 개화정책 추진, 즉 제2차 수신사 일행의 일본파견과 개혁 전담 기구로서의 통리기무아문의 설치, 미국을 비롯한 구미국가와의 조약체결 추진 그리고 대규모 조사시찰단(朝士視察團)과 영선사의 파견 등이 이루어질 수 있었던 데에는 유구병합과 그로 인한 국가 안위에 대한 불안감과 위기의식이 적지 않게 작용하였음을 알 수 있다. 이후 조선 정부의 개혁정책 추진이나 위정척사운동이 팽팽한 정치적 긴장관계 속에서 전개되어가는 사정은 주지하는 바와 같으므로 여기서는 다시 재론하지 않는다.[38]

다만 본 논문을 작성하기위해 당시의 관련된 일차자료들을 검토하면서 흥미롭게 생각했던 내용을 언급하고 넘어갈까 한다. 그것은 다름이 아니라 일본의 유구병합이라는 국제정치적 사건에 대해 조선의 정치세력들이 주로 관심을 기울이고 주목했던 측면이 자신의 정치적 입장에 따라 크게 달랐을 뿐만 아니라 하나의 흥미로운 경향성이 발견된다는 사실이다. 즉 국왕을 비롯한 개혁세력은 앞서 살펴본 바와 같이 유구국의 해체를 반면교사로 삼아 국권의 중요성과 변통의 필요성을 호소하려는 점에서는 대체로 공통되었지만,[39] 김옥균(金玉均, 1851~1894)과 같이

37) 김윤식, 「上北洋大臣李鴻章書」, 辛巳冬在保定府時, 2, 『金允植全集』 pp.296-301; 「直督李鴻章奏朝鮮陪臣金允植密陳該國王議商外交情形相機開導摺」, 『淸季外交史料』 附屬文書, 光緖 7年 12月 4日, 1, pp.496-497.

38) 이에 관해서는 본서의 4장에서 다루고 있다.

39) 「한성주보」의 다음과 같은 기사내용도 기본적으로 이러한

중국에 대해 비판의식이 강한 인물은 유구국이 병합되었는데도 불구하고 중국이 아무 것도 하지 못하는 무기력한 존재임을 강조하기 위해 유구병합을 인용하고 있고,[40] 반면 김윤식과 같은 친중국적 인물은 유구병합을 통해 일본과의 정치적 연합이 대단히 위험한 발상이라는 사실에 주목하고 있다는 것이다.[41]

맥락에서 읽을 수 있을 것이다. 「한성주보」 1886년 8월 30일자(제26호)의 外報. 번역본, p.804.
"琉球近事: 일본이 유구를 멸망시킨 뒤에 국왕의 권속(眷屬)을 일본에 구류시켰으므로 사직이 폐허가 되었고, 산하가 무너졌다. 전일 고(故) 상태왕(尙泰君)의 세자가 휴가를 얻어 본국에 돌아가 다시 인민들을 만나 방성대곡하니, 백성들이 슬퍼했다고 한다. 그러나 일본이 두려워서 감히 세자에게 부종(附從)하여 반정(反正)하지 못하고 있다. 중국에 흑당(黑黨)이 있는데 일부 사람들은 여기에 의지하는 경향이 매우 많다. 그러나 옛 임금을 잊을 수가 없어 지난해에는 몇 몇 사람들이 모두 일을 일으키려 했었지만 사기(事機)를 주밀하게 하지 못한 탓으로 모두 일본 정부에 구속되었다고 하니 가련한 일이다".

40) "이제 조선을 위하여 생각하건대, 청국은 본래 족히 믿지 못할 것이오, 일본도 또한 그러하여 이 두 나라는 각기 자기 유지하기에도 여력이 없는 모양이온데 어떻게 다른 나라를 도울 수가 있겠습니까. 근년에 청국의 안남, 유구를 타국이 점령하여도 청국이 감히 한마디 저항을 시도하지 못하였나이다. [……] 그런즉 장차 밖으로는 널리 구미각국과 신의로써 친교하고 안으로는 정략을 개혁하여 우매한 인민을 가르치되 문명의 도로써 하고 상업을 흥기하여 재정을 정리하고 또 병력을 양성함도 어려운 일이 아니오니 과연 능히 이와 같이 하면 영국은 거문도를 도로 내놓을 것이요 기타 외국도 또한 침략의 생각을 멈추게 될 것입니다"(김옥균의 지운영 사건에 대한 공개장). 「東京日日新聞」(1886. 7. 9.); 민태원, 『갑신정변과 김옥균』 1947년, pp.73-74. 하지만 여기서 언급하는 김옥균의 논의는 사실 새로운 것이 아니었다. 「한성순보」 등에서 청국이 변경을 잃어가는 과정에서 무기력했음은 이미 지속적으로 언급된 바 있으며, 이러한 사실은 본문에서 언급한 바와 같이 국왕도 잘 알고 있는 사실이었다.

아울러 부언해두고 싶은 사실은 예상과는 달리 위정척사론자들이 작성한 상소문 등의 자료에 유구병합에 대한 언급이 눈에 띄지 않았다는 점이다.[42] 이러한 사실은 유구병합의 경우가 전통주의자들에게 일본의 침략성을 확인해주는 결정적인 근거로 작용하여 위정척사론자들의 논거가 되었을 것이라는 논문 구상단계의 최초의 예상과는 달리 유구병합이 당대의 일반 유자(儒者) 지식인의 차원에서는 거의 알려지지 않은 것이 아닌가 하는 의구심을 갖게 한다. 즉 최고 정책결정자 수준에서는 중대한 문제로 인식되고 있었음에도 불구하고, 일반 전통주의자들이나 위정척사론자들이 이러한 문제를 진지하게 고민했던 흔적은 적어도 현재 남아있는 문서로는 거의 확인이 되지 않았다. 거대한 변환의 시기에 정치세력 간에 이처럼 정보의 격차가 컸다고 하는 것은 정치적 소통을 어렵게

41) 『윤치호일기』에 의하면 갑신정변이 실패로 돌아간 직후, 병조판서 김윤식은 미국공사 푸트(Lucius H. Foote, 福德, 1826~1913)를 방문하여 다음과 같이 언급하고 있다. "김옥균, 박영효 등의 주된 뜻은 정권을 장악하여 우리나라를 일본에 부속시켜 중국을 배반하려는 것으로서 마치 유구와 동일한 계책이었다. 어찌 모질고 한스럽지 않은가". 즉 김윤식은 유구왕국 해체의 사례를 통해 갑신정변 주도세력이 믿을 수 없는 일본의 힘을 이용하여 조선을 위기에 빠뜨리려 했다고 비판하고 있음을 확인할 수 있다. 『국역 윤치호일기』 1884년 12월 20일자(음력 11월 4일자) p.218.

42) 여기서 검토한 위정척사론자, 혹은 전통주의자의 상소문은 다음과 같다. 병조정랑(兵曹正郎) 유원식(劉元植)의 상소(80년 10월 1일), 허원식(許元栻)의 상소(80년 12월 17일), 이준선(李駿善)의 상소(80년 12월 28일), 이만손(李晚孫) 등의 영남만인소(嶺南萬人疏)(81년 2월 26일), 황재현(黃載顯)의 상소(81년 3월 23일), 홍시중(洪時中)의 상소(81년 3월 23일), 김진순(金鎭淳)의 상소(81년 3월 24일), 홍재학(洪在鶴)의 상소(81년 윤7월 6일), 신섭(申櫰)의 상소(81년 윤7월 6일), 백낙관(白樂寬)의 상소(82년 5월 4일), 황현의 『매천야록』 등.

하고 현실적으로 정치적 갈등과 분열을 조장하는 중요한 요인으로 작용하여, 한반도의 유연한 정치적 대응과 국내 역량의 결집을 한층 어렵게 하였을 것으로 생각된다.

6. 유구왕국 해체의 국제정치

지금까지 살펴본 바와 같이, 중화질서의 변동이 아편전쟁이라는 외부로부터의 충격에서 비롯되었다면, 동아시아 삼국 간의 구체적인 관계 변동은 메이지유신이라는 일본 국내의 정치변동을 기점으로 본격적으로 가시화되었다고 할 수 있다. 1870년대에 나타난 청일수호조규, 일본 내부의 '정한론' 논쟁과 조일수호조규의 체결, 그리고 '유구문제'의 대두와 일본의 일방적인 병합 등의 일련의 사건은 동아시아의 정치변동이 본격적으로 시작되었으며, 중화질서의 주변부에 위치하던 일본이 이러한 정치변동을 주도할 것임을 강력하게 시사해주는 것이었다. 그리고 그것은 일본의 근대국가 형성과정이 단순히 하나의 민족국가 탄생의 의미를 넘어 제국건설의 형태를 띠고 배타적이면서도 팽창적으로 진행되고 있음을 예고하는 것이기도 했다. 일본의 메이지 신정부는 중화질서의 가장 약한 고리에 해당하는 유구왕국을 기점으로 거대한 전환기 동아시아 질서의 재편을 모색하였던 것이다.

일본에 의한 유구왕국의 해체 과정은 몇 차례의 단계를 거치면서 치밀하게 진행되었으며, 예측 가능한 반발과 갈등의 소지는 가급적 사전에 봉쇄되었다. 메이지 정부는 '국제적' 분쟁으로 비화할 수밖에 없는 유구

문제를 교묘하게 '내정' 개혁의 문제 혹은 '지방' 제도의 개혁문제로 환원시켜 가면서 분쟁의 여지를 애매하게 흐리게 하는 방식으로 유구를 병합해 나갔으며, 병합 이후에는 중국 내지에서의 통상권 획득을 위하여 중국측과 유구를 분할하려는 계획을 추진하기도 하였다. 이처럼 일본에 의한 유구병합은 서세동점 이후 동아시아 국가 간 권력정치의 양상이 구체화되는 과정에서 나타난 중대 사건으로서 기존의 중화질서가 근간에서부터 변동하였으며 아울러 더욱 큰 폭으로 변화할 것임을 시사하는 국제정치적 사건이었다.

이러한 일본의 일련의 유구병합 과정은 중국 측의 위기의식을 급격하게 심화시켜 놓았고, 중국의 위기감의 심화는 조선에 대한 간섭과 압박의 심화, 즉 기존의 전통적인 조청관계의 변질로 나타날 조짐을 보이고 있었다. 본문에서 살펴본 것처럼 일본의 유구병합 이후 나타난 중국 측 위정자들의 권고와 자기 내부의 문건들에는 기존의 중화질서 패러다임이 근간에서부터 동요되고 있으며, 조선은 향후 동아시아 국가 '간' 패러다임 변환의 핵심적 이슈가 될 것이라는 전망과 함께 조선에 대한 압박이 어떠한 방식으로 이루어져야 할 것인지가 진지하게 논의되고 있었다.

일본의 유구병합은 중국의 위기감을 자극하여 동아시아에서의 국제적 갈등을 고조시켰고 이후 동아시아 갈등의 핵심고리는 본격적으로 '조선문제'로 이전되게 된다. 조선의 입장에서 보면, 유구병합의 시점을 기점으로 하여 점차 제국주의 시대의 삼중적 압박(구미열강-중국-일본)에 놓이게 되었으며, 국내적으로는 정책결정자들의 위기의식이 고조되면서 이에 대한 해법을 놓고 정치적 모색과 갈등이 급격하게 상호 상승하는 상황이 연쇄적으로 나타나게 됨을 확인할 수 있었다. 이러한 사실은

1870년대 진행된 유구병합과 1880년대 나타난 조선 정부의 개혁추진과 국제정치적 맥락에서의 '조선문제'의 부상이 서로 긴밀히 연동되어 진행된 것임을 보여준다고 할 수 있을 것이다. 아울러 일본은 근대국가를 수립하는 과정에서 전통적인 중화질서에서 스스로 자국의 '통신국(通信國)'이라고 일컬었던 유구와 조선을 압박하고 병합하면서 제국으로 치닫는 모습을 보여주게 되었다.

참고문헌

『명치문화자료총서(明治文化資料叢書)』 第四巻(琉球処分)(風間書房, 1962)

『승정원일기(承政院日記)』 高宗代

『용호한록(龍湖閒録)』 4巻

『일성록(日省録)』 高宗代

『청계외교사료(清季外交史料)』

「한성순보(漢城旬報)」, 「한성주보(漢城周報)」

김윤식, 『김윤식전집(金允植全集)』

민태원, 『갑신정변과 김옥균』 1947년

윤치호, 『윤치호 일기』 1(연세대학교 출판부, 2001)

中央研究院近代史研究所 編, 『청계중일한관계사료(清季中日韓関係史料)』(1972)

芝原拓自外篇, 『近代日本思想大系12:対外観』(岩波書店, 1988)

黄遵憲, 송병기 편역, 『개방과 예속: 대미수교관련 수신사 기록(1880)초』(단국대학교, 2000)

황현, 『매천야록(梅泉野録)』

Wheaton, Henry, *Elements of International Law*(London & Philadelphia의 6th edition, 1836)(Boston: Little, Brown & Company, 1855); Martin, W.A.P.(丁韙良) 漢訳, 『萬国公法』(北京: 1864)(아세아문화사, 1981); 重野安繹 訳, 『和訳万国公法』(鹿児島藩刊, 1870); 大築拙蔵, 『恵頓氏万国公法』 洋装1冊(1882)

강상규, 『19세기 동아시아의 패러다임 변환과 제국 일본』(논형, 2007)

구선희, 『한국근대 대청정책사연구』(혜안, 1999)

권석봉, 『청말 대조선정책사연구』(일조각, 1986)

권혁수, 『19세기 말 한중관계사연구: 이홍장의 조선인식과 정책을 중심으로』(백산자료원, 2000)

김용구, 『세계관 충돌과 한말외교사, 1866~1882』(문학과 지성사, 2001)

______, 『세계외교사』(서울대학교 출판부, 2006)

김정기, 「청의 조선정책(1876~1894)」, 『1894년 농민전쟁연구: 농민전쟁의 정치·사상적 배경』(역사비평사, 1993)

김한규, 『천하국가: 전통시대 동아시아 세계질서』(소나무, 2005)

박훈, 「유구처분기 유구지배층의 자국인식과 국제관」, 『역사학보』 186집(역사학회, 2005)

송병기, 「19세기 말 연미론 서설: 이홍장의 밀함을 중심으로」(1975), 『근대 한중관계사 연구: 19세기 말의 연미론과 조청교섭』(단국대학교, 1985)
양수지, 「유구왕국의 멸망: 왕국에서 오키나와 현으로」, 『근대 동아시아 국제관계의 변모』(혜안, 2002)
장팅푸, "Sino-Japanese Diplomatic Relations 1870~1894", *The Chinese Social and Political Science Review* Vol.XVII(1933); 김기주·김원수 역, 『청일한외교관계사』(민족문화사, 1990)
하우봉·손승철 외, 『朝鮮과 琉球』(아르케, 1999)

『沖縄県史』
金城正篤, 『琉球処分論』(沖縄タイムス, 1978)
東アジア近代史学界 編, 『日清戦争と東アジア世界の変容』 上·下(ゆまに書房, 1997)
藤間生大, 『壬午軍乱と東アジア世界の形成』(春秋社, 1987)
藤村道生, 『日清戦争: 東アジア近代史の転換点』(岩波新書, 1986)
茂木敏夫, 「李鴻章の属国支配観: 1880年前後の琉球·朝鮮をめぐって」, 『中国: 社会と文化』 2号(1997)
尾佐竹猛, 『近世日本の国際観念の発達』(東京: 共立社, 1932)
梶村秀樹, 『梶村秀樹著作集 第1巻: 朝鮮史と日本人』(東京: 明石書店, 1992)
________, 『梶村秀樹著作集 第2巻: 朝鮮史の方法』(東京: 明石書店, 1993)
浜下武志編, 『世界歴史20巻＝アジアの近代』(岩波書店, 1999)
________, 『沖縄入門: アジアをつなぐ海域構想』(ちくま新書, 2000)
森宣雄, 「琉球は「処分」されたか」, 『歴史評論』(2000)
西里喜行, 『清末中琉日関係史の研究』(京都大学出版会, 2005)
我部政男, 『明治国家と沖縄』(三一書房, 1979)
________, 「日本の近代化と沖縄」, 『近代日本と植民地 I巻』(岩波, 1992)
外間守善, 『沖縄の歴史と文化』(中公新書, 1986)
遠山茂樹, 「東アジアの歴史像の検討ー 近現代史の立場から」, 『歴史学研究』 281号(1963), 이후 『遠山茂樹著作集』 第4巻(東京: 岩波書店, 1992)에 재수록
原田環, 「朝·中'兩截体制' 成立前史: 李裕元と李鴻章の書簡を通して」(1981), 『朝鮮の開国と近代化』(広島: 渓水社, 1997)
尹健次, 「戦後歴史学のアジア観」, 岩波講座日本通史別巻, 『歴史意識の現在』(東京: 岩波書店, 1995)

日本外務省,『日本外交史辞典』(東京: 1965)
田中彰,「黒船来航から岩倉使節団へ」,『日本近代思想大系 1: 開国』(東京: 岩波書店, 1990)
赤嶺誠紀,『大航海時代の琉球』(沖縄タイムス社, 1988)
紙屋敦之,『琉球と日本・中国』(山川出版社, 2003)
________,『大君外交と東アジア』(吉川弘文館, 1997)
坂野正高,『近代中国外交史研究』(岩波書店, 1970)

Fairbank, J.K. & Liu, Kwang-Ching(eds.), *The Cambridge History of China* Vol.11 Late Ch'ing, 1800~1911, Part II(Cambridge: Cambridge Univ. Press, 1980)
Hsu, Immanuel C.Y., *China's Entrance into the Family of Nations: The Diplomatic Phase, 1858~1880*(Cambridge: Harvard Univ. Press, 1960)
Johnson, Charlmers A., *Blowback*(Japan Policy Research Institute, 2000), 김원태・김상우 역,『블로우백』(삼인, 2003)
Kim, Key-Hiuk, *The Last Phase of the East Asian World Order: Korea, Japan and the Chinese Empire, 1860~1882*(Berkeley: Univ. of California Press, 1980)
Kim, Key-Hiuk, "The Aims of Li Hung-chang's Policies toward Japan and Korea, 1870~1882"(1994), Samuel C. Chu & Kwang-Ching Liu(eds.), *Li Hung-chang and China's Early Modernization*(New York: Armonk, 1994)
Malozemoff, Andrew, *Russian Far Eastern Policy 1881-1904: With Special Emphasis On the Causes of the Russo-Japanese War*(Berkeley and Los Angeles: Univ. of California Press, 1958)
Nish, Ian H., "Korea, Focus of Russo-Japanese Diplomacy, 1898~1903", *Asian Studies* Vol.IV, No.1(1966)
Robert K. Sakai, "The Ryukyu islands as a fief of Satsuma", in Fairbank, J. K.(ed.), *The Chinese World Order: Traditional China's Foreign Relations*(Cambridge: Harvard Univ. Press, 1968)
Ta-tuan Ch'en, "Investiture of Liu-Chiu Kings in the Ch'ing Period", in Fairbank, J. K.(ed.), *The Chinese World Order: Traditional China's Foreign Relations*(Cambridge: Harvard Univ. Press, 1968)
Lin, T. C., 1935, "Li Hung-chang: His Korea Policies, 1870~1885", *Chinese Social and Political Science Review* Vol.19, No.2(1935)

19세기 조선정치사에 대한 21세기적 이해를 위하여

20세기 한국은 식민지와 해방, 분단과 전쟁을 경험했고, 세계적인 냉전의 전개 과정 속에서 서구를 따라잡으려는 노력을 경주하였다. 산업화와 민주화 추진세력의 치열한 갈등과 긴장 속에서 전개된 근대 역사학의 성과는 60년대 이후 민족주의사관, 내재적 발전사관 등의 모습으로 나타나기 시작했다. 민족주의사관은 해방 후 '분단시대'를 사는 남북한 역사가들에게 지금까지 해결하지 못한 분단극복, 근대민족국가의 수립이라는 역사적 과제를 제기한다는 점에서 여전히 중요한 의미를 지니며 내재적 발전사관은 국내 사회경제구조의 변화에 주목하면서 19세기 후반 개혁의 주체 논쟁 등으로 논의를 확대시켰다.

이 과정에서 역사학은 포섭대상으로서 수동적 의미만을 지니던 민중이 역사의 당당한 주체로 자리매김 될 수 있는 근거를 마련하였으며, 남북한의 관료적 권위주의 정부에 대한 강력한 비판적 시각을 제공하기도 하였다. 하지만 이렇게 형성된 조선근대사의 이미지는 닫힌사회(쇄국)에서 열린사회(개국)로의 이행과정으로 규정되었고, 여기서 다루어지는 정치적 내용은 지배계급 대 민중세력, 혹은 개화파 대 수구파의 각축이라는 단순화된 틀 내에서 이해되는 경향을 보이고 있다.

그런데 문제는 기존의 개화론 대 수구론의 이분법으로는 이 시대를 역동적이면서도 깊이 있게 성찰할 수 없다는 데 있다. 당시의 지식인, 위정자들의 사고를 개화 혹은 수구의 어느 한 쪽에 끼워 넣으려는 것은 당시 조선의 정치지형, 그리고 현실정치의 역학관계 및 문맥을 이해하는 데 오해를 낳을 수밖에 없기 마련이다. 이런 시각에 입각하게 되면 거대하게 동요하고 있던 시대를 살았던 당대인들의 정치적 고뇌와 선택의 의미가 생동감 있게 느껴지기 어렵다. 19세기를 살았던 인물들의 사고의 경직성을 탓하면서 정작 우리 스스로가 이분법적이고 도식적인 사고에 빠져 있는 것은 아닌가 하는 의구심이 든다.

우리가 이 시대를 이분법적인 틀로 보는 것에 익숙한 중요한 이유는 무엇보다도 이 시대를 전(前)근대에서 근대로의 전환기라는 단순화된 틀 안에서만 보려하기 때문일 것이다. 하지만 이 시기의 조선을 역사발전론이나 진보사관의 틀로 포착하는 데는 명확한 한계가 있음을 간과해서는 안 된다. 당시 조선은 중화질서라는 독자적인 문명권에 속해 있었고 독특한 문명의식과 자존의식을 견지하고 있었다. 이러한 상황에서 물리력을 앞세운 구미제국의 압력과 근대 유럽의 문명기준에 입각한 상이한 가치체계와 마주하게 되었고 이 과정에서 쌍방은 서로를 '야만'으로 간주하며 충돌하게 된다. 이 시대는 한반도를 비롯한 동아시아의 입장에서 보면 상이한 문명 '간'의 접촉에서 빚어지는 갈등과 위기의식이 교차하는 일종의 거대한 문명사적 전환기였던 것이다.

그러면 기존의 개화론과 수구론의 이분법적 사고가 파생시키는 문제를 구체적인 몇 개의 사례를 통해 생각해 보자. 예컨대 대원군은 쇄국론자의 대명사로서 알려져 왔다. 하지만 그가 처음부터 쇄국론을 편 것은 아니었다. 대원군의 아내인 민부대부인은 천주교를 믿었으며, 고종의 유모 박씨부인 역시 천주교 신자였고 대원군도 천주교에 익숙한 인물이었다. 대원군이 실질적으로 외세를 배척하는 정책을 추진하는 계기가 된 1866년의 천주교 탄압(병인박해)이 벌어지기 직전까지만 해도 그는 천주교를 승인해주는 대신 프랑스와의 연합을 통해 1860년 이래 새로이 국경을 접하게 된 러시아를 방어할 것을 고려하고 있었다. 그렇다면 대원군은 1866년 어떠한 현실정치적 이유에서 갑작스레 천주교를 탄압한 것인가. 그리고 대원군의 천주교 박해와 이어지는 병인양요 등 일련의 사건은 조선 국내의 정치적 역학관계에 어떠한 영향을 미쳤던 것일까. 하지만 대원군은 이미 쇄국론자로서 기정사실화되어 이러한 질문이 성립하지 않았다.

한편 박규수의 경우를 보자. 박규수는 조선개화파의 원조에 해당하는 인물이다. 하지만 박규수를 단순히 개화파와 실학의 가교(架橋)를 놓은 존재로 인식해서는 당대를 고민하며 살았던 박규수의 정치적 사상적 고투는 좀처럼 손에 잡히지 않는다. 당시 박규수는 뭔가 국가 '간' 관계의 패러다임 변화를 감지하는 속에서 조선이 어떠한 선택을 해야 할 지 어디까지나 유자(儒者)적 관점에서 현실정치가로서 진지하게 고민하고 있었다. 기존의 개화파 중심의 역사서술에서 박규수는 개화의 선구자로서 그와 개화파 간의 교류에 대해서는 주목받을 수 있었어도, 국왕을 가까이서 보좌하며 국왕의 선생으로서 그가 갖는 정치사적 의미는 주목받기 어려웠다. 당시 조선의 정치구조와 군신관계에 대한 이해를 배경으로 박규수의 삶을 차분히 따라가지 않으면 박규수와 국왕의 특별한 정치적 관계는 눈에 들어오기 어려우며, 당시 조선 정계의 한 켠에서 진행되었던 혼돈과 고뇌의 순간들이 포착되지 않는다.

1880년 12월 조선 국왕 고종은 통리기무아문을 세운다. 통리아문은 정1품아문 기구인 만큼 의정부와 동급이었으며, 외국과의 교섭 및 통상, 군사력의 강구를 비롯한 국정전반을 총괄하는 정부기구였다. 요컨대 세계의 흐름을 반영하여 개화 자강정책을 추진하려는 기구인 셈이다. 중국의 양무운동을 상징하는 총리아문이 주로 구미제국과의 외교업무를 담당하는 상대적으로 협소한 기관이었음을 고려하면, 조선의 통리아문의 설립이 얼마나 획기적인 조치인지를 짐작하고 남음이 있다. 1882년 전통주의자들의 반격이라고 할 만한 임오군란이 발발하고 나서 대원군이 권력을 손에 쥐자마자 가장 먼저 착수한 것이 바로 통리아문의 폐지였다. 이것은 당대에 통리아문의 정치적 중요성을 반증하는 것이기도 하며 조선의 진로를 둘러싼 정치적 갈등이 어떻게 복잡하게 얽혀갈 수 있는가를 예고하는 것이기도 했다.

기존의 논의가 "1880년대 초반에 이루어진 지배층의 개화정책은 정권유지를 목적으로 한 것으로서 외세의존적이고 몰주체적인 성격이 강하다"는 입장을 취하는 것이나, "조정에 진출한 개화파들에 의해 통리아문의 설립을 비롯한 일본시찰단 및 영선사 등의 파견이 이루어졌다"고 하여 지배층의 기득권을 옹호하려는 기만술책 정도로 언급하거나, 개화파의 영향하에 이루어진 것이라고 주장하는 것은 설득력이 없으며 다시 재고되지 않으면 안 된다. 하지만 이러한 이해방식을 반영해서인지, 예컨대 이 시대를 다루는 교과서적 성격을 지닌 560페이지에 달하는 이광린 저, 『한국사강좌: 근대편』(일조각, 1997년판)에도 통리아문에 관한 설명은 채 한 페이지도 할애되어 있지 않다. 그러면 이른바 개화파가 현실정치의 수면으로 부상하기 이전인 1880년의 정치적 상황에서 중앙의 정치공간에서 이러한 변화를 주도할 수 있었던 것은 과연 누구이며 어떻게 이런 일이 가능할 수 있었던 것인가. 이러한 기본적인 질문을 하지 않고 어떻게 19세기 후반의 다사다난했던 한국의 정치사를 그려낼 수 있다는 것일까.

1880년의 상황은 일본에 의해 유구가 병합된 후 '조선문제'가 서서히 동아시아 국제관계의 핵심 이슈로서 부상해오는 시기이기도 했다. 구미제국, 중국, 일본의 다중적인 국제적 압박위에서 국내적으로는 새로운 개혁, 개방의 모색이 조심스레 이루어지고 이에 반발하는 대다수의 비판적 정서가 끊임없는 갈등으로 이어지고 있었다. 이러한 상황에서 1884년 갑신정변을 주도한 5인방—김옥균, 박영효, 홍영식, 서광범, 서재필—의 평균 연령이 26세였음을 상기해 볼 필요가 있다. 이들이 구상하던 비전이나 갑신정변이 실패한 원인을 찾는 것도 물론 중요하지만 역으로 이처럼 젊은 인사들이 어떻게 조선의 유교적 정치지형에서 현실적으로 그와 같은 거사를 감행할 수 있었으며, 어떻게 삼일 동안이나 나라를 장악할 수 있었을까를 함께 생각해 볼 필요도 있는 것이다.

2004년 교수신문에서 진행된 바 있는 대한제국과 고종을 둘러싼 논쟁에서도 고종이 성리학적 군주라는 이유를 들어 국왕 고종이 개혁과 개방을 추진하는 것은 애초에 불가능한 것이었다는 견해가 제출된 바 있다. 하지만 과연 그럴까. 인생은 모순에 가득 찬 것이며 중층적인 것이다. 더욱이 우리가 살아가는 세계는 더더욱 그렇다. 우리가 구태여 시간의 흐름을 거슬러 올라가며 역사를 천착하는 주요한 이유 중의 하나가 구체적인 시공간 속에서 방황하고 고민하며 모색하고 결단하는 다채로운 인간들의 모습 속에서 결정론적 시각이나 도식적인 이해에 함몰되지 않으면서 세계와 그 안에서 살아가는 인간을 보는 폭넓은 시각과 깊은 성찰, 그리고 지혜를 얻기 위함이 아닌가.

19세기 동아시아는 전통과 근대가 단지 대립적인 관계가 아니라 복합적인 상관관계 속에서 반응하는 생동감 있는 현장이었다. 그리고 박제화 되어버린 19세기 조선정치사가 다루고 있는 내용들은 우리의 의식과 현재 세계를 구성하는 일부인 동시에 우리의 미래로 남아있을 일련의 사건들의 연속이었다. 이제 우리도 19세기 한반도의 경험을 비춰보기 위한 더 많은 거울들이 필요하지 않을까?

찾아보기

ⓒ